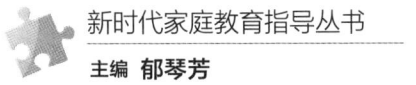

教师家庭教育指导实务

（中职版）

陈步君 主编

"新时代家庭教育指导"丛书编委会

主　任　汤林春　江伟鸣
主　编　郁琴芳
成　员　（以姓氏拼音字母为序）
　　　　戴耀红　贾永春　李金瑞　李正刚　刘景旭
　　　　刘　静　王君瑶　王　萍　温剑青　吴叔君
　　　　徐　群　杨　静　尹蓉蓉

《教师家庭教育指导实务（中职版）》编委会

主　　编　陈步君
副主编　　王向群　闻人勇健
编　　委　郁琴芳　胡　兰　张福顺　林贵森　郭世民
　　　　　杨士明　张　平

代序

学校家庭教育指导须把握"四个第一"

伴随着经济增长与社会转型,我们以往教育的"顺序模式"——即家庭教育、社会教育和学校教育先后分别在个体成长过程中发挥各自作用——正在转变为一种新的"重叠模式",即在儿童和青少年成长的每一个阶段,家教、家长、学校、教师、社会越来越呈现为相互联系、共同影响着孩子的成长发展。如何将上述不同的教育因子有机结合在一起,形成一种整合优势,已成为当前"家校合作""校社共育"的一个重要课题。

一、家庭,是儿童人生的"第一所学校"

教育是衡量一个国家文明传承和经济社会发展水平的重要指标。习近平总书记在 2015 年新春团拜会上讲话中指出:"家庭是社会的基本细胞,是人生的第一所学校。不论时代发生多大变化,不论生活格局发生多大变化,我们都要重视家庭建设,注重家庭、注重家教、注重家风"。

从社会结构而言,家庭作为社会的最基本单元,营造良好的家风、弘扬家庭美德是构建和谐社会最为重要的基础,更是社会文明程度的重要标志。从人的发展序列而言,家庭是个体生命成长的最初始的场所。从教育的环境而言,家庭教育作为一切教育的基础、教育的重要组成部分,既是学校教育的重要支撑和有益补充,又与学校教育、社会教育共同构成了"三位一体"的综合育人格局。

无独有偶,2015 年 10 月国家主席习近平在伦敦出席全英孔子学院和孔子课堂年会开幕式致辞中,再次提到了家庭教育的重要性。他指出:"由英国广播公司制作的纪录片《我们的孩子够强吗?》,该片对比了英式教育和中式教育,在中国网络播出,使中国广大家长认识到张弛有度于子女成长的重要作用,但中国孩子玩得太少了,要让他们多玩一玩"。

客观地说,改革开放近四十年来,中国的教育取得了举世瞩目的成就,为社会主义现代化建设培养了一亿多大学毕业生。当然，我们学生的学习压力，尤其是升学竞争方面的压力仍相当大。高考、中考指挥棒，经层层放大，最终将压力传递到了每一个家庭，导致学生学业负担始终得不到减轻。一方面，我们天天喊"减负"，另一方面，我们的家长又一直被迫给孩子"施压"，这是一个悖论，这仍是需要我们学校、家庭乃至全社会共同努力、不断破解的一个社会难题。

记得知名教育家吕型伟先生曾这样感叹："今天我们的教育能到愉快这个水平吗？我说过我们的'小皇帝'顶多只能享受到6岁，6岁一上学，就从皇帝变成了'奴隶'。过去讲溥仪是从皇帝到平民，我们的孩子比不上溥仪这个末代皇帝。中国的传统文化中最突出的两个字就是'听话'。稍稍懂事就教育孩子要听话，小时听爸爸妈妈的话、上学听老师的话、工作了听领导的话，似乎听话是中国人的为人之本……"中国家长一边在生活上过分疼爱自己孩子，一边又在学业上无休止地"催逼"孩子。

其实这与中西方家庭代际传递文化有关，中国代际关系是"反哺模式"，西方是"接力模式"。前者对子女几乎是无限责任，所以才会有"啃老一族"。在西方个体主义文化下，成年子女与父母同住就表明子女没有独立生存的能力。而我们的教育观念是受了所谓"木桶理论"影响太深。中国家长喜欢告诉孩子，去补最短的一块"知识"，家长不停地督促孩子改正其不足，弄得孩子一点自信也没有。而我们参观过的荷兰，该国的教育，不管是学校考试也好，公司培训也罢，首先是问孩子擅长什么？特别问你最感兴趣什么？即便有弱点和缺点也没关系，因为还有"团队合作"训练等着你，你不擅长之处有另一个擅长此道的同事来互补，与你共同完成。

好在如今越来越多的中国70后、80后家长，开始更多关注孩子的良好习惯与人格培养。最近上海社会科学院青少年研究所一项有关家庭教育代际比较的研究显示，家长和学生均认为最重要的排前三位品质是责任感、独立和宽容尊重他人；家长最看重责任感，学生则最看重宽容、尊重他人。尤其是一些国外留学回来的年轻父母，越来越多关注如何让孩子真正为了兴趣在学习、为自己而学习。这说明经过多年家庭教育的科学普及，广大家长，尤其是年轻父母的育儿观念开始有了改变，这是令人喜悦与欣慰的转变。

二、家长，是孩子健康成长的"第一责任人"

教育始于家庭。家长的教育理念、教育方法、教养方式深深影响着孩子。父母是孩子生命中第一任老师，孩子降生到这个世界最先看到的人，也是最关注孩子的亲人。在一个人的教育中,父母的家庭教育是成功的关键,对一个人起着举足轻重的作用。

1. **父母对孩子的教育进行得最早、时间最长。**胎儿在体内就受到母亲"体内环境"的直接影响,胎儿的健康与否与母亲有着密切的关系。比如孕妇愉快的情绪,平静的心境,可减少胎儿躁动,有利于其健康发育。即使日后入托、入园,以及入小学、中学,孩子大部分时间仍生活在家庭中,受父母的潜移默化影响最大。父母的教育是在孩子模仿性最强的幼小年龄进行的,不但占其"先入为主"的便利,而且父母的形象示范、言传身教也给孩子以终身影响。如果父母语言、行为、习惯不良,那就较难保证孩子在这些方面能做到优良。因此,做家长首先自己要学习,学习家庭教育的科学理念与新知,不断提高自身素养与育儿能力。做父母的应明白,教育并不只是认字、读书、数数等,教育也包括孩子的举止行为、感知认知等各方面。家长在平时生活中应成为孩子潜移默化的行为示范。比如父母相亲相爱关系融洽,脾气各方面都很好,那孩子在以后的人生道路上也会平易近人。总之,父母理所当然地应该担负起教育孩子的第一责任。

2. **让孩子在规则与自由中健康"成人"。**"自由过度"会导致孩子任性放肆。婴幼儿有以自我为中心的思维特点,如果一切都顺应他的本性,会导致为所欲为的倾向。如不服管教、攻击性强都与父母过度顺应孩子的自由需要有关。自由过度实际上就是放任纵容,对培养孩子的社会性和责任心是不利的,使孩子"长"不出个性却"长"出任性。而"规则过度"又易于致使孩子缺乏个性。有的父母认为听话的孩子让人省心,少惹出麻烦事儿来,这种观念多表现在控制欲望比较强的父母身上,长期生活在这种环境中的孩子,做事和思维的依赖性比较强,害怕尝试新事物,而且调整情绪变化的灵活性比较弱,这将影响孩子的创新意识与个性成长。因此,应倡导让孩子学会规则又拥有自由的平衡教育策略。没有规则的自由是放任,没有自由的规则是遏制,都是家庭教育不得法的表现,理想的状况是把握好规则与自由的张力,这样的孩子将来将发展出既有责任心、又有开拓性的健康人格。

3. **培养孩子自信、悦纳、爱思考、善表达之品性。**爱因斯坦早就预言,一个人提出问题的能力比解决问题的能力重要。想象力远比知识重要。爱因斯坦说这个话的时候,人们还不能够切身感受到这些话里蕴藏的奥秘,但在现在互联网时代,这一道理已经成了生动的现实。网络时代对于青少年而言,更重要的是具备如下能力:知识迁移与学习力、独立思考与表达力、承诺坚毅与执行力、自我悦纳与抗逆力。这些能力与知识和文凭无关。但在当代快速变化、变动、变革的社会特别重要。我蛮欣赏北京十一中李希贵校长的一句话:教育最大的成功是培养出自我悦纳、充满自信的学生。每个人都有优点和不足,关键在于自己如何看待。既要看到自己的优势,还要了解自身的弱点。

作为家长对于孩子的培养,重要的不在于孩子能考多少个 100 分,而在于把他培养成为一个"完整"的人,让孩子对生活和学习充满热情。一项关于儿童兴趣与幸福感的调查显示,如果有一件事情是孩子最喜欢做的,而大人又创造条件让他做这件事,那么他一定会很有幸福感。人有先天的基因,孩子的学习能力不完全是与生俱来的,但也不完全由后天的训练形成,而是由先天基因给出了某些能力和许多能力发展的框架,需要后天的经验来启动和发展。

其实,所谓"开发智能"的说法并不太科学。智能有多种,对人的智能多元化的理解,澳大利亚人认为土著人只有音乐和体育才能。而中国现在流行的是,每个人都有多元智能,什么都可以学好,唱歌跳舞都去发展。但事实上,一个人不可能样样都好。其实,人一生中一定有一件事情他做起来最省力、学得最快。如果有一件事情是孩子最喜欢做的,而且他最擅长,而你又创造条件让他做这件事,那么他一定会很有成就,也会很有幸福感。

三、学校,要帮青少年"扣好人生第一粒扣子"

2016 年习近平总书记在会见第一届全国文明家庭代表时强调:"广大家庭都要重言传、重身教,教知识、育品德,帮助孩子扣好人生的第一粒扣子,迈好人生的第一个台阶"。并指出家庭教育要从小处着眼,家长要做好示范,有关部门和专业机构要共同"科学有序"地大力推动家庭教育工作。

"人生的扣子从一开始就要扣好。"习近平总书记在不同重要场合多次强调要引导和帮助青少年学生扣好人生的第一粒扣子。总书记用十分通俗、形象、准确的语言强调了对青少年进行正确人生观教育的重要性。所谓"扣好人生第一粒扣子",实际上包含了以下几个内涵:一是学校要帮助学生从小树立正确的人生观、价值观。观念是行动的指南,正确的观念才能引导出正确的行动,正确的行动才能产生好的结果,人才能走好圆满幸福的人生。二是学校要通过"家校共育""校社共建"帮助青少年树立远大的理想。观念重在当下,理想关注未来,要引导学生胸怀大志,放眼世界,脚踏实地,成就未来。三是学校要积极组织实施丰富多样的家校合作、校园文化与社区公益活动,让孩子在集体生活中培养能力,在社会实践中增加才干,"扣好人生第一粒扣子"。

"扣好人生第一粒扣子"是十分重要的,衣服的扣子扣错了可以重来,而人生第一粒扣子如果扣错了,要想纠正将会相当困难,一旦错误的观念形成,要想改变它,要花费很大的力气。古人曰:"入门须正,立志须高",意思就是要走好人生开始最关键的几步。如何才能帮助学生"扣好人生第一粒扣子",习总书记为我们学校德育提出了一个重大命题。

引导孩子首先知道自己将来"需要"什么这一点非常重要。这是因为如何走好未来生活道路的每一步,都是由人生目标与信仰决定的。孩子12岁到18岁的时候,是树立理想的关键时期。尤其是我们学校老师要创造条件让他自由选择,他自己会做决定,但你需要提供环境,引导他,并且尊重他的决定,帮助他去实现。

人生目标选择为什么重要?哈佛大学对一群智力、学历相似的人进行了25年的跟踪调查。3%有清晰且长期目标的人,大都成了顶尖成功人士;10%有清晰短期目标的人,大都成为专业人士;60%目标模糊者,能安稳工作生活,无特别成绩;27%无目标的人,经常失业,生活动荡。尽管我们孩子中绝大多数终将成为普通人,因此,扣好人生"第一粒扣子",培养孩子具备走向社会之"核心素养",应成为我们学校家庭教育指导之首要任务。

四、教师,应成为学校家庭教育指导的"第一实施者"

当前家庭教育应突出"核心素质"培养,"主战场"无疑是学校,而具体指导则应由经过家庭教育理论与实务培训的教师来担任。2013年2月,UNESCO发布报告《走向终身学习——每位儿童应该学什么》。该报告基于人本主义的思想提出核心素养,即从"工具性目标"(把学生培养成提高生产率的工具)转变为"人本性目标",使人的情感、智力、身体、心理诸方面的潜能和素质都能通过学习得以发展。在基础教育阶段,尤其要重视身体健康、社会情绪、文化艺术、文字沟通、学习方法与认知、数字与数学、科学与技术等七个维度的核心素养。上述素养是未来个人终身发展和社会发展所需要的"必备"品格与"关键"能力。

众所周知,队伍建设是家庭教育指导的核心要义,而教师群体在学生眼中最具影响力,理应成为学校家庭教育指导的主力军。而师资队伍建设首先离不开教材建设。呈现在各位读者面前的这套《教师家庭教育指导实务》丛书,正是由上海市数十位中小学德育、学科教育、学前教育和家庭教育专业人员、研究专家合作完成。本套丛书的创新与特色在于:

第一,作为国内第一套适用于在岗中小幼教师、家庭教育指导者的开展家庭教育指导的通俗读本,具有较好的实验性、实务性与示范性。丛书在征求、听取中小学、幼儿园校长、园长、教师以及广大家长对家庭教育需求基础上,首次提出教师作为家庭教育指导者应该完成的四大任务和必须具备的四大能力。

第二,丛书是目前国内第一套分学段(分学前版、小学版、初中版、高中版四册)的家庭教育指导者实务读本。首先,读本对在岗教师家庭教育指导的基本任务、基本能力做了较为系统的梳理。其次,读本按照青少年儿童年龄、心理发展特点,分层递进,在对家庭教育指导一般理论归纳梳理基础上,凸显了不同学段的家庭教育指导重点和难点问题,便于不同学段的教师对本教材的自学与使用。

第三,丛书既有对家庭教育基本问题的理论阐释,又有来自一线教师提供的大量真实案例,可帮助教师厘清家庭教育的基本概念、核心理念,在家庭教育情景、案例教学中掌握科学指导的方法、技巧。

第四,丛书又是多方合作、共同协同的科研成果。在编写过程中受到了市教委德育处的大力指导,得到了市教科院家庭教育研究与指导中心专业支持,同时也获得了基层校长、教师热情参与。理论与实践较好结合是本套丛书的一个特色。使得它成为本市在岗教师开展家庭教育指导、提升教师自身指导能力的培训教材。

以上是遵郁琴芳主任之嘱、阅读《教师家庭教育指导实务》丛书后的一些思考与感想,是为序。

中国教育学会家庭教育专业委员会副理事长
上海社科院青少年研究所所长 杨 雄
2017年12月于上海社会科学院

前言

中职学校教师肩负家庭教育指导的职责

中职学校教师要不要指导家庭教育？在部分中等职业学校的领导和教师中是有不同认识的。一部分同志认为，学校的主要任务是教育学生，家庭教育的指导应是社会的责任，是家长单位或是妇联、社区街道的事。也有些同志认为，学校工作千头万绪，自身工作忙不过来，无暇顾及家庭教育指导。更有少数同志认为，中职学生和家长都基本定型，再指导也没用。

习近平总书记在全国教育大会上明确指出："办好教育事业，家庭、学校、政府、社会都有责任。家庭是人生的第一所学校，家长是孩子的第一任老师。要给孩子讲好'人生第一课'，帮助扣好人生第一粒扣子。教育、妇联等部门要统筹协调社会资源支持服务家庭教育。"这里的"支持服务家庭教育"应包括做好家庭教育的指导。

早在2004年2月，《中共中央 国务院关于进一步加强未成年人思想道德建设的若干意见》中强调"重视和发展家庭教育"，同时指出："家庭教育在未成年人思想道德建设中具有特殊重要的作用。要把家庭教育与社会教育、学校教育紧密结合起来。各级妇联组织、教育行政部门和中小学校要切实担负起指导和推进家庭教育的责任……广泛开展家庭教育宣传，普及家庭教育知识，推广家庭教育的成功经验，帮助和引导家长树立正确的家庭教育观念，掌握科学的家庭教育方法，提高科学教育子女的能力。"

2009年6月，教育部、中宣部、中央文明办等六部委《关于加强和改进中等职业学校学生思想道德教育的意见》也明确指出：家庭教育在中职学生思想道德教育中具有特殊重要的作用。各级妇联组织、教育行政部门和中等职业学校要切实担负起指导和推进家庭教育的责任。

为什么习近平总书记，党中央、国务院等部委如此重视家庭教育和家庭教育指导呢？首先，家庭教育是整个教育的基础。正如习近平总书记所说，"家庭是人生的第一个课堂，父母是孩子的第一任老师"。由于父母与子女之间有着不可分割的血缘亲情，在日复一日的生活抚养、家庭活动中，父母的言传身教、耳濡目染，都会给孩子以深刻的印象，对其良好行为习惯、思想品德、价值观的形成及健全人格培养都具有基础性作用。家庭教育作为人生教育的开端，在整个国民教育体系中发挥着极为重要的作用。家庭教育工作开展得如何，关系到孩子的终身发展，关系到千家万户的切身利益，关系到国家和民族的未来。

其次，家庭教育、学校教育、社会教育构成了教育的有机整体，三者相互联系，缺一不可。家庭教育在教育过程中起着基础性作用，具有长期性和持久性。学校教育是教育的正规和主导形态，是制度化的教育。社会教育则是家庭教育和学校教育的延伸与发展。三方面教育要有机衔接、相互支持与配合，才能共同完成教育的使命。学校教育的成功离不开家庭教育的支持和社会教育的配合。只有当家庭教育与学校教育、社会教育方向一致时，才能产生教育的合力。反之，如果家庭教育与学校教育、社会教育方向不一致，就会产生方向相反的分力，教育就难以成功。学校教师正确指导家庭教育，有利于形成家校一致的教育合力，帮助孩子扣好人生的第一粒扣子，迈好人生的第一个台阶。

再次，学校教师具有指导家庭教育的独特优势。当下我国的为人父母者，一般都没有参加过"上岗"前的培训，或者学习过科学系统的育儿知识，他们往往根据自己成长的经历，前辈的指导，同事、朋友的传授或媒体的宣介行事。有的甚至就跟着感觉走，具有很强的盲目性。不少父母重养轻教、重智轻德、重分轻能；有的过于溺爱，有的简单粗暴；有的放纵不管，有的要求过高；有的专注于孩子学习生活的细节，却忽视自身的榜样作用，等等。中职学生当中，家庭教育缺位、错位、不到位的现象更是普遍。因此，加强中职学校家庭教育指导工作不仅是孩子健康成长的迫切需要，也是家长进步、社会发展的必然要求，具有现实的紧迫性。

学校教师对父母等监护人开展家庭教育指导时，因为有孩子这个天然的纽带，家长们往往积极参与，乐于接受。这比社会其他部门开展的家庭教育指导，更有亲和力和权威性。教师们具有教育学、心理学、社会学的系统知识，有丰富的教育实践经验，又了解孩子在学校中的各方面表现，因而指导家庭教育就更具有针对性和实效性。

本书深刻阐述了中职学校教师指导家庭教育的必要性和重要性，说明了指导的原则、必要准备和任务要求，更详尽地介绍了指导的途径或方法，是中职学校广大教师开展家庭教育指导的必备的工具书，相信会受到广大中职校教师们的欢迎。

上海市教育系统关心下一代工作委员会兼中职分会顾问　　陈步君
2021 年 7 月于上海

目 录

代序 …………………………………………………………………………… 1
前言 …………………………………………………………………………… 1
第一章 教师与家庭教育指导 ………………………………………………… 1
 一、家庭教育与家庭教育指导 …………………………………………… 3
  （一）家庭教育指导 ≠ 家庭教育 …………………………………… 3
  （二）家庭教育指导对家庭的意义 …………………………………… 8
  （三）家庭教育指导对学校的意义 …………………………………… 9
 二、教师与家庭教育指导的关系 ………………………………………… 10
  （一）家庭教育离不开教师的指导 …………………………………… 10
  （二）教师的工作无法游离于家庭教育之外 ………………………… 11
 三、教师家庭教育指导能力 ……………………………………………… 12
  （一）中职学校教师开展家庭教育指导应具备的素养要求 ………… 12
  （二）中职学校教师家庭教育指导能力现状分析 …………………… 14
  （三）中职学校教师家庭教育指导的常见问题 ……………………… 16
第二章 家庭教育指导的基本理念与必要准备 ……………………………… 19
 一、家庭教育指导应遵循的基本原则 …………………………………… 21
  （一）思想性原则 ……………………………………………………… 21
  （二）科学性原则 ……………………………………………………… 21
  （三）学生为本原则 …………………………………………………… 22
  （四）家长主体原则 …………………………………………………… 22
  （五）服务性原则 ……………………………………………………… 22
 二、家庭教育指导需秉持的核心理念 …………………………………… 23
  （一）家庭教育是学校教育和社会教育的基础 ……………………… 23

（二）家庭教育重在教孩子如何做人 ………………………………… 23
　　（三）家长是家庭教育的责任主体 …………………………………… 23
　　（四）家庭教育是家长和儿童共同成长的过程 ……………………… 24
　　（五）家庭建设是家庭教育的重要保障 ……………………………… 24
　　（六）尊重儿童成长规律是家庭教育的前提 ………………………… 24
　　（七）尊重和保护儿童权利是家庭教育的基础 ……………………… 24
　　（八）家庭、学校、社会是促进儿童健康成长的共同体 …………… 25
　三、教师应做好的必要准备 ……………………………………………… 25
　　（一）学习了解家庭教育指导的根本遵循 …………………………… 25
　　（二）了解中职学生身心发展的主要特点 …………………………… 26
　　（三）了解中职学生家庭状况的主要特点 …………………………… 28
　　（四）了解中职学生家长对家庭教育指导的主要需求 ……………… 29

第三章　家庭教育指导的基本任务 ………………………………………… 33
　一、帮助家长明确其在家庭教育中的主体责任 ………………………… 35
　　（一）明确教育孩子是家长的法定职责 ……………………………… 35
　　（二）引导家长主动参与学校教育，形成教育合力 ………………… 37
　二、指导家长树立正确教育观念，掌握科学养育方法 ………………… 38
　　（一）指导家长学习家庭教育知识，掌握家庭教育科学理念和方法 … 38
　　（二）指导家长更新教育观念，与孩子共同成长 …………………… 41
　　（三）引导家长不断提高自身素养，言传身教，为孩子做榜样 …… 43
　三、指导家长全面正确认识孩子 ………………………………………… 45
　　（一）引导家长全面了解孩子 ………………………………………… 45
　　（二）指导家长引导孩子扬长补短 …………………………………… 47
　四、指导家长全面了解职业教育，帮助孩子树立职业理想 …………… 49
　　（一）指导家长正确认识职业教育 …………………………………… 49
　　（二）指导家长了解孩子就读学校 …………………………………… 51
　　（三）指导家长了解孩子所学专业 …………………………………… 52
　　（四）指导家长帮助孩子正确选择发展方向 ………………………… 54
　五、指导家长正确教育孩子健康成长 …………………………………… 55

- （一）指导家长教育孩子学会做人 …… 55
- （二）指导家长教育孩子学会学习 …… 60
- （三）指导家长教育孩子学会生活 …… 62
- （四）指导家长教育孩子热爱劳动 …… 64
- （五）指导家长教育孩子学会交友 …… 66

第四章 家庭教育指导的主要途径和方法 …… 69
- 一、家庭访问 …… 71
  - （一）家庭访问的作用 …… 71
  - （二）家庭访问的时机选择 …… 72
  - （三）家庭访问前的准备 …… 75
  - （四）家庭访问实施的过程 …… 77
  - （五）家庭访问后的工作 …… 79
  - （六）问题家庭的处理 …… 80
  - （七）家庭访问应注意的问题 …… 83
- 二、家长会 …… 86
  - （一）家长会的作用 …… 87
  - （二）家长会的召开时机 …… 87
  - （三）家长会的形式和要求 …… 89
  - （四）开好家长会应注意的问题 …… 96
- 三、个别家庭教育指导 …… 97
  - （一）个别家庭教育指导的意义 …… 97
  - （二）个别家庭教育指导适用情况及指导重点 …… 98
  - （三）个别家庭教育指导的方式和策略 …… 101
  - （四）个别家庭教育指导应注意的问题 …… 107
- 四、群体分类家庭教育指导 …… 108
  - （一）群体分类家庭教育指导的意义 …… 108
  - （二）群体分类家庭教育指导的对象选择 …… 109
  - （三）群体分类家庭教育指导的组织形式 …… 113
- 五、配合学校，发挥家长学校、家委会家庭教育指导作用 …… 117

  （一）家长学校 …………………………………………… 117
  （二）家长委员会 ………………………………………… 120
 六、运用媒介开展家庭教育指导 ……………………………… 129
  （一）运用传统媒介开展家庭教育指导 ………………… 129
  （二）运用新媒体开展家庭教育指导 …………………… 131
  （三）运用通信软件开展家庭教育指导 ………………… 136

第五章 中职学校家庭教育指导的重点 ……………………… 141
 一、亲子沟通 …………………………………………………… 143
  （一）亲子沟通的意义 …………………………………… 143
  （二）中职学生家庭亲子沟通常见的问题 ……………… 144
  （三）指导中职学生家长学会亲子沟通的有效方法 …… 145
 二、心理疏导 …………………………………………………… 148
  （一）指导中职学生家长学会心理疏导的必要性 ……… 148
  （二）中职学生常见的一些心理困惑与心理问题 ……… 149
  （三）教师指导家长疏导孩子心理困惑与心理问题的方法 …… 150
  （四）发现学生有严重的心理障碍要求助专业教师或专门机构 …… 152
 三、正确使用电子产品 ………………………………………… 154
  （一）电子产品——学生成长的双刃剑 ………………… 154
  （二）科学引导，合理使用电子产品 …………………… 155
  （三）遵纪守法，树立网络安全意识 …………………… 155
  （四）当孩子有了"网瘾"怎么办？ ……………………… 156
 四、职业生涯规划指导 ………………………………………… 159
  （一）职业生涯规划指导的重要性和紧迫性 …………… 160
  （二）职业生涯规划指导的几个重点问题 ……………… 163
  （三）职业生涯规划指导的几种途径 …………………… 168
 五、突发事件的处理 …………………………………………… 178
  （一）校园突发事件的类型和应对方法 ………………… 178
  （二）发生校园突发事件后家庭教育指导的注意事项 … 182

后记 ………………………………………………………………… 189

第一章

教师与家庭教育指导

《教师法》规定:"教师是履行教育教学职责的专业人员。"每一位教师都深知,教书育人是自己天然的职业使命。学校是专门从事教育的组织机构,为人民大众提供教育公共服务,而教师则是学校组织中最重要的专业人员。那教师是不是只需要在学校里站稳三尺讲台?他们需要熟悉家庭教育,开展家庭教育指导吗?毕竟,众所周知,家庭是私生活的场所,而家庭教育是私人领域的教育活动。

答案是否定的。要回答上述问题,我们首先需要了解什么是家庭?什么是家庭教育?什么是家庭教育指导?在厘清概念的基础上,进一步明晰家庭教育指导的价值与意义所在,从而深刻理解教师与家庭教育指导的关系。

一、家庭教育与家庭教育指导

(一)家庭教育指导 ≠ 家庭教育

1. 何为家庭?

每个人都有自己的家庭,每个人也都熟悉我们所谓的家庭指的是什么。不过真正用学术语言来定义它,还是有点难度。来自学术界的专家会从不同的学科背景出发给家庭下各种定义,比如著名的社会学家费孝通先生认为:"父母子所形成的团体,我们称作家庭。"教育学家陈桂生认为:"家庭是以一定的婚姻关系、血缘关系或收养关系组合起来的初级社会群体。"

综合众多专家的观点,我们需要理解关于家庭的几个基本要义:

第一,家庭是人生最重要的场所。

家庭是人类社会最基本的组成单位,它保证了人类的生存、繁衍和发展的需要,同时它也是人生最重要的场所。朱永新教授认为,人的一生实际上生活在四个地方,分别是:子宫、家庭、学校和职场。而在这四个场所中最长久、最重要的还是家庭,因为家庭在这四个阶段一直存在,这四个阶段与家庭都有非常密切的关系。

第二,家庭是男女两性以婚姻关系形成的社会组织。

家庭是由婚姻构成的,血缘关系是婚姻关系派生出来的。婚姻是社会为男女双方约定的共同担负抚育子女责任的契约。一旦婚姻结束,正常的家庭随之解体。一个没有孩子的家庭解体要相对简单,而社会对有了孩子而准备离异的夫妻,总是首先明确双方对抚育孩子具有不可推卸的责任,然后才慎重地用法律的手段确定孩子的监护人。随着时代的变迁和社会的发展，中国家庭的离婚率从2002年开始就一路走高。由于婚姻变动而引起的单亲家庭、离异家庭、重组家庭都是影响儿童成长的重大环境因素。

第三，家庭是亲子两代（也可以超过两代）以血缘关系或收养关系形成的社会组织。

父母的婚姻关系自然会带来亲子的血缘关系或者收养关系。无论在哪种关系中，孩子都是家庭中的重要成员。亲子关系也是家庭关系中重要的组成部分。

第四，家庭是人、特别是未成年人精神和物质生活的寄托。

对于儿童青少年而言，家庭是他们的出生地，是一个温柔的港湾，是他们最早生活和成长的地方，更是他们的第一所学校，所以父母就是他们的第一任教师。家庭对儿童来说发挥着不可替代的教育功能。儿童正是在家庭学习各项技能才完成了他们社会化的第一步，在家庭中他们学会如何表达、如何自理、如何交往等，原生家庭生活阶段是他们能步入社会独立生活前的重要阶段。

第五，家庭是个人最初加入的群体，是个人与社会联系的桥梁。

2. 何为家庭教育？

社会学家邓志伟在《家庭社会学》中把家庭的功能归类为：生物功能（生育等）、心理功能（情感慰藉等）、经济功能（生产、分配、交换和消费）、政治功能（小型政府、家长权力）、教育功能（社会化、家庭教育）、娱乐功能、文化功能（习俗、宗教学习）。

谈到家庭的教育功能，自然就引出家庭教育这个概念。在现代社会，家庭教育已成为一个独立的学科，并且已经成为教育系统的重要组成部分。与家庭的概念一样，众多学者对家庭教育有不同的理解和定义。一般来说，家庭教育有狭义与广义之分。狭义的家庭教育概念是众人耳熟能详的，即父母或者其他年长者在家庭内自觉地、有层次地对子女进行的教育（《中国大百科全书·教育学》）。这个解释也通常是我们普遍认可的解释。在日常的谈资中，我们提到家庭教育就会自觉地认为是长者对其子女的教育。但是随着时代发展，家庭教育的内涵并不只有这些，所以目前对家庭教育更多地从狭义走向广义的理解。

马和民教授认为，家庭教育不仅要关注家庭成员之间的影响，还要关注家庭环境因素所产生的教育功能。另外我们还要关注子女在父母教育中对父母的影响，以及对父母教育的反馈过程。因为父母和孩子是两个相对的又互为存在条件的方面，父母作为养育者，他们的教育目的、教育内容、教育方法和手段，应该要考虑孩子的年龄特点与个性特点。也就是说教育要了解教育对象的特点，因材施教，否则教育效果就会大打折扣。这也可以理解为什么"天才"不可复制,成功的家庭教育只能学习或模仿,而不能照搬。

深刻理解家庭教育,还必须认识家庭教育的三大特点:

第一,家庭教育是私密教育,是基于血缘与情感的教育。

家庭是在婚姻与血缘的基础上建立组成的,一般而言,没有婚姻也就没有子女,没有子女也就无所谓家庭教育。子女与父母有着天然的血缘关系,因此家庭教育还有血缘的基础。当然现今社会,出于某些原因,个别家庭会通过领养的方式有自己的子女,那么他们就存在法律上的血缘关系。血缘关系是一种天然的关系,就像动物会保护幼崽一样,父母会出于本能保护自己的孩子,爱护自己的孩子,孩子对自己的父母有着天然的依恋和爱慕,在最初几年孩子完全不能离开自己的养育者。这也是家庭教育区别于社会教育与学校教育的最大的不同。家庭教育可能从孩子还未出生就已经开始发生,并与养育同行,比如胎教。长大之后,即使参与了学校教育以及社会教育,家庭生活仍是儿童生活的重要组成部分,所以家庭教育仍然是儿童教育的重要内容。因为血缘的维系,家庭教育会持续终生,只要血缘没有断,情感没有断,家庭教育就会一直持续。所以在这个意义上,家庭教育不单单指0—18岁儿童的家庭教育,而是终身教育。

第二,家庭教育是生活教育,与家庭的日常生活不可分割。

家庭教育不是严肃的学校教育,它是一种存在于父母与子女之间的教育关系,它的发生不受空间、时间的限制,更没有固定的方法或者模式,因此有父母与子女存在的地方就可以发生家庭教育。家庭教育可能发生在全家一起吃饭的时候,也有可能发生在全家一起排队游玩游乐场项目的时候,有可能发生在睡觉前,也有可能发生在上学的路上,这些场景既是家庭生活的场景也是家庭教育的情境。家庭教育可以贯穿于家庭生活的各个方面。随着时代的发展,家庭生活水平的提高,家庭生活的内容越来越丰富,家庭教育的内容也随之开始丰富多样。例如亲子阅读、亲子游戏、出国旅游等家庭生活的形式开始出现并流行。这些看似简单的家庭生活的内容,其实有很深的教育隐喻。如一些父母会希望通过亲子阅读提高孩子的识字能力和文学功底,亲子游戏中加入了更多的智力因素,让儿童在游戏中发展智力,提高反应能力及思考能力;出国旅游更是如此,家长希望带领孩子一起开拓视野,学习不同国家的民族风情以及地理知识。随着父母文化水平的提高,父母会单独安排出有教育意义的家庭生活内容,并赋予孩子很高的教育期望和教育目标。从这种意义上,家庭教育何尝不是"在生活中感悟教育,在教育中提升生活"。

第三，家庭教育是自然过程，潜移默化且影响深远。

家庭教育是对儿童一生都有重要影响的教育，深入到孩子的血液和骨髓里。每个孩子在走上社会时都带着自己家庭的影子。儿童天然会模仿自己的父母，会沿袭家庭环境对自己的影响，或许有些儿童到了青春期开始叛逆，开始反对自己的父母，开始试图挣脱家庭的束缚，开始"做自己"，但是他们仍然不能去除自己身上的家庭烙印，再独立创造一个完全不同的自己。

家长的行为不仅给孩子创设了环境，更给孩子树立了学习的榜样。环境与家长行为本身就有潜在的教育意义。因此家庭教育的发生是潜移默化的。而且这种潜移默化可能影响孩子的一生，人的性格和行为习惯一旦树立，改变就变成很困难的事。有学者提出在家庭教育概念中，涉及三个有关亲子互动的概念——影响、培养和教育。"教育"更显示它的目的性与规范性，"培养"看重的是儿童身体和心理的发展。"影响"则是最关键的，父母对孩子可以产生积极的影响，也可以产生消极的影响，潜移默化、不被完全意识察觉且影响深远。

3. 何为家庭教育指导？

家庭教育是教师熟悉的概念，但家庭教育指导这个概念对于教师而言相对陌生。学者胡杰指出：家庭教育指导的含义，有广义和狭义之分，主要是以教育对象来区分。狭义的家庭教育指导是指："由社会通过大众传媒或社会机构，以儿童家长为主要对象，以提高家长的教育能力和水平、改善教育行为为直接目标，以促进儿童身心健康成长为目的的一种教育过程。"狭义的家庭教育指导实际上就是传统意义上的"家长学校"的概念，简而言之，就是教会家长如何教育孩子。广义的家庭教育指导则是在教育的对象上进行拓展，它符合现代意义上的家庭教育理论，因为家庭教育的双向互动性，决定了家庭教育指导的对象不仅是家长或者长辈，更应该包括子女。从现实意义上说，指导子女如何孝敬长辈，接受长辈的教育，在家庭生活以及其他家庭活动中需要遵循的思想和行为准则，乃至如何与家长或者其他长辈沟通，这些都需要家庭教育方法的指导。

在学校工作中，通常取家庭教育指导的狭义概念，即由家庭外的社会组织、机构组织的，以家长为对象，以提高家长的教育素质、改善教育行为为直接目标，以促进儿童身心健康成长为目的的一种教育过程。家庭教育指导完全有别于家庭教育，可以用一张图示来直观感受家庭教育与家庭教育指导的完全不同方面。学者李洪曾老师将家庭教育指导从家庭教育中剥离出来，提出"4421"的家庭教育指导理论框架。即在家庭教育指导工作的全过程中涉及四类对象，就是儿童、家长、作为指导者的教师和作为组织管理这项工作的分管领导；包括四个具体过程，即儿童的发展过程、家长对儿童的教育过程、指导者对家长的指导过程和组织管理者对指导者的组织管理过程。任一个具体过程都在两种环境下进行,即物质环境和精神环境,以上全部的要素都会受到外部社会大背景的制约。

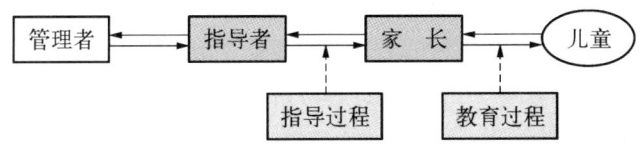

分析家庭教育指导的时候,必须明确以下几点:

第一,家庭教育指导是家庭以外的组织实施的活动和教育过程。家庭教育指导显然发生在家庭外部,而不是在家庭内部。众所周知,学校是家庭教育指导的主阵地。但需要提醒教师的是,开展家庭教育指导的组织,不单单是学校,也可以是妇联、居委、非政府组织乃至企业等。

第二,家庭教育指导的主要对象是成人,而非儿童。

由于家庭教育指导的主要对象是作为儿童监护人的成人,指导一般在家长工作之余的时间内进行,指导是为家庭教育服务的,因此可以把家庭教育指导看作是一种带有师范性的、业余的成人教育。

第三,家庭教育指导有明确的目标。有学者认为,家庭教育指导目标由直接目标和间接目标两部分组成。直接目标是通过多元化的指导措施,帮助家长建立现代的教育观念,端正对子女的教养态度,掌握科学的教养知识,提高家长的教育素养;间接目标是以培养青少年良好道德品质、个性品质为主导,促进青少年全面、和谐发展。指导的具体目标由改进目标与发展目标两部分组成。改进目标是从问题出发,施予必要的教育干预,以达到应有的状态;发展目标是从应有的状态出发,进行必要的教育调整和主体整合,以达到状态的理想化。

第四,家庭教育指导有多样的指导形式与方法。杨宝忠老师在《大教育视野中的家庭教育》中将家庭教育指导的形式分为个别指导和集体指导两大类。个别指导形式包括:家庭访问、在校接待、单独咨询、电话联系、信件来往、家校联系册和电子信箱等;集体指导形式包括家长会、讲座与报告会、经验交流会、专题讨论会、大众传媒教育开放活动、亲子活动等。

第五,家庭教育指导有固定的内容要求。

家庭教育指导内容一般包括:(1)向家长介绍、提供有关儿童发展、本学段的教育和家庭教育的基本规律、理论知识和实际情况;(2)介绍孩子所处年龄段在生活和学习中以及家长在家庭教育中容易出现的问题,并提出供家长参考的处理意见和建议;(3)围绕社会热点问题和学校中心工作与家长交流。

《上海市家庭教育指导大纲》是我国第一部针对家庭教育指导工作的大纲,其中也对家庭教育指导的内容进行了明确的规定:"家庭教育指导的内容应体现时代性,体现新形势下家庭教育的新起点和新特点,反映21世纪知识经济社会对人才的要求。要向家长宣传素质教育的思想,宣传现代儿童观、教育观、人才观,加强家庭美德教育、职业道德教育、社会公德教育,讲授不同年龄段儿童和青少年身心发展的一般规律和个体差异等。""应具有阶段性。根据不同年龄段儿童家庭教育的特点和容易发生的问题,确定重点指导的内容。"同时上海市还出台了《上海市0—18岁家庭教育指导内容大纲》,大纲按照不同年龄阶段详细规定了家庭教育指导的内容,具有很好的可参考性和执行性。

(二) 家庭教育指导对家庭的意义

1. 家庭教育指导对儿童成长的意义

虽然家庭教育指导的对象是家长,但不管是家庭教育还是家庭教育指导,它们的终极目标均是指向儿童发展的。因此家庭教育指导对于儿童成长来说,是帮助儿童在不同的阶段能更好地成长,更健康地成长为一个全面发展的人。特别是现代社会,呼唤学校培育出全面、独立、主动、创新的儿童,家庭教育指导就担负着提高家长教育素养,帮助家长了解不同年龄段儿童的发展特点,提供家长合适的方法对待不同阶段的儿童,与家庭共同承担培养全面发展的儿童的重要使命,与家长携手帮助儿童度过不同的成长阶段。

2. 家庭教育指导对家长的意义

党的十九大报告指出,新时代我国社会主要矛盾是人民日益增长的美好生活需要和不平衡不充分的发展之间的矛盾。随着教育现代化、信息化与国际化进程的推进以及人口与家庭结构的变迁,家庭教育需求的多样化趋势日益加剧。新的形势下,加强中小学家庭教育指导工作,提升广大家长的教育观念与教育方法,是必须深入思考的紧迫课题。家长是儿童成长最初也是最直接、最主要的教育者,家长的教育素养对儿童的发展有重要意义,家长的教育素养包括教育观念、教育能力、教育方式等。

第一,家庭教育指导有助于家长有效提升教育素养。

任何一个父母都是第一次成为父母,哪怕是面对自己的二宝孩子。

第二,家庭教育指导能让家长更了解孩子。

现今社会是独生子女的时代,有些年轻的家长自身也是独生子女,爱子之心人皆有之,血浓于水的亲情使很多家长溺爱、过分保护、放任或否定、干涉孩子等,亲子关系不和谐。学校是联系家长和孩子之间的桥梁,帮助家长了解群体中的孩子发展情况,指导家长发展孩子的社会性能力。

从理论上说,最了解孩子的应该是孩子的家长,但是"当局者迷"的现象有很多,有时候因为接触太密切,目标比较单一,家长反而不能从整体上了解孩子的发展。另外,对于进入初高中的孩子来说,更多的秘密不愿意对家长说,甚至会在家长面前一套、背地里一套。让家长更加不能全面了解孩子的发展。而教师则可以从更高的角度和层面了解孩子的发展情况,从不同儿童的对比,了解儿童发展水平的高低,包括孩子的现状和孩子的成长特点。

第三,家庭教育指导帮助家长与儿童一同成长。

现代社会,特别是上海的小学生在校接收的信息量远远超过家长这一代当年的受教育水平,家长的教育能力远远不能满足孩子发展的需要。实践研究表明,家长学习家庭教育知识的程度,远不能满足对子女教育的实际需求,因而导致其教育能力不高,直接影响亲子之间的沟通,影响家庭教育的效果。因为成长着的儿童、不同阶段的儿童有着不同的特点。正如有些家长反映,儿童前段时间还好好的,这段时间突然特别难相处。就是因为家长没有将孩子看成是不断发展的儿童。还停留在原来对孩子的了解之上,教育方法没有跟随孩子的成长进行更新。儿童阶段是人一生生长与发育最快的阶段,如果家长没有跟随孩子一同成长,那么教育就会滞后,发生矛盾在所难免。家庭教育指导帮助家长不断成长,在不断学习教育知识的同时与儿童一同成长。

(三) 家庭教育指导对学校的意义

1. 家庭教育指导让家校合作更深入、更高效

作为培养新一代人才的场所,学校肩担重任。在学校寻求的众多合作力量中,家长是最重要的一个,学校和家庭是并肩作战的合作者。随着家庭教育重要性得到认可,家校合作的趋势愈演愈烈,越来越多的学校重视家校合作。开展家庭教育指导的首要任务是教育家长,从教育观念、教育能力、教育行为等方面采取多元化渠道对家长进行教育。与教育学生的不同之处在于,学校对家长的指导不仅是"传道授业",更是帮助家长解惑,提升家长的教育素质重要方法。通过家庭教育指导学校与家庭联系更紧密,联系内容更丰富,更进一步加深家校合作的效果,不断拓宽家校合作的内容。

2. 家庭教育指导有助于提高学校的教学质量

家庭教育指导的家长主体原则,增强了家长参与学校教育的主动性和积极性,

为学校提供了丰富的教育资源,有些高知或具有特长的家长可以作为家长教师志愿者将自身的知识带给学生,让学生拓宽视野,让学校整体受益。家长教育素质不同层次发出的不同声音,为学校的发展提供了丰富而宝贵的建议,学校真诚地帮助家长提升教育素质的同时,学校自身的教育效能也得到了增强。家长家教素养的提高最直接的好处就是促进学生的发展,学生的发展与水平的提升不断提高学校的整体办学水平。

二、教师与家庭教育指导的关系

厘清教师与家庭教育指导的关系是有效开展家庭教育指导的前提,可以帮助教师定位好在家庭教育指导中的角色,对于教师提高家庭教育指导工作的效率与水平有很大帮助。

(一)家庭教育离不开教师的指导

家长的家庭教育理念和方法基本来自两个方面。其一,大多数家长的教育方法、教育理念来自世代相传,即他们的父母如何教养他们的,他们就会沿袭用来教养自己的孩子。其二,中国社会的信息化使得各类教育信息异常发达,相当一部分家长工作之余从教育书籍、杂志、网络上学习教育知识,并使用在自己的孩子身上。一般而言,家长育儿往往存在一些问题,比如缺乏科学性、系统性,面对纷繁复杂的育儿信息无从下手,同时也容易被各类媒介中的错误信息、模糊信息和虚假信息所误导。

例如,面对初中生的叛逆与对抗,许多家长认为是孩子太不听话,甚至有些归结在自身太宠孩子,但从专业角度讲初中生的叛逆与对抗正是他们这个年龄段的重要特征,是他们走进青春期的重要表现,对其独立性与发展自我意识有重要帮助。一旦家长从更专业的视角了解了孩子的发展与表现,在应对孩子的时候就不会措手不及。教育是一件系统而专业的工作,家庭教育指导帮助家长从更专业的视角了解教育、了解孩子。帮助家长从具体的教育细节中抽身,站的更高一点看孩子的表现和自己的教育行为。

儿童进入学龄期后,特别是初高中阶段,与其他家庭教育媒介相比(杂志、网络等)家长与学校的关系更为密切,家长对学校的信任度更高,因此,家庭教育指导内容的现代化有利于帮助家长转变观念,确立现代教育观,正确培养人才,教育不应该把孩子培养成为应付考试的"两脚书橱",而是应当尊重孩子的个性发展,适应社会主义市场经济的竞争性、开放性、创造性。

(二) 教师的工作无法游离于家庭教育之外

1. 家庭教育指导工作亦是教师重要的工作内容

家庭教育指导者的角色有很多,包括教育专家、家长领袖,但是最多的还是那些接触孩子较多的专业人士(教师、社会工作者、医护人员等),其中与孩子接触最紧密、家庭教育指导条件最便利的要数教师了。

从国家政策看,2012年教育部颁布《幼儿园教师专业标准(试行)》《小学教师专业标准(试行)》和《中学教师专业标准(试行)》。这些专业标准是国家对幼儿园、小学和中学合格教师专业素质的基本要求,是教师实施教育教学行为的基本规范,是引领教师专业发展的基本准则,是教师培养、准入、培训、考核等工作的重要依据。教师专业标准分专业理念与师德、专业知识和专业能力三个维度。在幼儿园、小学和中学的三个学段的专业标准中,"与家长进行有效沟通合作""协助学校与社区建立合作互助的良好关系"这两条都明确被规定为教师的"沟通与合作"能力。

从教育实践看,柳华在《如何正确处理教师与家长的关系》中指出,指导家长是教师的责任,处理好与家长的关系是做好家长工作的前提条件。中小学教师尤其是班主任教师在家庭教育指导工作中需承担更多的责任。教师是家庭教育指导工作的主要角色,首先源于教师是家长在教育方面最信任的人,信任让家长更乐于接受教师的意见与建议,这是教师的家庭教育指导的"特权"。其次教师在每日的教学工作中了解每一个学生,在做家庭教育指导工作时有很好的针对性与持久的关注度,在工作中可以根据需要随时联系家长,这是教师在做家庭教育指导工作时得天独厚的条件。最后教师在多年的教育工作中积累了丰富的教育经验,了解各年龄段孩子的特点,指导方式也更专业,更真实可信。

2. 教师不能越过家长做家庭教育

家庭教育是在血缘基础上,以亲子关系为基本关系的一种教育,实施教育的主体是儿童的父母或者长辈,而教师要做的是帮助家长提升家庭教育的水平,所以家庭教育指导的对象是家长而不是儿童。上海市教育科学研究院李洪曾老师的文章《家庭教育指导的目的、任务、性质、渠道》中,对家庭教育指导的性质做了阐述,认为家庭教育指导是整个国民教育体系中的一个组成因素,它是主要以家长为对象的一种成人教育,但必定又是一种业余教育,作为为家长提供对子女进行有效教育知识和方法的家庭教育指导又带有师范教育的性质。教师不能越过家长直接实施家庭教育,因为家长的教育角色是不可替代的。教师在做家庭教育指导时有必要提醒家长重视家庭教育的重要性。

3. 家庭教育指导与家庭教育相互配合才能取得最好育人效果

教师在做家庭教育指导时要注意儿童所在家庭的家庭教育状况,采取有针对性的措施进行指导,这样才能事半功倍。例如,一位儿童的家庭是一个重视家庭教育的书香世家,那么针对家长在儿童教育方法需求上的指导就是合适,而一直强调家庭教育如何重要,让家长如何关注孩子的成长就非常不合时宜了。家庭教育也应配合教师的家庭教育指导,积极汲取教师在家庭教育方式及方法方面的指导与建议,并根据实际情况实施在自己的家庭教育中。

三、教师家庭教育指导能力

进入新时代,家庭教育实践发出的最为强烈的呼声之一,就是家庭教育指导需要专业化。有学者指出,家庭教育指导需要专业性,教师群体则需优先指导家庭教育。这一方面是由于指导家庭教育是法律赋予学校与教师的职责,也是完善家校合作的必然途径;另一方面是由于教师队伍是最具有专业性、最具有规模性、最接近学生家庭、最适合指导家庭教育的专业群体。中职学校的家庭教育指导是一种颇具特殊性的家庭教育指导。这种特殊性,一方面源自中职学生所在年龄段的特殊身心特点与需求,另一方面源自中职学校的专业培养方式与导向。因此,这对中职学校教师家庭教育指导能力提出了特殊的专业化要求。

(一) 中职学校教师开展家庭教育指导应具备的素养要求

家庭教育指导的性质决定了家庭教育指导工作者应具有专业性。北京师范大学心理学部聂振伟教授认为,家庭教育指导者应该是一个杂家、教育家、家庭心理辅导员,因为他们面对的不仅仅是学生一个人,还包括学生背后的家庭、社会关系、教师等一群人。因此,所需要的知识体系应包括营养学、教育学、心理学、行为学、社会学、法学等领域,需要思考人际关系包括夫妻关系、亲子关系、代际关系等,应该掌握先进的教育思想、科学的教育指导技能,要有良好的个性修养。可见,开展家庭教育指导工作需要较高的能力要求。

李娟在《家庭教育指导者培养探究》中,对家庭教育指导者应具备的素养做了如下界定:(1) 广博的科学文化素养。家庭教育指导者应该具备教育学、心理学、社会学等多个领域的专业知识。(2) 专门的家庭教育指导服务素养。一是服务的适宜性能力。能针对不同的家庭教育问题,灵活运用不同的策略解决问题。这种服务的适宜性能力的获得建立在对具体问题、具体对象的分析之上,这种能力的获得需要其具有较好的理论素质和丰富的实践经验。二是服务的组织实施能力。有针对共性的家庭教育困惑开展专题家庭教育指导服务活动的组织实施能力。善于宣传家庭教育的科学理念和正确方法,帮助父母提高教养素质。三是研究能力。家庭教育指导者除了要做好相关服务工作外还应该在工作中积累第一手资料,作为家庭教育指导服务研究的素材,对一些个性和共性的问题深入分析研究,促进家庭教育指导服务事业进一步发展。(3) 高尚的职业道德素养。包括具备相应的服务意识、具有爱心、尊重他人、平等交流、保护他人隐私等。

家庭教育与学校教育同属教育,家庭教育指导者与教师同属教育工作者,具有性质的相似性。2011 年,教育部颁布的《教师教育课程标准(试行)》中明确了《家庭教育课程标准》,对教师从事家庭教育指导提出了一般要求和目标。

结合中职学校的实际特点和中职学生及家庭的实际需求,教师在开展家庭教育指导时,必须具备如下素养要求:

第一,具有家庭教育的信念和责任。

中职学校的教师应该从思想上认识到自己是家庭教育指导的主力军,具有先天的优势,也具有不可推卸的责任。

教师要有正确的家庭观和相应的行为,认识到家庭对于学生的重要性,尊重学生家庭成员;理解家庭对个体发展的特殊价值,认同家庭的意义;尊重家庭的独立地位,保护家庭的合法权益;帮助家庭解决问题,实现家庭幸福。

教师要有正确的教师观和相应的行为,通过各种途径了解职业学校家庭教育指导的要求,自觉提高综合素养,在开展家庭教育指导的过程中要遵守职业道德,明确权利和义务,不缺席,不越位。

教师要有正确的家庭教育观和相应的行为,理解家庭教育对人的成长、社会进步的重要意义,充分认识中职学校家庭教育指导的特殊性,在充分了解学生情况和学生家庭情况的基础上,以实现家庭幸福为目标,科学有效地开展家庭教育指导。

第二,具备一定的家庭教育知识和能力。

中职学校的教师应该具备开展有效家庭教育指导的知识和能力。

教师要有家庭教育的知识和能力,要了解家庭教育的一般规律和新情况、新问题,掌握观察、谈话、问题分析等基本方法,有分析家庭教育问题的知识和能力、应对问题的方法。

教师要有家庭教育指导的知识和能力，要了解家庭教育指导的基本原理，有设计和实施家庭教育指导方案的能力，会与家庭、社区等沟通，综合开发和利用家庭教育资源。

教师要有发展自我的知识和能力，要了解教师作为家庭教育指导者应具备的核心素养、专业因素等，脚踏实地，终身学习。

第三，具备一定的家庭教育指导实践和体验。

中职学校的教师应有通过各种途径实践和体验家庭教育指导的过程，探索和总结有效的方法，提升能力。

教师要有观摩家庭教育实践的经验与体验，通过观摩家庭教育指导活动的活动来积累经验，了解家庭教育指导的规范和感受有效家庭教育指导的魅力，了解全市各级各类家庭教育指导服务部门的工作职责。

教师要有参与家庭教育实践的经历与体验，即参与中职学校家庭教育指导实践工作，参与各种家庭教育教研活动来开拓视野，参与各种类型的科研活动，不断更新认知与技能，提升家庭教育指导的能力。

（二）中职学校教师家庭教育指导能力现状分析

教师的家庭教育指导能力是职业学校家庭教育指导能力高低的核心要素。经过多年的努力实践，中职学校家庭教育指导工作的规章制度、组织架构、工作开展、经费保障等都有较大改善，取得了一定成绩，但是教师家庭教育指导能力已经成为制约学校家庭教育指导实效的关键之一。

为更好地了解和剖析中职学校教师家庭教育指导能力现状，上海市教育评估院组织实施了面向包含中职学校在内的全市 70 所职业学校的相关调研。调研对象是家庭教育指导的最大主体——班主任，共计 1 826 名。

从调研结果可以知道，包含中职学校在内的职业学校班主任教师对自身科学家庭教育指导能力的评价基本呈正态分布（见表1），较为客观。

整体上来讲，职业学校班主任教师提高家庭教育指导能力意愿强烈（见表1），提高家庭教育指导能力的需求主要集中在六个方面（见图1），其中占比排名前三项都与家长观念有关，包括指导家长全面正确地认识自己的孩子，明确家长的主体责任，引导家长树立正确的成才观。可见，在如何转变家长观念，帮助家长树立正确家教观念是大部分教师急需提高的能力。

此外，职业学校的职业生涯规划指导能力、教师与家长的有效沟通能力也是班主任教师需要提高的重点能力。

表 1　上海职业学校班主任教师家庭教育指导能力现状及需求

您认为自己对家长科学家庭教育指导能力如何？	高	较高	一般	较差	差
	2.08%	29.46%	62.76%	4.98%	0.71%
您认为自己需要提高家庭教育指导能力吗？	很需要	需要	一般	较需要	不需要
	16.27%	57.17%	18.73%	2.9%	4.93%

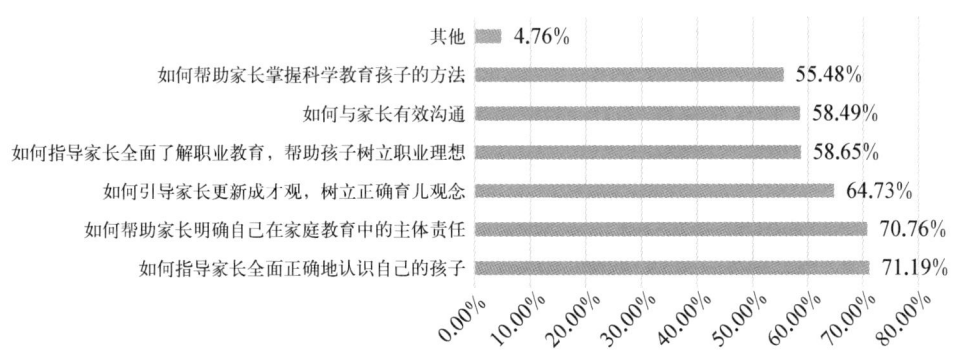

图 1　上海职业学校班主任教师家庭教育指导能力提升需求

同时，该项调研也就职业学校班主任教师家庭教育指导能力与从教时长是否相关进行了统计。

表 2　上海职业学校班主任教师家庭教育指导能力与从教时长相关性

从教年限 \ 自身家教指导能力	高	较高	一般	较差	差
3 年以下	1.64%	23.28%	68.20%	5.25%	1.64%
3—5 年	2.21%	23.89%	66.37%	6.64%	0.88%
5—10 年	1.79%	25.07%	67.16%	5.97%	00.00%
10—15 年	1.50%	33.71%	59.55%	4.87%	0.37%
15—20 年	1.2%	29.2%	64%	4.8%	0.8%
20—25 年	2.97%	32.67%	59.90%	3.47%	0.99%
25 年以上	3.73%	41.49%	51.04%	3.32%	0.41%

从交叉分析看，职业学校教师家庭教育指导能力高低与教师年龄没有严格的正相关关系，但是与从教时长和累计做班主任的时长有明显的正相关性。从教时

长与累计做班主任时长与需要提高家庭教育指导的程度呈负相关,即从教时间或做班主任时间越短,提高家庭教育指导能力的需求就越高。这也体现了教师作为家庭教育指导者生涯发展的典型特征,需要教师脚踏实地,在指导工作开展中多做有心人,多研究、多思考、多积累,通过实践不断提升家庭教育指导能力。

(三) 中职学校教师家庭教育指导的常见问题

教师家庭教育指导能力不足是当前中职学校提升家庭教育指导工作水平要解决的关键问题。中职学校教师家庭教育指导能力方面存在的问题与普通学校教师具有相似性,但其具体表现形式有其特殊性,主要体现在以下几个方面:

1. 观念偏差,认识不足

观念正确和认识到位是中职学校教师家庭教育指导能力提升的基础。当前,中职学校教师群体的家庭教育指导观念偏差和认识不足问题大量存在。这与我国当前家庭教育指导工作处于亟待发展和提高阶段密切相关,与家庭教育指导的相关素养和要求没有作为教师资格证的必要组成部分直接相关,也与家庭教育指导培训没有作为教师职业生涯发展的重点内容并贯穿始终直接相关。

中职学校教师在家庭教育指导观念和认识方面的问题,主要体现在以下几个方面:

第一,对家庭教育指导的观念和认识有偏差。部分教师认为家庭教育指导是专业机构(如妇联、家庭教育指导中心等)的事情,学校不承担主要职责,也不是教师的主要工作。这种观念偏差和认识不到位与当前国家和上海市相关文件精神不相符,与法律对学校职责的定位不相符,严重影响了教师家庭教育指导工作的开展和整个学校的家庭教育工作质量。

第二,对中职学生发展需求认识不全面。部分教师认为中职学生已经是"大孩子",能自己做主,对家长指导的需求不大或不再需要家长的指导。这种认识不足不符合中职学生身心发展实际,他们正处于人生发展的关键阶段,与普通高中阶段的学生一样需要家长的指导。此外,由于中职学生职业与生涯规划的需求更为迫切,更需要来自身边成年人正确的引导和帮助。

第三,对中职学生家长的偏见和对他们的需求认识不足。部分教师受社会偏见的影响,先入为主地认为中职学生家长素质不高,难打交道,甚至造成心理上轻视家长的情况。同时,还有部分教师错误地认为中职学校学生家长家庭教育指导的需求不大,意愿不强,自我提升的空间小。这种偏见和认识不到位,严重影响了教师和家长之间的相互尊重、平等交流,进而直接影响到家校沟通和家庭教育指导的实效。此外,由于观念和认识问题,容易造成教师在开展家庭教育指导工作中态度不端正、有功利倾向、工作不积极等情况。

2. 需求不明,研究不够

家庭教育指导与其他教育工作相比,有较大的特殊性,主要体现在家庭教育指导的对象是家长和家庭。家长和家庭具有更大的复杂性,因此指导的难度加大。中职学校开展家庭教育指导工作,了解家长和家庭的需求是基础和前提。相关研究和调研都表明,针对性不强是当前中职学校家庭教育指导工作中的突出问题,这与教师对家长和家庭的指导需求不明确直接相关。

一般而言,中职学校在学生入学之初,会收集到学生和学生家庭的基本信息,部分教师对这些信息没有深入分析和研究,没有透过基本信息看到家长和家庭的指导需求,而仅将其作为学生的一般背景资料和家长联系方式获取资料。此外,教师没有通过问卷调研、访谈等各种途径对班级学生家长情况进行了解和分析。家庭教育指导相关主题的研究教师关注的也比较少,教师没有将自己的经验、碰到的问题进行提炼和分析。这些都对中职学校教师开展家庭教育指导带来不利影响,造成教师开展的讲座、家长会、指导活动等都缺乏针对性,实效性差。

3. 知识不系统,经验不足

家庭教育指导是一项专业性极强的工作,需具备相应的系统知识和实践经验才能更加有效地开展工作,从事家庭教育指导的人员需要具备教育学、社会学、心理学等系统知识,还需要一定实践经验积累。

我国目前的情况是,大学里没有开设家庭教育或者家庭教育指导专业,师范教育的学院也并不开设相关课程,因此大部分教师未能在求学阶段获得相关的系统知识。同时,家庭教育指导在中职学校教师培训内容中出现也是近几年的事情,教师从培训中完善家庭教育指导知识的系统性尚不具有较好的现实条件。家庭教育和家庭教育指导知识不系统,对教师尤其是新入职教师开展家庭教育指导工作造成了一定影响。此外,目前在中职学校里面担任班主任的多为年轻教师,在实际生活中并没有对"大孩子"的教养经验,也就难以将家庭教育个体经验迁移到学校家庭教育指导工作中。知识不系统、经验不足的问题对中职学校教师开展家庭教育指导的内容选择、方式方法选择、沟通技巧等都有较大影响。

4. 实际开展工作能力有待提升

中职学校教师家庭教育指导能力最终必须体现在教师解决实际问题的过程中。由于受到观念、认识、知识、经验等多种因素的影响,中职学校教师开展家庭教育指导工作的能力出现参差不齐、整体能力偏弱的情况,有待逐步加强。

一般而言,中职学校教师开展家庭教育指导工作的主要实践包括召开家长会、组建家委会、进行家访、个别咨询/指导、召开有针对性的专题讲座和研讨等。部分教师对开展上述活动的契机挑选、内容选择、组织形式、达成效果等没有清晰的预设,不清楚具体要求,不会做好具体安排,造成家庭教育指导效果不佳。

同时,由于家庭教育指导工作对沟通技巧和能力有较高要求,不少教师在沟通过程中还存在着单向沟通多、双向沟通少,下行沟通多、平行沟通少,书面与口头沟通没有结合、非正式与正式沟通没有结合等问题,对家校沟通造成了不良的影响。

第二章

家庭教育指导的基本理念与必要准备

教师要指导好中职学生的家庭教育,不能无所准备、仓促上阵,更不能随心所欲、任意说教。教师要了解中职学生及其家庭的特点,切实把握家长们的实际需要,坚持家庭教育指导的基本原则,贯彻核心理念,事先做好充分准备,开展家庭教育指导。

一、家庭教育指导应遵循的基本原则

教师在开展家庭教育指导的过程中,说话、行事必须要遵守一定的规则或标准,守住相应的底线,遵循如下基本原则。[1]

(一)思想性原则

教师指导家庭教育必须思想领先,把育德放在首位。教师要有育人意识,树立为党育人、为国育才的思想,要遵循党的教育方针,以促进学生全面健康成长为目标,以立德树人为根本任务,通过实施科学的家庭教育指导,推进家庭教育在培养德智体美劳全面发展的社会主义建设者和接班人中发挥重要基础作用。

家庭教育指导中,教师要防止产生"单纯军事观点"和见物不见人的思想,不能只关心学生的学习、分数、择业、就业、行为、纪律及事故处理等,而忽视思想引领、觉悟提高和习惯养成。总之,在家庭教育指导中,要提高政治站位,不能失去方向,丢掉灵魂。

(二)科学性原则

育人是一门复杂的综合科学。教师要指导好家庭教育,必须遵循学生成长规律、教育教学规律和家庭教育规律,为家长提供科学化、专业化、规范化的指导服务。

党的教育方针要求学生德智体美劳全面发展,但部分学生家长往往重养轻教,重智轻德,重分数轻能力,忽视体育、美育和劳动教育。教师要引导家长全面正确地认识德、智、体、美、劳各育的重要作用及相互之间的内在联系,促进家长五育并

---

[1] 参考《全国家庭教育指导大纲》妇字[2019]27号。

重,孩子全面发展。

教师要加强学习进修,努力掌握家庭教育的规律,不断提高指导家庭教育的能力与水平。

(三) 学生为本原则

教师指导家庭教育的过程中,要树立一切为了学生的观念,一切都要以学生健康成长和良好发展为出发点和落脚点。

首先,教师要引导家长尊重和保护学生的各项权利,遵守《中华人民共和国未成年人保护法》中家庭保护的各项要求。

其次,教师要尊重学生成长的普遍规律,又要尊重每个学生个体的差异性,引导家长提供保障学生成长的必要条件,促进学生自然、全面、充分、个性发展。

再次,教师要指导家长建立和谐的亲子(女)关系,引导家长注意倾听孩子的心声,学会与孩子平等沟通,满足孩子合理需求,创造条件促进孩子个性发展。

(四) 家长主体原则

教育孩子是父母或者其他监护人的法定职责。家长是家庭教育的责任主体。教师要提醒和劝导家长依法依规履行对子女的监护职责和抚养教育的义务,了解监护人的法定权利和义务,学习家庭教育知识,掌握家庭教育理念和方法,遵守《家长家庭教育基本行为规范》,提升科学实施家庭教育的能力。

教师为家庭教育提供支持,是配合指导,不能越俎代庖。教师要尊重家长意愿,坚持需求导向,调动家长参与的主动性、积极性;要引导家长注重提高自身素质,注重家庭建设和良好家风传承,身教重于言教,促进亲子互动,共同提高。

针对部分家长将孩子送到学校后,把教育的责任全部推给学校的认识与做法,教师要积极宣传,耐心引导,逐步纠正。

(五) 服务性原则

教育是社会公共服务事业。家长是我们教育服务的对象。教师应该确立为全体家长服务的观念,对所有家长一视同仁,不能因为家长的政治地位、经济条件、文化水准或学生表现的差异,而对家长亲疏有别。

教师要尊重家长,平等待人,不能居高临下,盛气凌人,更不能因学生学习困难或一时犯错而训斥家长。

教师要及时掌握家长的需求,了解不同家长在子女教育中的成功经验或遇到的矛盾困惑,组织他们相互交流,研讨切磋。要配合学校办好"家长学校",有针对性地宣传介绍家庭教育知识和生动的案例,引导他们树立正确的教育观,掌握科学的育儿方法,不断提高教育效果。要坚决摒弃个别教师利用家长条件为自己服务的行为。

二、家庭教育指导需秉持的核心理念

教师在开展家庭教育指导的过程中,会遇到各种类型的家长,会面临各种各样的问题。但不论在何种情况下,教师都应该秉持下列核心理念,[1]使自己的工作更具科学性和实效性。

(一)家庭教育是学校教育和社会教育的基础

家庭是人生的第一所学校,家长是孩子的第一任老师,家庭生活中父母对儿童的教育和影响,对其行为习惯的养成、思想道德的建立、价值观念的培养、健全人格的形成等都具有基础性作用。

教师应明确且充分引导家长认识到家庭教育对学生成长、社会稳定的重要意义,并指导家长正确开展教育行动。

(二)家庭教育重在教孩子如何做人

家庭教育要从养成良好习惯开始,逐步培育儿童正确的价值观,培养儿童热爱党、热爱祖国、热爱人民、热爱中华民族、明礼诚信、勤奋自立、友善助人、孝亲敬老等优良思想品德,增强儿童法律意识和社会责任感,使儿童养成好思想、好品德、好习惯、好人格,培养儿童与他人、与社会、与自然和谐相处的能力。

教师应明确并充分引导家长树立"德育为先"的教育理念,指导家长在日常生活中渗透爱国主义情怀的培养和思想品德教育,教会孩子如何做人。

(三)家长是家庭教育的责任主体

家长在家庭教育中负有主体责任,要依法依规履行对子女的监护职责和抚养教育义务,了解监护人法定权利和义务,学习家庭教育知识,掌握家庭教育理念和方法,提升科学实施家庭教育的能力。

---

[1] 参考《全国家庭教育指导大纲》妇字[2019]27号。

教师明确并充分尊重家长在家庭教育中的主体地位,引导家长认识自身的权利与义务,指导家长承担责任。

(四) 家庭教育是家长和儿童共同成长的过程

家长素质是影响家庭教育的重要因素,家长应当努力做到举止文明、情趣健康、敬业进取、言行一致、好学善思,自觉践行社会主义核心价值观,以健康的思想、良好的品行教育影响儿童。

教师应明确并充分认识到家长素质的差异,耐心指导家长的言行,帮助家庭成员共同成长。

(五) 家庭建设是家庭教育的重要保障

家庭要倡导尊老爱幼、夫妻和睦、勤俭持家、亲子平等、邻里团结的家庭美德,创建民主、文明、和睦、稳定的家庭关系。家庭成员要共同构建优秀家庭文化、传承良好家风,为儿童健康成长营造和谐的家庭环境。家长要学会优化家庭生活,为儿童提供健康向上、丰富多彩的活动。

教师应指导家长建设有助于学生成长的家庭氛围和周边环境,为学生的健康发展保驾护航。

(六) 尊重儿童成长规律是家庭教育的前提

儿童期是人生的重要阶段,有其发展规律,家长在实施家庭教育时不能违背儿童成长规律。儿童成长既有共性也有个性,家庭教育要依据儿童成长特点,采取科学的教养方式。

教师应明确并正确指导家长了解并尊重学生的成长发展规律,并根据不同成长阶段的不同需求,开展相适应的家庭教育。教师尤其要指导家长掌握中职阶段学生的个性与行为特点,尊重他们的心理需求,避免产生反效果。

(七) 尊重和保护儿童权利是家庭教育的基础

儿童是独立的权利主体,有生命权、健康权和获得基本生活保障的权利;有充分发展其全部体能与智能的权利;有享有国家、社会、学校、家庭保护,不受歧视、虐待和忽视的权利;有参与家庭和社会生活并就影响他们生活的事项发表意见的权利,因此,实施家庭教育要尊重和保护儿童的各项权利。

教师应明确并引导家长充分认识学生的各项权利,引导家长尊重学生,并和家长一起保护好学生。

(八) 家庭、学校、社会是促进儿童健康成长的共同体

家长要认识到家庭—学校—社会协同育人的重要意义,主动参与家庭—学校—社会协同教育,尊重教师,理性表达诉求,积极沟通合作,保持开放心态,引导儿童正确认识各种现象,科学合理利用各种教育资源,促进儿童健康成长。

教师应明确并指导家长认识到学校、家庭、社会对学生成长的综合促进作用,并引导家长合理求助和使用各类教育资源。

三、教师应做好的必要准备

中职学生和普通高中生相比,在心理、个性、情感、家庭环境、成长需求等诸多方面都存在一定的差异性和特殊性。为了更具针对性、更有效地开展家庭教育指导工作,教师应做好以下必要准备工作。

(一) 学习了解家庭教育指导的根本遵循

首先,要深入学习深刻领会习近平总书记近年来对家庭、家风、家教一系列重要论述的精神实质和丰富内涵,准确把握新时代、新阶段对家庭教育的新要求。习近平总书记多次对家庭教育做出重要指示,强调指出:"家庭是社会的基本细胞,是人生的第一所学校。不论时代发生多大变化,不论生活格局发生多大变化,我们都要重视家庭建设,注重家庭、注重家教、注重家风,紧密结合培育和弘扬社会主义核心价值观,发扬光大中华民族传统家庭美德,促进家庭和睦,促进亲人相亲相爱,促进下一代健康成长,促进老年人老有所养,使千千万万个家庭成为国家发展、民族进步、社会和谐的重要基点。"习近平总书记的讲话从学生、家庭、学校、社会各个层面进一步明确了家庭教育的重要意义、基本要求和指导方针,指出家庭教育是一项关系到培养德智体美劳全面发展的社会主义建设者和接班人,关乎国家和民族未来的国之大计、党之大计。学习习近平总书记关于家庭教育的多次讲话精神,提高了教师的认识,增强了教师责任心和使命感,是开展家庭教育指导的根本遵循。

其次,要学习家庭教育有关的法律法规和相关文件。家庭教育是教育的重要领域,党和政府高度重视家庭教育,我国即将出台促进家庭教育的相关法律法规,并且近年来连续颁布了一系列重要文件,主要有:教育部颁布的《关于加强家庭教育工作的指导意见》、全国妇联等九部门关于印发《全国家庭教育指导大纲(修订)》

《关于指导推进家庭教育的五年规划(2016—2020)》、上海市《关于进一步加强家庭教育工作的实施意见》《上海市家庭教育指导大纲》以及《上海市0—18岁家庭教育指导内容大纲(试行)》等。要以法律法规和文件精神为遵循,紧紧围绕学生培养的总目标,提升和丰富教师自身认识和理论储备。

再次,要学习借鉴现有成果和经验。中职学校这几年将家庭教育指导列入德育的重要工作,加强整体布局和推进力度,开展调研、交流、总结、科研等全方位的实践活动,做了很多有益的探索,积累了大量宝贵经验,取得明显效果,并且培育了一批家庭教育示范校和优秀的家庭教育指导教师。教师可以认真学习借鉴,避免走弯路。

(二) 了解中职学生身心发展的主要特点

1. 生理心理方面的特点

中职阶段是学生由"自然人"向"社会人"发展的过渡阶段。生理上,性发育的逐步成熟使得他们性别意识明显加强,产生好奇和冲动,渴望与异性朋友交往;心理上又处于"断乳期"和"狂风暴雨时期",既追求独立但又依赖父母,思维活跃但又缺乏实践、情感丰富又心态浮躁、渴望得到他人的认可又害怕挫折与失败……再加上进入中职学校可能存在的学业挫败感和自我成长压力,使得中职阶段的学生身心处于十分不平衡的状态,极易引起他们种种心理发展上的矛盾冲突,更需要来自家长和老师及时必要的指导与帮助。

(1) 独立性增强。中职学生有更多机会接触社会、接触企业、接触各类成年人,使他们的认知结构、观察力、判断力、想象力快速发展,思维方式多元活跃,自主性强,对父母的权威性和管教方式时常会发起挑战甚至反叛,父母的影响力逐渐下降,遇到特殊情境很容易情绪爆发甚至失控。

(2) 交友面较广。中职学生往往来自不同区域、不同学校,有集体生活机会和企业实习机会,人际和社会接触面广,接触度深,但相应的思维和处事能力尚未完全具备,容易产生较强的个体自尊心和以自我为中心的欲望,迫切想要结交志同道合的"死党""闺蜜",他们希望自己在"朋友圈"得到高度认可,但由于地区差异,文化程度、脾气性格参差不齐,遇到挫折和矛盾时容易引发不理智的冲动行为。

(3) 情绪化明显。中职学生情绪情感将随着年龄增长逐渐趋于理性,但因为面对的事和人相对多元,面对的生涯发展选择和压力相对复杂,面对家庭父母影响的差异相对较大,在中职学生当中情绪出现波动的现象极为普遍。因此,需要教师和家长高度关注、共同努力、细心呵护,及时化解他们的消极情绪。

(4) 情感发展加剧。随着身心成长和性生理成熟，中职学生普遍会对异性产生好奇、好感，渴望接触、追求，甚至表现出异常兴奋和控制力差的状况。教师必须格外注意指导家长关注教育孩子正确处理与异性交往的尺度，特别是在出现障碍和问题时如何正确合理把握控制好自己的情绪和举止上。

2. 行为举止方面的特点

由于中职教育的特点，学生一方面受社会接触层面、人员交往和本人知识结构、兴趣爱好、专业技能等因素的影响比较大，有较强的自主能力和独立意识，对自己形象的关注、自我评价能力进一步提高。另一方面也容易受到各种负面因素的影响，在举止行为上往往会出现以下情况：

(1) 喜欢自我表现，显现自我特长和才干。中职学生有较强的创新求异的表现和被认可的欲望，追求个性化，重视自尊心，一旦受到挫折容易情绪冲动，行为偏颇，自暴自弃，要注意引导家长多肯定、表扬和支持，尽量避免漠视、否定和打击。

(2) 自我处事能力强，有较强的独立思维、独立交往、独立办事的意识。中职学生渴望展现自己的能力，但由于社会经验和实践磨练往往不够，一旦碰壁受挫，容易叛逆、消沉、极端思维。要注意引导家长多观察、少评头论足，多引导、少求全责备，多启发、少粗暴干涉。

(3) 自我控制和调节的能力较弱。中职学生在校期间会受到各种意外突发情景的影响，失落感和成就感交织、期望和现实相悖、个性和群体冲突，表现在行为上容易出现厌学、厌世、冲动、浮躁的情况。

(4) 自尊心与自卑感并存导致不良行为。中职学生对家庭、学校、社会的负面影响和消极评价相对比较敏感，往往会因为一句话、一个场景、甚至一个眼神就导致行为失控，产生不良的影响，甚至发生意外事件。教师要引导家长在家中注意自己言行，学会平等对话，客观了解孩子的思想，观察孩子的变化，要有信心、耐心、爱心和恒心做好家庭教育。

3. 成长经历方面的特点

近年来，由于中高本贯通专业开办规模逐渐扩大，中职学生的整体文化素质有所提高。但不能否认，中职学校当中有较大比例的学生在过往的求学阶段存在着学业受挫的客观情况，受到的批评指责相对较多，家庭社会关爱可能不够。因此，中职学生普遍存在自卑心理和失败失落感，随着生理心理逐渐成熟，就容易产生自我需求和社会现实的冲突，自我尊严和社会认同的差异，并可能成为心理问题。他们对外界特别是教师和家长的评价、褒贬、认同、鼓励、批评都会格外敏感和在意，一旦处理不当，往往会引发情绪波动和矛盾激化。

4. 择业和升学需求特点

中职学生面临升学和择业的多种选择，关系到他们的职业和学业生涯发展，这是中职学校做好家庭教育指导工作必须面对的一项课题，更是中职教师职责所在。教师要因人而异，个性化分析，准确了解学生兴趣爱好、发展想法、市场需求、个人和家庭现状，准备多种方案，加强与家长、学生的沟通。特别是遇到家长和学生在生涯发展选择上出现矛盾时，家长对孩子的选择忐忑纠结时，学生对自己的选择犹豫不决时，教师的指导将会起到非常关键的作用。教师一定要做到慎之又慎，言之有理，导之有据，为家长学生提供合理、恰当的指导意见。

（三）了解中职学生家庭状况的主要特点

中职学生家庭在经济、文化、地域、住房、结构、带教形式等诸多方面呈现出复杂多样、差异多元、情况多变的特点，家庭环境的不良因素相对突出。单亲抚养、隔代寄养、重组家庭、外来进城务工家庭比例相对较高，父母很少陪伴、简单粗暴养育、家长高期望高压力的情况相对严重。不同家庭对孩子的期望值、评价度、关联性多有不同，需要教师在开展家庭教育指导前做好深入细致的调研，多方面了解和把握家长对家庭教育的需求，注重开展分类指导和个性化指导，这是做好中职生家庭教育指导的关键。

根据抽样调查，上海市中职学生的家庭状况主要呈现出如下特点：

一是家庭经济状况方面，偏低收入的家庭比较多。家庭月总收入在 2 000—5 000 元的占 33%，低保家庭总数占 40%。家庭经济压力往往会直接影响家庭对孩子教育的关注度和支持度。

二是家庭文化状况方面，中职学生家长的平均文化水平不高。在上海籍的学生家长中，初中学历以下占到 20%，高中占 39%，大专及以上占 41%。农村学生家长文化层次更低，通过对外省市来沪和进城务工随迁子女学生占比较高的学校调研所得数据，家长中高中及以下文化程度竟然占到 98%。总体来说家长的家庭教育能力偏低，且参差不齐。

三是子女教养状况方面，中职学生家长存在对孩子教育重视程度不够，亲子关系紧张的状况。调查结果显示，无法与孩子沟通或沟通困难的家庭占 38%，家长的话在孩子身上作用不大的占 49%。调研数据显示，家长与孩子的沟通存在一定障碍，使家庭教育有效性受到一定影响。

四是家庭结构状况方面，有相当比例的学生家庭父母离异（或单亲，或重组的家庭）。单亲家庭占到调研家庭的 25% 以上，这些孩子一般缺少关爱和管教。

五是外地籍家庭状况方面,进城务工随迁子女和外地户籍的家庭多。调研结果表明,目前中职学校纯属本地学生的班级仅占总数的 27.2%;随迁子女班级占 3.3%,对口扶贫帮困地区班级占 7.5%;本地和外地籍混合组班的占 62%。特别是外来务工父母从事的职业比较多的集中在生产、运输、建筑、商业服务行业,约占 80%以上。这部分家长工作岗位流动性大,工作时间长,和孩子相聚的时间少,直接导致了大部分中职学校随迁子女学习环境不良和家庭教育缺乏,这也会给教师开展家庭教育指导带来许多不便和困难。

针对上述中职学生家庭状况的"五多"特点,在开展家庭教育指导前需要了解各个家庭的现状和问题,注重开展分类分层及个性化指导,寻求有效指导途径和方式,只有这样才能获得家长的认同、信任和配合。

(四)了解中职学生家长对家庭教育指导的主要需求

中职学生处在升学、择业、成年的关键期,家长在家庭教育方面期盼更有针对性、更加有效的指导和帮助。就中职学生家庭而言,家长主要有以下几点家庭教育指导需求。

1. 如何树立对孩子成长发展的信心

相当一部分中职学生家长对自己孩子的成长存在信心不足、评价偏颇的情况,影响了学生的身心健康和生涯发展。因此,教师要引导家长树立正确的人才观,注重激励孩子树立成为有文化有理想的高技能实用性人才的信心,树立劳动光荣,工匠出彩的理念,树立社会建设发展中"行行出状元"的心态。同时,教师要指导家长帮助学生制定好职业生涯规划,指导家长帮助学生做好就业、升学选择,引导家长善于观察,及时发现,因势利导,循序渐进。这是中职教师的必修课和基本功,是开展家庭教育指导的主要任务,也是家长和学生的重要需求。

2. 如何指导孩子养成良好职业素养和职业习惯

中职阶段是学生憧憬青春梦,充满人生理想和抱负的金色年华时期。家长往往对孩子如何做好就业前准备,培养良好的职业素养和职业习惯缺乏思想准备和必要办法。教师要引导家长经常对孩子开展职业道德、职业理想、职业习惯的教育,学习"工匠"精神,培育创新意识,树立青春理想,规划未来发展。同时,教师要引导家长帮助孩子提高职业素养和专业兴趣,遵循行为规范,学会怎样做人,怎样做事,培育社会适应能力,提升自身实力和技能水平。

职业素养是中职学生走上岗位后的行为规范和习惯养成,是成才发展的基本要素,教师要指导家长加强对孩子职业素养的教育灌输,培育敬业奉献、锲而不舍、不畏困难、精益求精、敢于创新的工匠精神。同时,教师要和家长一起发现学生的闪光点和特长,善用前人圣贤发愤成就伟业的正面典故教育学生,开启学生努力成才的动力,为学生搭建更广阔的发展空间和舞台。

3. 如何指导孩子提高学习兴趣和实践创新能力

中职学生学习阶段一般分为文化知识、专业技能和社会实习三大板块。学生在各个阶段接触的事物、碰到的困惑是不一样的,他们的感性认识、情绪波动、心理变化乃至兴趣指向往往有所不同,教师要配合家长准确把脉,对症下药。

教师要和家长一起结合当前的职业教育导向,结合目前所提倡的"工匠精神"与创新创业理念,在围绕提高孩子学习兴趣、实践能力和创新精神上,围绕启迪孩子做社会有用之才的志向上,围绕实现孩子青春梦想上下功夫,切切实实为学生成长铺路。

4. 如何指导孩子交友择友

中职学生重视同伴关系、期盼同伴认同、渴望接近异性的心理和行为是十分普遍和正常的现象。教师要引导家长正确认识和理解孩子青春期的表现,重视但不过度干预孩子交友择友;指导孩子建立和培养健康的交友标准、观念和方法,营造积极向上的"朋友群""同学圈",把握好友谊和爱情的界限。教师和家长密切配合,及时发现并化解不良倾向或隐患,做到防微杜渐,及时阻止孩子"轧坏道"。

中职学生"早恋"现象比较普遍,教师和家长要做到早发现、早引导。教师要指导家长教育孩子学会正确处理与异性的关系,学会把握感情交流的"度",避免情感冲动或失控,指导家长对孩子进行性生理、性道德教育,包括抵制毒品和防止艾滋病等教育。教师要和家长一起防止因恋废学、因恋丧志、因恋生事乃至轻生的后果发生。

5. 如何与孩子建立友善和睦的亲子关系

"关系大于教育",良好的亲子关系是家庭教育的根本基础。"亲子沟通"是一门艺术,教师要引导家长学会沟通的要领方法,克服"代沟"影响,学会倾听孩子的心声,学会理解孩子的烦恼,学会换位思考,学会表扬鼓励,学会欣赏尊重。同时,教师和家长也必须对孩子身上存在的问题给予耐心分析劝导,动之以情,晓之以理,助力孩子健全人格的发展。在此,需要强调的是,教师要指导家长对学生进行正面的引导启发,切忌粗暴干涉、恶语相向、刺激痛处、强加于人,这样才会得到孩子的尊重和敬畏。

中职学生的家庭状况相对比较复杂多样,教师要具体分析,区别指导,引导家长营造愉快健康的家庭生活氛围,让孩子能感受家庭的温馨,感觉亲人的爱意,感恩父母的养育,尽最大努力为学生创造和谐可亲的家庭环境。

6. 如何教育孩子在网络中不迷失自我

互联网、新媒体已成为人们工作、学习、生活不可或缺的工具,对现代青年的生活、社交、情感、阅读都会带来很大影响。网络信息可以给学生提供丰富的学习资源和新颖的学习方式,但也会带来一些负面影响。沉迷网络游戏已是中职学生当中的常见问题,家长对此很是忧虑但又苦于无方。如何引导学生正确利用互联网新媒体资源,遵守网络道德和规则,养成节制和自控能力,是家长普遍关注的需求。

教师要引导家长以身作则,以身示范,在上网地点、时间、内容、方式上给予孩子关心关注和指导。要引导家长加大与孩子平时的沟通力度,关注孩子上网中的异常表现,要积极为孩子创造课余活动的空间时间。

教师要引导家长重视网络舆情对青年学生成长的消极影响,如使学生判断失误和传播谣言,诱导学生行为失控和道德失范,引发学生价值迷失和信任危机等。对于网络舆情的负面影响和网络陷阱必须提醒家长高度警觉。

需要强调的是,教师和家长如果想要让学生接受自己的教育,首先自己要做到知"网"、懂"网"、会"网",这样才能真正理解学生,和学生有共同语言,让学生把自己的劝导入脑入耳入心。

第三章

家庭教育指导的基本任务

家庭教育是促进学生个性全面和谐发展,培养他们成为精神丰富、体魄健康、道德淳朴、兴趣多样、德智体美劳全面发展的社会主义建设者和接班人的主渠道之一。中职教师指导家庭教育的基本任务主要包括帮助家长明确在家庭教育中的主体责任,指导家长树立正确教育观念、掌握科学养育方法,指导家长全面正确认识孩子、全面了解职业教育,引导家长科学教育孩子健康成长。

一、帮助家长明确其在家庭教育中的主体责任

家长作为孩子的第一任老师,有责任和义务为孩子创造一个良好的家庭教育环境。但当下尚未形成完备的家庭教育体系,家长角色缺位现象比较严重,大部分家长在孩子教育问题上还较为传统,存在亲子互动不足、家长教育观念"错位"、家长的教育方式亟待更新等现象。①

子女不仅要"养",同时也要"育"。当今社会生活节奏紧张,不少家长忙于工作,"只养不育",往往把教育孩子的责任推给学校。2018年9月,由北京师范大学中国基础教育质量监测协同创新中心等组织联合发布的《全国家庭教育状况调查报告(2018)》反映了全国家庭教育状况,客观呈现了我国家庭教育的现状及突出存在的一系列问题。其中,家校沟通中排在前三位的问题就包括"家长认为教育孩子主要是学校和老师的责任"。

中职学生家长中将教育孩子的责任推给学校的情况更为普遍,有些家长把孩子送入学校后就甩手不管,甚至失联,这对中职学生的成长与发展是极为不利的。

为帮助家长明确在家庭教育中的主体责任,中职教师需要指导家长明确教育孩子是家长的法定职责,并引导家长主动配合学校,形成教育合力。

(一)明确教育孩子是家长的法定职责

中职教师应指导家长学习相关法律、法规等文件来明确其作为家长在孩子教育中的法定职责,以帮助家长认识到其家庭教育中的主体责任和相关义务。

---

① 邢鹏飞:《家长在家庭教育中责任主体的缺位与重构》,《齐齐哈尔师范高等专科学校学报》2019年第3期。

1982年修订的《中华人民共和国宪法》，在"公民的基本权利和义务"中明确规定："父母有抚养教育未成年子女的义务，成年子女有赡养扶助父母的义务。"这是家庭教育内容首次被写入新中国宪法，标志着家庭教育被正式纳入宪法，有了国家根本大法的顶层设计和支持。

1986年制定的《中华人民共和国义务教育法》第四条规定："家庭依法保障适龄儿童、少年接受义务教育的权利。"2006年修订后该法第三十六条进一步明确："应当形成学校、家庭、社会相互配合的思想道德教育体系，促进学生养成良好的思想品德和行为习惯。"这为家庭教育、学校教育、社会教育三类教育的衔接与配合以及教育的重点内容指明了方向。

2015年，《教育部关于加强家庭教育工作的指导意见》（教基一〔2015〕10号）下发，进一步明确了家长在家庭教育中的主体责任，包括依法履行家庭教育职责、严格遵循孩子成长规律、不断提升家庭教育水平等。同时，学校也可以从强化学校家庭教育工作指导、丰富学校指导服务内容、发挥好家长委员会作用、共同办好家长学校等方面充分发挥学校在家庭教育中的重要作用。

2019年，全国妇联、教育部等部门颁布了《全国家庭教育指导大纲（修订）》。修订后的大纲除了对每个年龄段家庭指导要点进行修正和调整，还完善了家庭指导原则，新增了八条核心理念，第三条即"家长是家庭教育的责任主体。家长在家庭教育中负有主体责任，要依法依规履行对子女的监护职责和抚养教育义务，了解监护人法定权利和义务，学习家庭教育知识，掌握家庭教育理念和方法，提升科学实施家庭教育的能力。"家庭教育对孩子的成长与发展至关重要，甚至会影响孩子的一生。

2020年，中华人民共和国第十三届全国人民代表大会常务委员会第二十二次会议修订通过了《中华人民共和国未成年人保护法》，为父母如何履行职责、做好家长提出了法律要求，并对国家机关和社会组织提出了做好家庭教育指导服务的明确要求。第二章"家庭保护"第十五条规定："未成年人的父母或者其他监护人应当学习家庭教育知识，接受家庭教育指导，创造良好、和睦、文明的家庭环境。"第十六条规定了未成年人的父母或者其他监护人应当履行的监护职责，包括"教育和引导未成年人遵纪守法、勤俭节约，养成良好的思想品德和行为习惯"。监护人的教育是多方面的，不仅包含安全、思想品德，还包括纠正不良的行为习惯。家庭教育对未成年人具有深远影响，监护人对其身心健康的照顾和引导是其他角色所无法替代的。

可见，无论是《宪法》，还是《义务教育法》《未成年人保护法》抑或是国家各部门下发的文件,都对家庭教育中家长的责任和义务进行了多维度、多层面的规定和要求。这一系列的法律法规与规划为中职教师指导学生家长明确其家庭教育的法定主体职责奠定了基础,提供了依据。

(二) 引导家长主动参与学校教育,形成教育合力

如习近平总书记所言"父母是孩子的第一任老师",而且这个角色是伴随终身的。无论在孩子的任何成长阶段,家长都要承担起教育子女的责任。

1. 家校共育的重要性及必要性

苏联教育学家苏霍姆林斯基说过:"家庭是一个人应该学习做好事的起源之地。家庭每日、每时都在和学校集体的精神生活相接触;学校不能没有家庭的配合;学校里集体主义的道德文明在许多方面,就是开在家庭里的许多花朵的果实。"一个学生的健康成长是家校共育的成果。学生的德育与家庭教育密切相关,良好的家庭教育对孩子健康品德的发展意义重大。随着孩子年龄的增长,家长会遇到越来越多的问题。孩子入学后,家长不能将教育子女的责任完全移交给学校,而是要承担与学校配合共同教育的责任。学校的教育是面对所有学生的共性教育,学生个体差异性大,而家长熟悉自己孩子的品行、性格,积极配合教师可以有助于其开展针对性的个性教育。

家长和教师都是孩子成长过程中的引路人,学校教育和家庭教育密切配合有利于促进德育教育。不少中职学校学生的家庭中存在教育方式不当、忽视品德教育等问题。中职学校的德育教育任重道远,需要家长积极配合,家校共育进而实现"立德树人"。此外,中职学生处于人生价值观形成的重要阶段,良好的价值导向可以帮助他们树立正确的价值观。而家校合作更有助于教师和家长了解学生的心理状态。针对学生不同的思想状况,给予适宜的价值引领教育,更有利于学生的个性发展。

2. 引导家长参与学校教育的途径与方法

家校合作离不开家长的配合和协助。如何引导家长主动配合学校,形成教育合力是实现家校合作的重要条件。需要通过多种渠道和途径对家长进行引导和指导,帮助家长转变观念。

学校一方面需要搭建有效的家校沟通平台,通过"家长开放日""家长委员会"相关工作的开展,借助网站、公众号、热线、信箱等增进学校与家长之间的相互了解,创设双向、互动、积极的沟通方式,促进家长对学校教育的认可,了解家长的教育需求;另一方面可以通过家长沙龙、家长会、家长学校等多种途径和渠道开展家庭教育培训,帮助家长树立正确的教育观,掌握科学的教育方法,提高教育能力。

教师则要重视家庭访问、日常面谈、电话沟通、线上交流、家长会等直接沟通方式,尽可能建立与家长之间的信任关系。在对学生家庭充分了解的基础上,教师可结合具体情况,制定相应的家庭教育指导策略,并给予家长及时的指导。同时,教师的及时有效沟通,可让家长感受教师的真心诚意。看到教师为解决孩子的问题所付出的努力,家长会更愿意参与到家校合作中。

二、指导家长树立正确教育观念,掌握科学养育方法

随着社会经济快速发展,人民生活水平不断提高,国家生育政策也在逐步调整,我国家庭的生活方式与过去相比,发生了巨大的变化,出现了核心家庭增多、家庭关系更趋平等、子女成才要求不断提高等现象。家庭生活方式的转变使得家长们的教育观念和需求也在逐渐发生着变化。

帮助家长获得家庭教育的相关知识、实现教育观念的更新、提高自身综合素质等对于家庭教育指导工作的实施有着非常重要的意义。

(一) 指导家长学习家庭教育知识,掌握家庭教育科学理念和方法

《中华人民共和国未成年人保护法》第十五条规定:"未成年人的父母或者其他监护人应当学习家庭教育知识,接受家庭教育指导,创造良好、和睦、文明的家庭环境。"研究者金晔指出提升家长的家庭教育智慧,最直接可控的途径就是参与到家庭教育知识的学习中来。① 研究者李景毅指出在家庭教育过程中孩子教育能否成功的关键,取决于父母对文化知识的进取精神和由此而习得的有利于孩子健康成长的各类实用知识和技巧的深度与广度。同时,他还提出家庭知识结构层次与家庭教育成效呈现出正比的效应。② 由此可见,无论是法律规定还是相关研究成果都明确了家长学习家庭教育知识的重要性和意义。学者们对家庭教育知识的划分大致分为两类,其一是根据学科维度将家庭教育知识进行分类,其二是根据内容维度对家庭教育知识进行分类。③ 一般认为家长在对孩子进行家庭教育之前至少应掌握以下四个方面的知识:

---

① 金晔:《城市父母家庭教育知识自我导向学习现状研究》,南京师范大学,学位论文,2013年。
② 李景毅:《努力学习吧 年轻的父母们! ——谈谈家庭知识结构与家庭教育的关系》,《上海成人教育》1996年第6期。
③ 黄静:《年轻家长家庭教育知识现状调查与对策研究》,浙江师范大学,学位论文,2018年。

第一,要掌握教育学相关知识,其中包括教育学和发展心理学,掌握教育的基本理论、教育原则和行之有效的教育方法;同时,了解中职学生的心理特点,学会根据中职学生年龄特点教育好中职学生。

第二,要掌握卫生保健方面的知识,学习了解中职学生生长发育规律,促进中职学生健康成长。

第三,要掌握必要的美学、伦理学方面的知识,借以帮助中职学生树立正确的道德观念,培养高尚的审美情趣和良好的行为习惯。

第四,要掌握必要的社会科学和自然科学常识,以便回答孩子经常提出的各种问题,满足孩子的求知欲望。

很多家长望子成龙、望女成凤。然而现实生活中,随着孩子年龄的增长,家长与孩子间的代沟也越来越大。中职学生正值青春期,他们渴望独立,想摆脱家长的束缚,但又因未成年需要依赖父母,这期间难免产生冲突和摩擦。而家长运用科学的教育理念和方式可以缓解诸多亲子矛盾。

科学的理念包括给予积极关注、与时俱进地学习以及尊重孩子等。积极心理学认为每个人内心都存在两股抗争的力量,即积极力量和消极力量。如果我们好好培育和发展积极力量,很多消极面就会被削弱甚至消除。家长可以多关注孩子的优点和优势,因势利导,循循善诱。

此外,孩子作为个体,随着年龄的增长,独立性和自尊心也日益增强,他们希望被尊重对待。一个宽松、祥和的氛围更有利于家庭教育。

教师在指导家长开展家庭教育时,可以建议家长在以下几种方法中寻找适宜自己孩子需求的方法。

1. **讲清道理,循循善诱**

父母以身作则、示范榜样是最有说服力的教育。讲道理是家长教育孩子的方法之一。教师要指导家长学会正确地讲道理,让家长明白道理要讲清,且合理,也需要耐心,孩子才会信服与接纳。正处于青春期的中职学生尚不成熟,即便犯错,父母也不要轻易指责孩子,一味地批评只会加剧亲子间的冲突。家长可以从孩子的错误中看到背后的需求,再给予正确的引导,给孩子机会把自己的想法说清楚,孩子也会更愿意接受家长讲的道理。

2. **以身作则,示范榜样**

美国著名的家庭治疗师维吉尼亚·萨提亚指出,每个人最初学习沟通的老师是自己的爸爸妈妈,而非学校的教师。教师要让家长明确,孩子学习和成长的第一环境是自己的家庭。父母言行举止是否得当,对孩子性格养成起到重要作用。家长对孩子提出高要求，自己首先就要身体力行去执行。比如，家长要求孩子抓紧时间专注学习，家长自己就要做好示范榜样，可以看书阅读或投入工作，不能要求孩子学习的同时自己却只顾着浏览手机。

3. 鼓励为主，批评为辅

教师要引导家长多关注孩子的优点和优势，发现孩子行为背后的正面因素。当孩子的闪光点得到肯定和积极评价时，他们会感受到被接纳、被认可，这样就能产生向上的力量和获得成功的信心。即便后续开展批评，也更容易被孩子接受。尤其对于中职学生而言，他们的学业成就不如高中生，不少学生缺乏自信，更需要来自家人的鼓励和积极关注。

4. 平等沟通，相互交流

教师要引导家长认识到与孩子在人格上是平等的，不能老是居高临下、以教训的口吻对待孩子。家长与孩子间要平等相待、相互学习、相互交流。现今是知识大爆炸的年代，孩子的知识面随着年龄增长而不断增加。进入中职阶段，孩子在某些方面的知识或许已经超越父母。如果家长对孩子感兴趣的事物嗤之以鼻，或者以一句"我吃的盐比你吃的饭还多"来教导孩子，孩子可能无法接受。教师要引导家长多多尝试新事物、了解新信息，多找到与孩子融洽交流的共同话题；要允许孩子有独立活动的空间，可以教育孩子通过讨论的方式充分表达观点，而非强压各种规定。

5. 严格要求，赏罚分明

严是爱，宽是害，放纵不管是灾害。教师要引导家长对孩子行为的各个方面提出明确严格的要求。当孩子取得进步时，家长一定不要吝啬鼓励的话语；当孩子犯错时，家长也不能不闻不问、纵容放任。教师要让家长明白，适当的鼓励可以激发孩子自强上进的动机，过度的苛求会削减孩子学习进步的内驱力。

另外，爱孩子也绝不是他要什么就给什么，不能因为爱孩子而没有原则和规矩。家长对孩子正确的言行要及时鼓励强化；对孩子不恰当的举动，要及时纠正并加以正确教育和引导。家长要选择恰当时机进行正确的教育，赏罚分明有度。

6. 一起学习，共同进步

教师要引导家长与时俱进，与孩子一起学习、共同进步。随着社会环境的变化，人的知识体系也会产生巨大改变，父母过去的经验不一定适合当下，也无法让孩子信服，家长在要求孩子学习的同时，也需要不断学习更新观念。

阅读能力是学习能力的基础，也是人生中较重要的学习习惯。有些中职学生的学业成就不佳，家长不妨以身示范，从培养孩子的阅读能力做起，陪着孩子一起阅读书籍，共同走进图书馆，每周固定阅读时间，开展读书交流，与孩子共同进步。

7. 管控情绪，倾听理解

情绪管理对一个人的成长至关重要。教师可以引导家长学会觉察和调控自己的情绪，多做表率，而非发泄怨气。父母能够控制自己的情绪就是在给孩子做示范。家长首先要搞清自身想达到的教育目标，希望通过事件传递给孩子什么，学会三连问，即为什么孩子是这种表现、此时此刻我想教会他什么、该怎么教效果才最好。

同时，教师要指导家长学会倾听孩子的想法。在相对和谐、宽松的家庭氛围中成长的孩子容易感受到被尊重，并学会如何爱人和尊重他人。

(二) 指导家长更新教育观念，与孩子共同成长

家长的育儿观作为家庭教育的核心要素，主要体现在教育和抚养儿童过程中，对儿童的发展、教育儿童的方式和途径以及儿童的可塑性等问题所持有的观点和看法。[1] 家长的教育观念直接影响着父母对中职学生的态度以及他们的教育期望、目标、途径、方式、方法、策略和行为。

1. 家庭教育观念存在的问题

父母的教育观念对孩子的身心发展产生着重要的作用和影响。当前，中职学生的家庭教育观念主要存在的问题有如下三个方面：

(1) 重养轻教。不少中职学生的家长家庭教育观念相对落后，认为送孩子读中职学校，无非就是混个文凭，自己只要管好孩子的吃饱穿暖，教育就全交给学校负责了。有些中职学生家长会满足孩子的物质需求，但忽略了对孩子的思想引导，在孩子的成长过程中没有给予足够的爱和关心，更谈不上关注孩子的心理状况和人格发展。有些家长则是过度溺爱孩子，百依百顺，造就了孩子任性、骄纵的性格，行为表现上也会出现较大的偏差。

(2) 重智轻德。目前不少家庭对孩子的培养普遍着重于"智"，而忽视德行教育。有些中职学生在原来的求学阶段学业成绩不佳，家长习惯花大量的精力和时间在提高孩子文化课成绩方面，习惯采取否定的态度教养孩子，经常抱怨、指责孩子，甚至用武力来解决问题。当孩子耳边总是充斥着负面的评价，必然会对他自己的信心和自尊心造成一定的影响，进而影响其各方面的表现。

(3) 重知轻能。中职学校的专业学习要求学生知识与技能并重，理论与实践并行，锻炼各方面能力以适应社会。因此，动手能力和劳动意识的培养是中职学校教

---

[1] 张文新：《儿童社会性发展》，北京师范大学出版社1999年版，第3—7页。

育的一个重点。但是不少家长仍更加看重学生的卷面分数,却忽视其他的能力。譬如有的家长在生活上包揽一切,帮孩子做了本该他自己做的事,认为孩子只要关注学习就好,其他事情无需操劳。过度的照顾会削弱孩子适应社会的能力,让他们形成依赖的习惯,可能导致懒惰、怯懦等不良个性,影响抗挫能力和学习能力的发展。

2. 树立正确教育观

新时代,家庭教育观念应该做到与时俱进。2020年8月,全国妇联、教育部修订的《家长家庭教育基本行为规范》对于家长该具备哪些正确的教育观给出了明确的指导。

一是"依法履行对未成年子女的监护职责,承担家庭教育主体责任,坚持立德树人,树牢'家庭是人生的第一个课堂,父母是孩子的第一任老师'理念"。

二是"注重家庭、注重家教、注重家风,构建平等民主和谐的家庭关系,营造相亲相爱的家庭氛围,弘扬向上向善的家庭美德,为子女健康成长创造良好家庭环境"。

三是"保护子女合法权利,尊重子女独立人格,注重倾听子女诉求和意见,不溺爱,不偏爱,杜绝任何形式的家庭暴力,根据子女年龄特征和个性特点实施家庭教育"。

四是"注重子女品德教育,引导子女爱党、爱国、爱人民、爱社会主义,形成尊老爱幼、明礼诚信、友善助人等良好道德品质,遵守社会公德,增强法律意识和社会责任感,养成好思想、好品行、好习惯"。

五是"教育引导子女养成良好学习习惯,提升自主学习能力,保护子女的好奇心和学习兴趣,理性帮助子女确定成长目标,不盲目攀比,不增加子女过重课外负担,用德智体美劳全面发展的眼光评价子女"。

六是"促进子女身心健康发展,保证子女营养均衡,科学运动,睡眠充足,身心愉悦,帮助子女形成阳光心态、磨练坚强意志、锻炼强健体魄,保持良好生活习惯,有针对性进行性健康和青春期教育,增强孩子自我保护的意识和能力"。

七是"培养子女健康的审美情趣和审美能力,引导和鼓励子女亲近大自然,参加社会实践和公益活动,善于发现美、欣赏美、创造美,陶冶高尚情操,提升文明素质"。

八是"教育引导子女树立正确的劳动观念,参加力所能及的劳动,在出力流汗中体会劳动创造美好生活,提高生活自理能力,养成良好劳动习惯"。

九是"注重自身言行,在日常生活中做到爱岗敬业,诚信友善,孝老爱亲,遵纪守法,为子女树立良好的榜样,与子女共同成长进步"。

十是"积极参与家校合作和社区活动,尊重教师和社区工作者,理性表达合理诉求,用好各类教育资源,在家庭、学校、社会协同育人中发挥作用。"

(三) 引导家长不断提高自身素养,言传身教,为孩子做榜样

家庭教育,从其现象上看是家庭中父母及年长者对子女年幼者的教育,而实质上则首先是对父母年长者的教育,或者说是父母及年长者的自我教育。无数事实说明,孩子是父母的镜子。孔子说:"其身正,不令而行;其身不正,虽令不从。"

1. **家长的素养对孩子成长的重要性**

家长的教育素养影响孩子的个性发展。家长作为子女一生的老师其地位不可替代。从孩子一出生,他们就担任起第一任老师的角色。无论家庭经济条件如何,也无论家长接受学历教育程度如何,几乎每一位家长都希望孩子平安健康、学业有所成就。如果家长能具备较高的教育素养,给予正确的人生观引导,孩子的价值观便得以引领。同时,家长运用科学教育理念和方法,根据孩子的自身特点以及身心发展规律进行教育,因材施教,这非常有利于孩子的个性发展。

家长的教育素养决定家庭教育的质量。家长的高素养可以创造出良好的家庭环境,孩子在这样的家庭环境影响下,容易形成良好的行为习惯。家长的言行举止对孩子产生的影响不容忽视。而在孩子身上可以折射出家长的处事态度,也可以反映出一个家庭的教育环境、文化层次等。家庭教育对孩子的健康人格发展起到关键作用。高素养的家长能够运用有效手段解决教育问题,维系良好亲子关系。家庭是社会的单元,家庭和谐有利于社会和谐。

2. **家长的素养对孩子的影响**

家长在家庭教育中承担着极其重要的角色,发挥着不可估量的作用。家长的品行修养、心理素质、道德观等都决定了家庭教育的品质,其言传身教对孩子影响深远。

家长的教育观念与家长自身的修养有着密切的关系。修养是社会文明发展的阶梯,父母良好的言行举止将成为孩子的榜样。比如,家长平时能文明用语,不在孩子面前说粗话脏话,即使在批评孩子时也能注意用词,这就是修养的一种体现。又比如,有的家长喜欢用"棍棒"的方式教育孩子,这种教育方式存在较大弊端,据相关研究发现,家长如果经常动手打骂孩子,孩子也有极大概率会习惯用暴力来解决问题。

拥有良好的心理素质,能促进和谐的家庭氛围。孩子个性的养成,品德的发

展,人格的健全与家长的心理素质以及教育方法息息相关。如果家长平时多关注孩子的心理状态,并且时常与孩子对话沟通,不时予以鼓励,可以创建良好的亲子关系,有助于应对青春期这个敏感阶段面临的各种问题。家长平时要激励孩子在面对挫折时迎难而上,遇到困难冷静思考,可以利用生活小事以身示范。

心态豁达、情绪平稳的家长能使孩子的身心健康发展,有助于他们形成稳定的人格。相关研究发现,父母的情绪和心理健康状况会影响教养方式。情绪失调及抑郁的父母往往更多地使用惩罚和专制的教养手段。[1]

孩子的道德观通常会受到家长的影响,家长的道德观往往在生活中一点一滴表现出来,潜移默化地影响着孩子。正面的价值观是思想道德的重要组成部分,可以起到示范引领的作用。在日常生活中,如果家长经常关注时政信息,时不时与孩子讨论社会的进步,借国庆、建党日等节日让孩子感受祖国的发展,给孩子讲述爱国人士的故事,那么孩子的爱国热情得以激发,有助于他们树立热爱祖国的价值观。有些家长平时不注重礼节,一心想着投机取巧,比如带着孩子不遵守秩序插队,或者在马路上乱闯红灯,孩子极易受到不良价值观的影响,形成不健康的道德观,对他们的健康成长非常不利。

3. 提升家长素养的建议

习近平总书记指出:"家庭是社会的细胞。家庭和睦则社会安定,家庭幸福则社会祥和,家庭文明则社会文明。"不少中职学生家庭教育缺失,孩子的学习和行为表现都会相应出现问题。家长提升自身素养,为孩子树立榜样,有助于培养孩子良好的行为习惯。若家长只对孩子提出要求,却不严格要求自己,则会大大降低自己的教育能力和威信。对于如何指导家长提升素养,我们提出如下建议:

(1) 组织家长阅读学习。 家庭教育中家庭文化氛围的营造非常重要。孩子的三观在很大程度上受到家长的影响。家长的三观可以通过阅读来修正。中职教师可以定期组织家长读书会,向家长推荐适合的阅读书目,交流阅读体会。例如,教育部关工委家教中心编写的《成功家教启示录》和《失败家教警示录》从正反两面论述了家长言传身教的重要性。

(2) 树立典型交流经验。 教师可以组织召开家长座谈会,为家长提供交流的机会,分享经验。座谈会中,家长往往结合身边的案例来阐述教育方法,贴合实际,也符合其他家长的需求。他们可以吸取他人的经验,结合自己孩子的情况进行应用。在此过程中,还可进一步分享成功或失败的经历,大家出谋划策,共同提高。

---

[1] 刘电芝、邹泓、钱铭怡、周宗奎:《儿童心理十万个为什么》,科学出版社2020年版,第11页。

(3) 引导倾听孩子心声。倾听孩子心声,能帮助家长更好地理解他们,从而运用针对性的教育方法来开展家庭教育,也有助于家长进行情绪管理,提升内在心理品质。中职学生正值青春期,这个时期的孩子个性突出,情绪易冲动,相比家人,更重视同伴交流。此时,如果他们一直得不到家长的理解,就很容易产生亲子矛盾。教师可以搭建家庭沟通的桥梁,例如借助家长会等机会,可以通过书信、视频录像等多种方式让孩子把想对父母说的话表达出来,或者直接让孩子面对家长吐露心声。教师可以教授家长倾听、共情的技巧,帮助他们理解孩子的内心世界。

(4) 宣传科学理念。学校教育和家庭教育的方向是一致的,都希望孩子身心健康成长。教师要注重帮助家长树立正确的教育观,引导家长将家庭教育理念融入家庭教育。学校可以通过多种途径帮助家长学习家庭教育知识。邀请专家开展提高家长教育素养的相关讲座,或者开展团体心理辅导活动,家长通过体验式互动活动进行学习,掌握教育理念与方法、明确家庭教育目标。

三、指导家长全面正确认识孩子

(一) 引导家长全面了解孩子

中职学校的学生家长当中,有一些因为学生过往求学经历中学业成绩不佳,而对孩子持否定的态度,认为自己的孩子就是"失败者",在言谈举止中会不自觉地流露出无奈、失望等态度,甚至认为中职学生都是成绩不好、不爱学习、行为规范差的孩子,却忽视了他们也有自己的优点。家长这种片面的认识和观念容易激起孩子产生"叛逆",进而导致孩子产生自暴自弃、破罐子破摔的心态,认为自己是被社会遗弃的、被家长放弃的人,这种思想对中职学生的健康成长是极为不利的。

教师要帮助家长正确认识自己的孩子,学会欣赏自己的孩子,正确评估自己的孩子,用心发现孩子的优点并不吝鼓励,真正了解孩子的优势和特点,正确认识孩子成长的多元要素,防止以偏概全。

教师要引导家长不要把眼光只放在孩子的学习成绩上,而是从促进孩子终身发展的视角出发,尊重他们未来多样化发展的可能性。

教师可以引导家长从以下多个维度全面认识自己的孩子:

第一,从生活习惯、学习态度、待人接物、谈吐行动等角度细心观察,家长可以发现孩子的自理、自尊、礼貌、幽默、诚恳等优点。

第二,从社会实践能力、动手能力、人际交往能力、思想道德等方面仔细分析,家长可以发现孩子的勇敢、灵巧、乐群、宽厚等优点。

第三,从性格、信念、意志、情感、价值观念等心理品质中,家长还可以发现孩子的热情、内秀、坚定、坚韧、善良、明是非等优点。

第四,从孩子的兴趣爱好、特点特长、理想志愿等出发,结合家庭优势和社会支持,家长可以和孩子一起寻找成长发展的各种可能。

如果孩子爱家爱国,那就是值得父母骄傲的;

如果孩子懂得感恩,那也是值得父母骄傲的;

如果孩子心怀梦想,那更是值得父母骄傲的……

同时,教师也要引导家长关心孩子的"敏感忌讳"之处,言语不要过激,更不要轻易戳孩子的痛处,应该用相对婉转的方式提醒,并表达希望。

从孩子的实际出发,全面认识孩子、纵向评价孩子,不好高骛远、不横向比较、不要求完美,客观评价、正向鼓励,这样才能让孩子变得越来越自信,成为一个对未来充满希望,身上有着满满正能量的人。

【案例分享】

改变视角,重新认识孩子

小张进入职业学校之后,上课整天无精打采,在班级里也很不合群,喜欢一个人独来独往,和班级同学完全没有沟通交流……

通过家访,班主任了解到小张是家里唯一的孩子,家长的文化程度都不高,在初中的时候父母离异,导致小张学习成绩越来越差,中考进入了中职学校。家长对孩子考入中职学校也一直不满,本希望孩子能够考入高中,再读个大学,今后有份体面工作,不像自己工作辛苦也挣不到钱。

小张母亲是一位超市收银员,收入较低又是单亲。生活的压力和小张的"不争气"让她看不到未来的希望,因此整天唉声叹气。生活环境的压抑让小张也不愿意待在家里,常常跑出去玩,有时甚至夜不归宿。

小张母亲一股脑儿地道出了家中的各种问题,言语间全是抱怨和无奈。

班主任听着听着,忍不住问她:"你觉得你儿子有什么优点吗?"

小张母亲愣住了,这是她从来没有思考过的问题。她愣了一会儿说:"孩子有哪些优点我还真想不出,他读书的时候不听话、很调皮,成绩也不好,放学后也很少在家。"

班主任对小张母亲说:"您对自己孩子的认识是不完整的,他并不是一无是处的孩子,小张不仅仅是你眼中只有缺点与不足的孩子,你不能仅以学习成绩评判他是不是好孩子,他也是一个善良、热情、爱劳动的孩子。"

在这次谈话中，班主任发现小张母亲认识自己的孩子比较片面，在孩子的成长过程中，她关注的也不全面，只关注他的学习成绩，其他都不关心，甚至都说不出自己孩子任何一个优点，对孩子缺乏总体认识和评价，走进了家长抱怨，孩子痛苦，家长放弃，孩子叛逆的"死胡同"。

随后，班主任有意识、分阶段地指导家长将"消极、否定、无奈"的教育方式逐渐地转变为"积极、肯定、从容"的正面教育，让家长慢慢发现了一个"全新"的孩子：小张虽然成绩不好，但是吃苦耐劳、爱劳动、有爱心；小张虽然不合群，但是善良懂分寸、会主动帮助别人；小张虽然爱玩游戏会逃夜，但却深知妈妈的辛苦，从不顶嘴……

班主任教会了小张母亲换个视角看孩子，全面客观认识自己的孩子，带着"显微镜"多寻找孩子身上的优点和长处，发现优点和长处，真诚地赞许，适当表扬和鼓励。

小张听到母亲对他的认可与表扬，整个人也精神起来了，一个学期下来，小张变得积极乐观，学习也更加努力了，像是完全变了一个人似的，在班级表现也越来越好，最后还获得了学校奖学金和"三好学生"等荣誉。

【点评】

孩子对自己的认知，通常是从外界反馈的信息中总结出来的，其中，父母的评价尤甚。因此，父母在给孩子下定义的时候，要尤为慎重。你眼中的孩子是什么样的，他/她就会变成什么样。著名的罗森塔尔效应不仅适用于教师，也适用于家长。每个家长都希望自己的孩子更优秀，这就需要让孩子在父母的眼睛里看到这些优秀的因子，孩子做得好，就及时鼓励，让正向的能力推动孩子在自己的优势之上更进一步。

（二）指导家长引导孩子扬长补短

1. 指导家长一分为二地看待孩子，客观评价

事物都是一分为二的，要坚持全面看问题，防止片面性。金无足赤，人无完人，让孩子成为一个"十全十美"的人是每个家长的期望，然而现实却不能事事如意，每个孩子都有长处，也会有不足。作为父母，应摆正心态，发现孩子的长处，接受孩子的短处，从容地面对孩子的成长，陪伴孩子一起成长，努力提升孩子各方面的能力。

教师要引导家长一分为二地客观评价孩子，正视孩子不足，也关注到优点。例如，孩子在课业成绩方面可能有些不足，但动手能力、社会实践能力、艺术欣赏能力、运动健康能力等方面也可能强于其他孩子；孩子在数理思维方面可能略有不足，但在文化基础学科方面具有学习潜力，对专业技能的学习热情高……

值得注意的是，教师在引导家长寻找孩子的长处优点时，必须基于真实的情况，不切合实际的表扬并不能让孩子感受到真心实意。

人生很长，一时的失意不能决定今后人生的走向。教师和家长如果都能基于真实情况客观评价中职学生，并找到学生身上真正的闪光点，由此引发的鼓励与表扬将对他们的成长产生不可估量的作用。

2. 指导家长寻找孩子成长的突破口，以长克短

当家长基于客观评价明确了孩子的优势和不足，就需要针对这些优势和不足，找到孩子成长的突破口，以长克短，促进孩子进步。

教师和家长要帮助孩子分析自己的优势和不足，激发孩子进行自我探索和自我提升，发挥其长处，把其优点迁移到不足之处，达到取长补短的效果。

【案例分享】

他一定会有出息

小超是一个让我又好气又好笑的学生。

他个子小小的，但身体很壮实，眼神特别机灵，一笑就会露出两颗虎牙，是个挺讨人喜欢的小伙子。

但是，正式开学的第一天，他就被我抓到上课睡觉。依据经验，我猜他是晚上打游戏睡得太晚，所以白天犯困，于是，善意地提醒了他。没想到，他竟然告诉我，自己家里没有网络，也不打游戏，每天晚上很早就睡觉，但就是跟"学习"无缘，一上课，眼皮就抑制不住地要打架……说这些话的时候，他的眼睛里满是真诚的无奈。

我不相信他的话，当天跟他回家进行了家访。

小超爸爸是一名市政建设工人，个头跟小超差不多，更黝黑壮实一些。他听我说完情况，看了一眼缩在一边的儿子，叹着气说："他从小到大就不爱学习，一上课就打瞌睡，一写作业就拉肚子，我是不指望他了，估计以后连跟我一样去铺路修路都没人要，以后随便哪里混口饭吃饿不死就行了！"

听了他的话，小超的脑袋更低了，几乎缩成了一团。

我忍不住说："我觉得小超将来会有大出息的，他待人真诚，乐于助人，劳动特别积极。入学军训那几天他帮班里同学打水，在大太阳底下来来回回跑了好几次，老师和同学都说他特别好！"

父子俩听了我的话，一齐抬起头，惊讶的表情如出一辙，差点把我逗乐了。

我又告诉父子俩，今天家访的目的，是希望家长了解孩子在学校的综合表现，有不足，但也有闪光点。同时，希望他们一起全方位地评估一下，看看哪一个班干

部职务最适合他。

说完这些,我施施然离开,留下了那一对呆住了的父子。

第二天,小超一大早敲响了我办公室的门,露出小虎牙的笑容里带了一丝羞怯。他告诉我,经过父子俩一夜的讨论,决定竞选"劳动委员"。他说,尽管父亲觉得他不一定行,但是肯定了他的劳动能力,因为母亲身患疾病、父亲工作又辛苦,家里很多家务都是小超完成的。

我当天就确定了小超作为临时班委的第一个成员,担任班级"劳动委员",负责日常教室清洁和卫生工作。同时,致电给小超父亲,请他每周坚持询问小超的工作情况,并给予适当的指导。小超父亲满口答应,这是小超第一回"当官",肯定要支持他当好! 我告诉他,小超身上远不止劳动好这一个优点,还有很多可以助他成才的优势,希望他继续寻找。

后来的一切都向着好的方向发展,小超不仅劳动委员工作积极认真负责,得到老师和同学们的认可,而且因为待人真诚,人缘很好,在正式竞选班委时高票当选正式的"劳动委员"兼"生活委员"。由此,他的工作热情更高了,也更明白自己的真诚、体力和韧劲是最大优势。班级要办联欢会,他得知同学在为节目的服装和道具发愁,于是,动足脑筋,去街道文化宫"三顾茅庐",拉来了服装和道具赞助。疫情期间,他自己到社区报名做志愿者,每天为隔离的居民送菜。

发现自己的长处,找到存在感的小超,学习上也更加积极主动了,每天精神抖擞,再也没有在课堂上睡过觉,学习成绩在班级从倒数进步到中上等,整个人的精神面貌为之一新。我相信,小超将来一定会很有出息!

【点评】

父母盼着自己的孩子"有出息",孩子自己又何尝不是呢? 但是,怎么才能"有出息"呢? 这是父母和孩子需要一起去探索的重要课题。如果孩子有喜欢做又擅长做的事情,而父母又创造条件让他做,同时指导和支持他进一步提高能力、做得更好,那么他一定会比较容易获得成就,也会很有幸福感。

四、指导家长全面了解职业教育,帮助孩子树立职业理想

(一) 指导家长正确认识职业教育

目前,仍有相当一部分家长对职业教育、对中职学校的教育质量和管理能力抱

有偏见。因此,教师需要引导家长更新观念,正确认识职业教育。

1. 引导家长了解职业教育的现状

职业教育,是国民教育体系和人力资源开发的重要组成部分,是广大青少年打开通往成功成才大门的重要途径。我国经济持续快速发展,职业教育功不可没,已为各行各业累计培养输送2亿多高素质劳动者。特别是《国家职业教育改革实施方案》颁布以来,我国职业教育改革发展走上提质培优、增值赋能的快车道,职业教育面貌发生了格局性变化。

随着我国进入新发展阶段,产业升级和经济结构调整不断加快,各行各业对技术技能人才的需求越来越强烈。习近平总书记强调:"我国经济要靠实体经济作支撑,这就需要大量专业技术人才,需要大批大国工匠。职业教育前景广阔、大有可为。"而后,纪录片《大国工匠》在央视播出,一批在工作岗位默默坚守、孜孜以求、职业技能完美达到极致的"大国工匠"走向大众视野,跻身"国宝级"行列,他们凭借超高的职业技能赢得了人们的翘首称赞。

可以说,职业教育已经越来越受到国家、社会和人们的关注和重视。随着我国科技水平的发展,职业教育也逐步走向现代化,成为促进国家发展、社会进步、人民幸福的重要支撑。

2. 引导家长了解职业教育的要求和发展方向

职业教育是培养高素质技术技能人才、能工巧匠、大国工匠的基础性工程,习近平总书记在《致首届职业技能大赛》的信中说:"技术工人队伍是支撑中国制造、中国创造的重要力量。各级党委和政府要高度重视技能人才工作,大力弘扬劳模精神、劳动精神、工匠精神,激励更多劳动者特别是青年一代走技能成才、技能报国之路,培养更多高技能人才和大国工匠,为全面建设社会主义现代化国家提供有力人才保障。"习近平总书记的讲话对破解职业教育发展的"瓶颈"问题,释放了积极信号,充分表明了国家对技能人才的程度,职业院校正是培养技能型人才的教育场所,国家愈来愈重视技术技能人才,国家的发展既需要金领、白领,也需要蓝领;既需要企业经营管理人才,也需要一线的高技能人才。

教师要引导家长认识到,无论孩子将来做什么工作都值得肯定和尊重,帮助孩子重拾信心和自我革新的勇气,树立起正确的"三观",不断成长,最后成为单位需要的技能人才,成为国家需要的建设者,成为大国工匠。

同时,教师要尽可能转变家长对中职学校的错误认识,可以用中职学校优秀毕业生的例子来教育家长、鼓励孩子,强调中职学生掌握一门技术同样会有精彩人生,和大学生一样能成为对社会有贡献的人。

(二) 指导家长了解孩子就读学校

中职学校与普通中学在人才培养目标等方面有着较大的不同,教师需要指导家长了解中职学校的办学理念、学校文化、管理模式和学生学习方式等方面。

1. 通过学校网站和其他媒体渠道引导家长了解学校文化与理念

绝大部分中职学校设有校园网站、公众微信号,这是介绍学校、宣传学校的最佳平台。教师可以引导家长关注学校的各类平台,或者向家长介绍其他媒体渠道中关于学校的报道,引导家长了解学校的历史、文化、规章制度、办学特色等。当家长对学校表现出肯定和好感时,就会潜移默化地影响孩子,让他们更加认同和热爱自己的学校,家长也会更加主动地配合学校的教育教学工作。

2. 通过组织家校互动活动引导家长了解学校教育教学方式

学校和班级在组织教育教学及其他各类活动时,可以邀请全体或部分家长参加或参与,通过观摩、互动、辅助支持等各种形式,让家长加深对学校各个方面的了解,也让家长清楚地知道自己的孩子每天在学校做些什么、学到了什么、将来可以干什么。信息的充分获得可以让家长安心,降低焦虑。同时,增强家长在学校活动中的参与感,可以提升家长对学校的信任度,进而建立家校之间更为融洽的关系,有助于教育合力的形成。

【案例分享】

从职校走向成功

晓晓从小就是个调皮的孩子,用奶奶的话来说,就是"屁股上长钉子,一分钟都坐不住"。上学之后,尽管老师们都说他是个聪明的孩子,但因为"坐不住",上课不是捣蛋就是不听,让他静下心看书更是不可能,所以成绩总是在中下游徘徊,为了让他坐定看书写作业,爸爸不知道打断了多少把尺,妈妈不知道抹了多少眼泪。

中考后,晓晓不出家人所料,低分进入了离家不远的一所职校。家人也不再对他抱什么希望,只觉得自己的教育失败了,孩子以后不会有好的前途了。

没想到的是,在继续稀里糊涂了一年之后,晓晓忽然变了:

每天早上不用叫就自己起床,啃了两口早饭就急急忙忙往学校跑。

放学后也不回来,一直到吃晚饭了,才见他嘴里念念有词地进门,快速地把晚饭"倒"进肚子,就钻进了自己房间。

晚上,妈妈给晓晓送牛奶,竟然发现晓晓在看书,而且看的不是漫画小说,是厚厚的专业书……

所有这些变化都是基于晓晓被学校选中参加了上海市"星光计划"职业技能大

赛,物流专业的他要和几个同学一起组队完成一个技能项目的展示和比赛。

晓晓告诉妈妈,他原本不知道自己能干什么,更不知道自己未来会是什么样?但是,随着专业学习的逐步深入,他开始发现愈发明确自己想做什么、能做什么;随着备赛训练安排的日趋紧凑,未来的样子也在眼前愈加清晰起来!

看到晓晓行动上的变化和眼睛里的神采,妈妈又流泪了,但这一次的眼泪是高兴的、幸福的、甜蜜的眼泪。

后来,在父母家人的全力支持和配合下,在学校的倾力培养下,晓晓和他的伙伴们获得了上海市"星光计划"大赛一等奖,随后又参加了全国物流职业技能大赛并获得一等奖。在中职学校重新找到自己、找到未来的晓晓,为自己描绘了一幅美丽的蓝图。

【点评】

中职教育和高中教育最大的不同就在于,中职学校能够让学生更直接地找到自己的能力所在,更清晰地看到自己的未来。一些家长对精英教育的崇尚,对技能教育的鄙弃是认知上的误区。教师要引导家长不要因为孩子就读中职学校就看轻孩子,不是读重点高中上名牌大学的孩子才优秀,职业院校也有大舞台,孩子毕业也会有前途。

(三) 指导家长了解孩子所学专业

中职学校与普通高中最大的区别就在于专业课的学习。中职学生在专业学习中获得知识、技能和素养,进而获得自立于社会的能力。

教师可以通过家长会等形式,向家长介绍专业相关的具体情况;也可以通过安排专业教师与家长交流,引导家长了解专业学习的相关要求;也可以通过组织活动,让家长参与学生的专业探究作业或技能训练等,让家长深入了解孩子的专业内容。

教师还可以组织一些知名校友讲座、优秀毕业生沙龙以及用人单位对专业需求的宣讲等形式活动,帮助家长更清晰认识孩子所学专业,对专业的发展方向和前景有全新认识,家长对专业的认可,会更加支持孩子所学的专业,鼓励孩子更加努力学习专业知识,对孩子的学习有着重要的促进作用。

【案例分享】

学好专业　成就未来

"快看,这个师兄就是得世界冠军的那个!"近日,在上海市某职业技术学校一次校园活动中,2019年第45届世界技能大赛冠军小徐回到母校,为学弟学妹们进行了一次演讲。

看着学弟学妹求知的眼神,小徐动情地说:"选择好自己专业,并为之努力,中职学校的学生一样可以用技能成就人生!"

在小徐得知自己将进入这所中职学校时,只知道自己将来会是个修车的,整日将与脏乱为伍,因此他完全提不起学习的劲头,甚至萌生了退学的念头。

父母看在眼里,急在心里,主动找到了学校。学校非常重视家长的需求,专门为入学新生安排了一次专业情境宣讲会,详细介绍了专业的就业前景和在校的专业学习情况。正是这次介绍让小徐初步了解了自己所学专业的基本方向和学习内容,了解了专业面向的行业及其人才的需求,并且真正产生了兴趣。

随后,在学校多次组织的企业参访活动中,小徐看到本专业的学长们在真实的岗位上专注工作,技巧娴熟、沉稳高效,不禁产生了"我将来一定要超过他们"的念头。在校学习期间,专业课都在学校建设的实训中心里,那是一个几乎和行业车间一模一样的仿真环境,所用的工具、器械、设备都是为他们今后顺利上岗专门配置的。老师耐心地示范指导,自己一遍一遍动手操练,枯燥的训练过程磨练了小徐的意志和耐心,培养了他沉着稳定的操作风格。逐渐地,他在同学当中脱颖而出。上海市职业技能大赛一等奖、全国技能大赛一等奖等奖牌纷至沓来。在这个过程当中,小徐的父母一直支持和鼓励着他,给了他克服困难的勇气。

第45届世界技能大赛在俄罗斯喀山开赛。小徐同学一举拿下金牌,为中国争了光,更为中国的职业教育正了名。

当学弟学妹们问小徐有什么诀窍时,小徐笑了,他说:"对专业的勤奋和热爱,就是我最大的诀窍!"

【点评】

"自古人生于世,需有一技之能。我辈即务斯业,便当专心用功。"这位职校孩子真正做到了"务斯业",他成功斩获金牌,开启了一扇技能成才、技能报国的人生理想之门。在小徐的成功经历里,我们感受到了技能彰显价值,专业成就未来的力量,更看到了孩子背后家长的坚持和学校的坚守。

每一个人的成功背后都需要家庭的支持、学校的培养和自身的坚定。我们一定要相信,中职教育也能助人成才。

(四) 指导家长帮助孩子正确选择发展方向

相比高中阶段的学生,中职学生有更多的发展方向可以选择。

想继续读书深造的中职学生可以选择在毕业后参加考试进入高职和本科院校,以期将来有更大的发展平台和发展空间。

想直接就业的中职学生则可以通过自主实习或学校推荐实习,进入心仪的企业提前参加工作,创造自身的价值。

教师首先要引导家长明确,不论是毕业后选择继续学习深造,还是毕业后直接就业,两种选择本身并没有好坏对错之分。在面对选择时,家长和学生要综合考虑多方面因素,分析学生自身的有利条件和不利条件,结合自身的理想和发展可能,全面考虑。

教师要帮助家长全面认识孩子,分析孩子的特点及兴趣点,让家长意识到要尊重孩子的意愿,尊重孩子的选择,并支持孩子为了自己的选择去努力奋斗,帮助孩子顺利实现人生目标。

【案例分享】

尊重孩子的选择和决定

小韩爸爸是维修空调的工人。从小,小韩就喜欢看着爸爸捣鼓空调。

中考后,小韩就和爸爸妈妈商量报考空调专业的职业学校,并顺利成了一名制冷专业的学生。进入学校后,小韩就深深喜欢上这个专业,从初中时期的厌学,到专业课的认真听讲,好像完全变了一个人似的,学习积极性得到了很大提高,成绩也突飞猛进。此后,小韩又相继参加了很多比赛,在2018年全国职业技能大赛"星科杯"中荣获三等奖;2018年世界技能大赛上海市选拔赛中获得了一等奖;2018年全国职业技能大赛"三向杯"二等奖;2019年世界技能大赛上海市选拔赛二等奖。通过这一次次的比赛和历练,小韩收获的不仅仅是更多的专业知识,还收获了自信和成长,各方面能力都得到了极大的锻炼和提升,视野也更加宽阔。

因为在校期间小韩参加比赛获得过许多奖项,本可以通过这些奖项免试进入大专继续读书,但小韩放弃了。小韩对父母说了自己的想法,他说想早点进入社会工作,在具体工作中提高实际工作技能,加之,现在家庭条件也比较困难,他决定走上工作岗位,早点工作拿工资补贴家里开销,减轻家庭经济负担。

爸爸妈妈一开始不同意,他们看着孩子在职校里一天天进步,又拿了很多的奖项,又听说可以凭获奖进大学,早就满心盼望着家里能出一个大学生了。父母的反对让小韩很苦恼,于是,他请来了自己的班主任和专业老师,来帮他劝说父母。

老师们非常理解父母的想法,没有哪个父母不希望孩子更有出息,也没有哪位老师不希望学生多读点书的。但是,考虑到小韩自己的意愿,老师们为小韩父母介绍了就业后继续培训深造的途径,并对小韩体谅父母的孝心、承担家庭重担的勇气进行了表扬。

老师走后,小韩的父母交换了眼神,随后告诉他:自己想好了就去做,父母尊重他的决定。后来,小韩去了一家知名的空调制造公司,在售后担当维修技术人员。在公司工作的日子里,他凭借在学校实训和各种比赛经历中锻炼的工作能力,很快进入了角色,深受领导和同事的好评。

【点评】

漫漫人生路,有无数的选择,不同的选择,可能会决定我们不同的人生道路。中职学生毕业时,就面临着人生中一次重要选择,是升学还是就业,此时的家长可能会显得比较焦虑或者是困惑。

但是,每个选择我们都应该尊重,都应该赞同。无论是父母还是老师,我们要做的是帮助学生正确理解个人理想和社会需求之间的关系,提高自我认知能力、自我激励能力、自我决策能力,加强适应社会、融入社会的能力。

五、指导家长正确教育孩子健康成长

(一) 指导家长教育孩子学会做人

教育是为了培养能够在未来社会生存与发展的人。教会孩子从小学会做人,是家庭教育最核心、最根本的任务。作为家长,有责任也有义务赋予孩子健全的人格和在未来社会生存的能力。

家长教育孩子学会做人,应该贯穿在孩子的整个成长过程中。无论是自尊自爱、诚实守信、尊重长辈、吃苦耐劳、勤俭节约,抑或是遵守法律法规、遵守社会公德、恰当待人接物、讲究文明礼貌……都是家长应该不断对孩子给予指导和教育的为人标准。

对于部分中职阶段的学生来说,由于在过往的求学阶段中,学业成绩不尽如人意,长期的挫败感会对人格的养成造成一定的负面影响。而家长将主要精力放在提升孩子的学习成绩上,忽视了对孩子的品德的关注,也可能造成孩子德行的缺失,进而产生一系列的问题。此外,当下大部分中职学生都是独生子女,家庭教养方式的不恰当，也可能造成他们以自我为中心、任性、懒散、淡漠，缺乏上进心和责任心。

因此，中职教师的家庭教育指导工作中，应当引导家长认识到孩子的成人比成才更重要，重视指导家长在日常生活中教育孩子"学会做人"。

1. 教会孩子爱国

中职阶段正是一个个体人生观、价值观、世界观逐步建立的时期，中职学生具有了初步的是非判断能力，但又容易因他人的影响而摇摆不定。当今社会是信息爆炸的时代，网络上充斥着各种言论，极有可能影响中职学生"三观"的建立。家长由于教育背景和年代原因，在很多事情上可能与孩子存在分歧，但就"爱国"这一点，是不应存在任何疑义的。

教师应当指导家长在平时与孩子的交流、谈论社会事件、安排家庭出游等活动的过程中，潜移默化地引导孩子深入了解国家发展的奋斗历程和取得的辉煌成就，带领孩子领略祖国的大好河山和灿烂文化，感受中华民族的人文精神和高贵品质。最重要的是，家长要以身作则，用自己的实际行动让孩子感受到自己的爱国热情，看到自己的爱国行为，进而受到感染、产生认同、形成观念。

在国家遭遇如新冠疫情、洪涝灾害等困境的时候，家长带领孩子参加志愿服务、捐款捐物、力所能及地为国家贡献绵薄之力；在党和国家取得阶段性成就的时候，家长带着孩子参与相关庆祝活动、为祖国喝彩助威，这些都是教育孩子学会"爱国"的最好方式。

2. 教会孩子自爱

近几年，由于各种各样的原因，十几岁的学生选择自伤、自杀的人数逐年增加。作为教师，一方面要正确分析学生采取极端行为背后的原因，另一方面要指导家长教会孩子"自爱"，预防极端行为。

教师应当指导家长多对孩子做出正面积极的肯定性评价，不要只关注成绩，不要过度焦虑未来，要相信，每一朵花都会有它自己的精彩；要引导家长珍视孩子的成功，即便只是一点点的进步都值得被夸赞；要引导家长教会孩子珍惜自己现有的生活和亲人，让孩子感受生活的美好和亲情的可贵；要引导家长教会孩子安全的意识和自我保护的技能，避开可能的危险和伤害。

家长可以通过谈论社会新闻、讲述自身故事、表达自己的观点等各种方式，对孩子进行"自爱"的教育，但切忌说教和威吓，以免产生反作用。

3. 教会孩子诚信

诚信是一种美德，更是一个人为人处世的根本原则，拥有这一美德有助于获得他人的尊重与信任。对即将踏上社会的中职学生来说,学会诚信是自立的基础。

教师要引导家长认识到"诚信"对于学生未来职业发展和生涯顺利的重要性,并指导家长摒弃自身已有的错误观念,正确地教导孩子学会诚信,将诚信教育融入家庭生活之中。

首先,教师要引导家长"说话算话"。家长对孩子提出的要求,可以先进行甄别,合理的予以满足,不合理的就予以拒绝。重点在于,家长一旦承诺应允,就要说到做到,及时兑现。父母的言传身教,比任何诚信故事都更有用。

其次,教师要指导家长允许孩子犯错,不过度指责。孩子说谎,多数是为了免受惩罚。如果家长对孩子犯错是宽容的,是能够用孩子可以接受的方式进行正确引导和教育的,那么,谎言就不会再成为孩子对付师长和社会的"武器",诚信就会成为他们愿意接受的行为。

最后,教师要指导家长营造诚信的环境。家长要以身作则并引导孩子一起真诚对待家人、亲戚、朋友、邻里、同学等,并承担相应的责任。对于身边不诚信的人要正确评判,并加以疏远;对讲诚信有担当的人要表达亲近,并给予支持。这样就能潜移默化地让孩子感受到诚信的价值。

4. **教会孩子敬业**

中职教育很重要的一个职能,就是赋予学生就业的能力,其中包括专业技能,也包括职业道德和素养。敬业,是对所从事的专业、工作全心全意的精神,是任何一个行业的从业者都应该具备的品质,也是社会主义核心价值观当中对每一个职业人的要求。

敬业的第一要点是责任心,其次是规则意识,还要有钻研精神。

教师要指导家长从自身的经验和阅历出发,通过身边人的真实事例、通过名人传记中相关的内容等,教育和指导孩子爱岗敬业,提升职业素养,鼓励孩子获得更高的职业成就。

5. **教会孩子友善**

友善,是指人与人之间的亲近和睦。每一个社会人都逃不脱人际关系,良好的人际关系是幸福生活的基础,不仅可以促进协作、增进沟通、共享资源,还可以获得愉悦、汲取力量,是身心健康的需要。

教师要引导家长认识到人际关系的重要性,鼓励孩子多与他人交往,并指导孩子以真诚友善的态度与人相处。中职学生的人际关系主要在与家人、与师长、与亲朋、与同学之间,家长可以根据不同人群的不同特点,教导孩子亲近他人、恰当交往的技巧。比如,对待长辈与老师,要注意尊敬的态度与礼貌的言行;对待朋友和同学,应该主动亲切不拘谨等。另外,家长也可以结合自己的职场经验,教导孩子如何与同事、与领导相处。

与不同人群的相处,有共性又有区分,但真诚友善是核心,相处的细节技巧,要靠家长言传身教。

教师在指导家长教育孩子做人时,有一点必须重点强调,那就是"正人先正己"。家长只有自己"会做人",才能引领孩子正确的人生。

【案例分享】

眼中有光彩　心中有热爱

小陈是个让人一眼就印象深刻的孩子,个子很高,瘦瘦的,一脸冷漠。平时在班级里不声不响,一幅很"拽"的样子,班里其他的同学们轻易都不会去招惹他。第一次家访,我就得知,8岁不到,他的妈妈就离开了家,再也没有回来,他一直跟着沉默寡言的父亲生活。因此,我对他心生同情,各方面也比较宽容。这个孩子平时各方面的表现都比较一般,不积极也不闯祸,就是那一脸的无所谓让我有些担心。

9月底的校班会课上,我按照学校的要求进行了爱国主义教育,讲述了新中国成立的历程和取得的成就。因为有视频和照片等资料,学生们大都听得很认真。忽然,角落里的小陈说了一句"老师,只有你们这个年龄的人才爱国,我们这一代都跟这个事情没关系"。这句话一出,我愣住了,全班同学也开始交头接耳,却没有人反驳他,从学生们的神情里,我似乎看到了对这句话的一些认同,于是我知道,这个不是小事,我必须采取行动了。

当天,我和小陈的爸爸取得了联系。我询问孩子有没有兴趣爱好或者特别热爱专注的事情,得到的答案是否定的。爸爸想了半天回答我,小陈没有任何感兴趣的事情,对什么都提不起劲头,永远是一幅"过一天混一天"的样子。我表达了对他的担心:一个心中没有"热爱"的孩子,就没有对生活、对未来的热情,他的人生是灰色的,是无趣的,对一个刚满15岁的男孩子来说,这种状态绝对不利于他的成长和发展。

我把校班会课上的事情告诉了小陈爸爸,请他协助我对小陈进行爱国教育,并提出希望他从生活中的点点滴滴当中,找到可以激发小陈生活热情的事件。妈妈不在,爸爸就更有责任和义务关心和爱护孩子的心理状态。

受我的启发,爸爸翻出了小陈5岁时和爸爸妈妈一起去北京旅游的照片,并在吃晚饭的时候讲述当时冒着零下10度的气温,凌晨4点多赶到天安门观看升旗的场景。爸爸描述了当时广场上人们看到国旗冉冉升起时激动的样子,还说到了小陈不哭不闹瞪着大眼睛仰头看国旗的模样,还夸小陈从小就知道爱国。那顿晚饭小陈依旧很沉默,但是脸上的神情却不一样了。

不久后,国庆长假,小陈爸爸请来公司的同事到家里做客,那是一位货车司机,2007年汶川地震的时候,他为灾区送过救援物资。他一边和小陈爸爸喝酒,一边聊起了当时的亲身经历。当得知他是送物资到灾区的,所有国道、省道全部绿色通道放行,甚至沿途有很多商家和居民免费招待他吃饭,还委托他把特产食物一起带去灾区。他和小陈爸爸感慨着,平常的时候,会觉得社会没有人情味,可一到关键时刻,中国人的善良就都流露出来了。小陈静静地陪着吃完了那顿饭,还主动揽下了洗碗的活儿。

就在那一年的冬天,新冠疫情席卷整个华夏。出于防控的需要,学校停课了,我通过微信视频联系了每一个学生,确保他们安然无恙。联系到小陈的时候,他带着厚厚的口罩、穿着一次性雨衣,把我吓了一跳。小陈告诉我,爸爸带他一起报名了街道的志愿者,爸爸每天早晚给楼道消毒,而他负责给小区里的老人送菜。我联系他的时间,正好是他"上岗"的时间。为了不耽误他,我们很快结束了通话,告别的时候,小陈忽然说了一句"老师,其实我也是爱国的对吧?"我说"当然,这份热爱一直在你心里,只是平时感觉不到"。视频里,我看不到他的表情,但是那晶晶亮的眼神真的很帅!

我通过线上班会,把小陈的事迹进行了宣讲,鼓励全班同学通过自己的方式支持国家、服务社会。小陈成了全班的"英雄",很多同学主动参与到了社区的志愿服务当中,班级也因此获评区级优秀班集体。

小陈的爸爸后来联系我,告诉我孩子现在话多了、笑容多了,常常主动跟爸爸交流自己的想法,小陈爸爸不善言辞,但会安静倾听,并用简单的语言评判对错。遇到观点不一致的时候,小陈爸爸就会让小陈去看书,去找志愿服务时候认识的大学生哥哥讨论。

小陈的故事还在继续,但现在的他,眼中有光彩、心中有热爱。

【点评】

案例中小陈的父亲是一个不善言辞的人,但他在老师的指导下,通过讲述自己的所见所闻、通过寻找他人的支持帮助、通过自己的身体力行,慢慢感染并激发了孩子心中的爱国热情,也由此改变了孩子整个的精神状态。

要教会孩子做人,靠说教是绝对行不通的,尤其是对于已经有了自我意识和自我判断的中职学生来说,更需要亲眼看到和真实感受到,才能真正起到教育的作用。

（二）指导家长教育孩子学会学习

学习，是中职阶段学生的首要任务，包括文化基础、专业知识与技能的学习与训练，以及其他各类实践活动的参与和探究，所有的学习都有助于他们顺利踏上社会。家长作为孩子成长的守护者，需要采用恰当的方式支持和帮助孩子更好地进入学习状态，提升学习效果。

1. 引导孩子树立正确的学习目的

很多中职学生由于过往的学习经历不甚顺利，学习成就感不强，因此缺乏理想，没有明确的学习目标，在学习过程中，常常表现出消极、散漫的态度。

由于中职学校更注重的是职业素养和技能的培养，而非数理化的求精求深，对于大多数中职学生来说，进入中职学校学习，将是一个全新的起点，只要学生努力，就可以收获与过往学习经历截然不同的成就体验。

因此，教师首先要引导并帮助家长获取更多关于中职学校培养方式以及与未来职业发展相关的信息，从中筛选出有利于激励孩子树立目标的信息，用积极乐观的态度和鼓励的方式告知孩子，未来可期。随后，教师可以指导家长和孩子一起，结合自身兴趣爱好、特长特点、学校与家庭资源等共同分析，找到最适合的成长方向，并以此作为学习的目标。

此外，中职学生缺少学习动力的根本原因在于学习目的不明确，不清楚自己究竟是为了什么而学习，更没有意识到自己的命运与国家的命运息息相关。习近平总书记在纪念五四运动 100 周年大会上对新时代青年提出了期望，希望青年理想远大、信念坚定、热爱祖国、担当时代责任。新时代中国青年要担负时代使命，在担当中历练，在尽责中成长，让人生在实现中国梦的奋进追逐中展现价值，努力成为德智体美劳全面发展的社会主义建设者和接班人！

因此，教师要引导家长带领孩子关注国家发展、关心社会时事、参与社会活动，让孩子切身体会到自己与祖国未来的密切关系，将实现中华民族伟大复兴和建设社会主义现代化强国作为自己的人生理想和学习目的。志存高远，就能激发奋进潜力，也能让孩子拥有源源不断的学习动力。

2. 指导孩子找到科学的学习方法

根据学生认知发展规律，有很多已经被实践证明行之有效的科学学习方法，比如课前预习、专心听讲、积极思考、先复习后作业、独立完成作业、错题整理等，都是可以有效提升学习效果的。很多中职学生由于没有完全掌握或坚持使用上述学习方法，导致学习成绩不佳。

教师要引导家长对孩子的学习方法进行指导，督促孩子坚持使用科学的学习方法,提高学习效率。同时,教师也可以向家长介绍一些其他的科学学习方法,比如思维导图法、举一反三法、注重实践等,指导家长根据孩子的具体情况进行指导和点拨,获得更好的学习成效。

此外,教师要引导家长帮助孩子分析自己的学习风格,找到最适合自己的学习方式,也有助于孩子建立起学习上的自信。

3. 引导孩子培养良好的学习习惯

"与其给孩子金山、银山,不如给孩子好习惯。"好习惯可以使孩子终身受益。良好的学习习惯与好成绩之间有着密切的关系。

好的学习习惯主要包括:在学习上专心的习惯;规划作息时间的习惯;独立思考的习惯;检查作业的习惯;整理学习用品的习惯等。此外,勤学好问、刻苦钻研、独立作业、课外阅读等也是较好的学习习惯。

教师在指导家长培养孩子良好的学习习惯时,首先要强调家庭需要为孩子提供可以安静学习的环境,家长不能在要求孩子专心学习的同时,自己却聊天看电视、甚至打麻将;家长也不要过度关心、时时打扰正在学习的孩子。

其次,教师要指导家长和孩子一起制定有利于学习的作息时间表,并相互监督完成。这个作息时间表不能只是针对孩子的,家长也要参与并做到,这样才能成为孩子的榜样,促进孩子良好习惯的养成。

再次,教师要指导家长有意识地培养孩子自主学习的习惯。"授人以鱼,不如授之以渔。"自主学习的能力要比知识的获得更加重要。家长引导孩子自己独立思考、自己检查作业、自己整理物品等都有助于良好学习习惯的养成。

4. 指导孩子提高创新精神和实践能力

对中职学生来说,创新精神和实践能力是十分重要的专业素养。

创新精神是一种发现问题、积极探求的意识趋向,是指敏锐地把握机会、敢于付诸探索行为的精神状态。创新过程并不仅仅是智力活动过程,还需要敢于创新、不怕挫折的恒心和毅力,还要有对真理执着追求的勇气。实践能力,则是把创意付诸实践并产出成果的能力,也需要有百折不挠的韧劲加持。

创新精神和实践能力不仅需要学校教育加以培养,也需要家庭教育的培育。

教师要指导家长保护孩子的好奇心,培养孩子的探究精神,鼓励孩子在家里多多动手,千万不能因为怕麻烦、怕闯祸而打击孩子的创造欲,要鼓励孩子大胆尝试和探索。

教师要指导家长开拓孩子的视野,和孩子一起增长见识,丰富孩子的社会经验,引导孩子在生活中、在身边的世界里发现问题,思考解决方法。

教师要指导家长在孩子遇到困难和挫折的时候，及时鼓励、创造条件、提供支持。

(三) 指导家长教育孩子学会生活

学会生活就是培养积极乐观的生活态度和健康向上的生活方式，提高生活自理能力和社会自立能力，养成健康有序的生活习惯。

1. 培养孩子积极乐观的生活态度

教师要指导家长做到以身示范、环境熏陶、引导、帮助孩子全面认识自我，正确评价自我，找到自己的个性特长，根据自己的实际情况，确立恰当的人生目标，培养适当的兴趣爱好，逐步形成热爱生活、珍爱生命、不怕困难、积极进取、乐观向上的生活态度。

2. 培养孩子健康向上的生活方式

当下中职学生当中存在着一些不健康的生活方式。比如，有些学生不考虑家庭实际经济条件，相互攀比，追求时尚，过度消费；有些学生因各种原因到深夜不睡觉，早上起不来，上课打瞌睡；有些学生饮食没有规律，甚至暴饮暴食或者过度节食……对于这些情况，教师要指导家长自身做好榜样示范，包括作息、衣着、用餐、言谈举止、卫生、守时等，在潜移默化中影响孩子，教育孩子养成合理消费、规律作息、科学饮食、讲究卫生等良好生活习惯。

3. 鼓励孩子参与体育锻炼和健康的文化娱乐活动

有研究表明，适量的体育锻炼不仅可以增强体魄、提高免疫力，还可以缓解压力、增强自信、培养积极心态，有助于提升生活品质。因此，教师要引导家长安排好孩子的体育锻炼。同时，教师要鼓励家长根据孩子的特点和兴趣，合理培养孩子的体育艺术特长。

【案例分享】

爷俩一起减肥

小伟是个小胖墩，一米七出头的身高配上200多斤的体重，再加上两个深深的黑眼圈，走到哪里都是让人侧目的对象。

更让我惊讶的是，小伟的爸爸跟他一模一样，无论体型还是黑眼圈，都活脱脱是一个模子里刻出来的。一样的贪吃不动、一样的熬夜练级……中等身材的妈妈常常看着这爷俩叹气。我本来以为是先天遗传，但妈妈拿出了当年的结婚照，我觉得不会有人相信照片中帅气结实的小伟爸爸和眼前这个大腹便便的胖子是同一个人。

更糟糕的是,小伟的爸爸刚刚被确诊患上了糖尿病和重度脂肪肝,健康堪忧。于是,我和小伟妈妈一起,在咨询了医生以及体育老师之后,为这爷俩制定了一套健康生活方案,其中包括饮食、作息、运动等各项安排。

序号	时间	饮食	运动
1	6:00—6:40	500毫升白开水	小区内慢跑
2	6:50—7:10	早餐: 白煮蛋、牛肉、生菜、全麦面包	
3	9:50—10:00	500毫升白开水	开合跳100个
4	11:40—12:00	自带午餐: 鸡胸肉、黄瓜、山药、玉米	
5	15:00—15:10	500毫升白开水	垫上运动
6	18:00—18:30	晚餐: 水煮冬瓜	
7	19:30—21:00	500毫升白开水	健身区加速跑
8	22:00	睡觉	

这个安排其实并不复杂,爷俩一开始都满口答应。一来是小伟爸爸确实意识到自己的健康出现问题;二来小伟一家都本性质朴,信任老师。但是,这个健康计划实施的过程却困难重重,尤其是小伟爸爸,常常找各种理由借口推脱。

为此,我找小伟父母到学校深谈了一次,从小伟的未来发展、身体健康出发,要求小伟爸爸必须负起责任,以身示范,并跟小伟比赛,看谁减重减得多;要求小伟妈妈必须严格管理和执行,不能心软。

小伟的父母看到我这么严肃且坚定,都表示愿意再坚持下去。

就这样,我们一起坚持了足足8个月的时间。我每天在学校给小伟称体重,定期打电话跟小伟父母督促进展,同事都戏称我比健身房教练盯得还紧。

功夫不负有心人,小伟减掉了56斤,成了个结实的小伙子,小伟爸爸减掉了60斤,重度脂肪肝转为轻度,血糖指标也有所好转。另外,爷俩因为作息正常,黑眼圈也没有了,精神状态都好极了。

我原本从没想过作为班主任,需要兼职营养师和健身教练,但是为了学生能够拥有健康的生活和体魄,能够为拥抱未来打下基础。我甘之如饴。

【点评】

这是一个教师督促整个学生家庭改变生活方式,开展健康管理的案例。故事很生动也很真实。当前,中职学生当中,作息紊乱、习惯不健康的大有人在,究其原因,在于家长自身没有做好榜样。一个到家就躺在沙发上耍手机的家长是不可能教育出自律的孩子的。家庭教育最佳的途径就在与言传身教、身体力行。家长是孩子的第一任老师,也是孩子的模仿对象,想要让孩子养成健康的生活习惯、拥有积极向上的生活理念,就需要家长做好示范引领,通过自己的榜样行动感染和带动孩子健康成长。

(四)指导家长教育孩子热爱劳动

2020年3月,国家颁布了《关于全面加强新时代大中小学劳动教育的意见》,把劳动教育纳入了人才培养全过程,让学生树立正确的劳动价值观,培养劳动能力,形成劳动习惯。职业院校以实习实训课为主要载体开展劳动教育,需开展劳动精神、劳模精神、工匠精神专题教育。

《关于全面加强新时代大中小学劳动教育的意见》明确指出"家庭要发挥在劳动教育中的基础作用""家庭要树立崇尚劳动的良好家风,家长要通过日常生活的言传身教、潜移默化,让孩子养成从小爱劳动的好习惯"。

根据中职学生的实际,家庭教育中需要关注的劳动教育可分为日常生活劳动教育和服务型劳动教育。前者注重在学生个人生活自理中强化劳动自立意识、体验持家之道,这也是学生健康发展、适应社会生活的重要基础;后者则注重利用知识、技能、工具、设备等为他人和社会提供服务,包括公益劳动、志愿服务等。

1. 指导孩子开展家务劳动

教师要指导家长为孩子创设条件开展劳动实践、培养劳动观念。家长可以安排孩子专职承担某1—2项家务劳动,或者让孩子定期完成"一日当家"等活动,让孩子逐渐养成劳动习惯,也有助于培养孩子的家庭责任感。

2. 支持孩子参加公益劳动

教师要指导家长明确公益劳动和社会志愿服务的重要性,鼓励、支持甚至陪伴孩子多多参与此类活动,让孩子感受到劳动的意义和自身的价值,这些对孩子的健康成长有着极其重要的作用。

3. 鼓励孩子从事专业劳动

教师可以指导家长有意识地让孩子了解各行业劳动模范的典型事迹,讲述身边优秀劳动者的感人故事,让孩子明白"行行出状元"的道理,鼓励孩子认真学习专业技能、积极参加实训实践、工学交替、顶岗实习等专业劳动,真正懂得劳动光荣。

【案例分享】

劳动最光荣

小美是个非常漂亮的小姑娘,从小由外公外婆带大的她天真、开朗、爱笑,但很是娇气。我接新班第一天进教室的时候,就看到她噘着嘴,翘着兰花指,用两根手指头捏着湿纸巾,一脸不情愿地在擦自己的桌子。过了一会儿,她旁边的女生擦完了自己的桌子,她马上凑上去,笑眯眯地请求那名女生帮她擦桌子,因为她不会。

正式开学以后,类似这样的事情就更多了,小美常常仗着自己嘴甜,把自己的劳动任务委托给其他同学。

家访时,我就发现外公外婆对这个漂亮的外孙女十分宠溺,真的是"十指不沾阳春水"地供着,长到十几岁,别说家务了,连自己的内衣都没洗过。小美告诉我,当初选择航空服务专业,就是外公外婆说当空姐比较轻松,每天只要打扮得漂漂亮亮就好。我听了真是又好气又好笑。

于是,我跟专业老师商量,尽快邀请一位在职的空乘服务员来为学生介绍工作内容,提前为学生开展职业意识方面的教育。当空乘服务员讲述自己每天的工作内容和工作强度的时候,我注意到小美脸上的震惊和忐忑,因为她从来不知道空乘服务员是需要清理乘客呕吐物、是需要定时打扫卫生间、是需要分类垃圾并清扫工作区域的……

另外,我和小美的父母取得了联系。小美的爸爸是一名企业管理人员,工作繁忙,小美妈妈是一名护士,常常要值夜班,平时孩子的生活和学习主要靠外公外婆,尽管察觉到小美有些娇气,但并没有意识到有什么问题。我向小美的父母表达了对她未来的担忧,基本劳动能力不足可以通过练习补上,但更重要的劳动意识缺乏则可能影响她工作与生活。在说服了小美父母之后,我们一起制定了一系列的"作战计划"。

首先,我要求小美妈妈安排一天让小美跟着去上班,尽管这个要求有些奇怪,但小美妈妈还是照做了。小美看着妈妈脚不沾地地为病人打针、输液、记录数据、整理病例,还要为病人处理污秽物,但却还能和病人及同事谈笑风生。小美问妈妈工作累不累,妈妈告诉她,虽然累,但是做这些事情的时候就会觉得自己很有用,心里就很满足。

小美回到家,外公外婆照例包办了她从上到下所有的事情,她问外婆,为什么为自己做这么多事情,外婆说,因为照顾她的时候,就觉得自己虽然老了,但还是有用的,心里就很开心。

小美妈妈告诉我,那一天,小美的表现和平常很不一样,也不是不高兴的样子,好似在思考些什么,连最爱吃的葡萄也没吃。

然后,在我的指点下,小美妈妈开始有意无意在小美面前说起单位里优秀医务工作者的事迹,感慨工作的价值,并告诉小美,在各行各业做出最大贡献的人被称为"劳动模范",因为工作就是劳动的一部分,所有的职业付出和外公外婆为家庭的操劳一样值得尊重和敬佩。

另外,小美妈妈开始做外公外婆的思想工作,让外公外婆安排小美承担一些家务劳动,比如去超市购买生活必需品、整理统计家庭支出等,并在小美完成后大力表扬。尽管外公外婆很是不舍,但是看到小美在完成家务后开心的笑脸,他们也很高兴。

所有的变化都不是一蹴而就的,小美依然是我班里最娇气的姑娘,但是,她已经不再把自己的劳动任务扔给别人,不再会嫌垃圾脏、抹布臭,在专业课上也能够坚持一遍一遍重复练习。就如她在作文里写的那样,她正在向着一个合格的劳动者努力。

【点评】

对中职学生来说,家庭劳动和专业学习一样,都是劳动教育的重要载体。学生在劳动当中,收获的不只是动手能力,更多时候,学会的是尊重,感受的是劳动的价值。宠溺和舍不得并不能让孩子获得真正的幸福。从孩子未来发展的长远角度出发,教会孩子正确认识劳动、认真参与劳动,才是为孩子未来的幸福筑基。

在开展劳动教育的过程中,教师也要注意引导家长以身作则,成为孩子的榜样,用自己的行动去影响孩子。

(五) 指导家长教育孩子学会交友

俗话说"近朱者赤,近墨者黑",家长对于孩子的"交友"问题一向是比较关注的。但是,中职阶段的学生自我意识迅速发展,在很多方面会想要"独立",摆脱父母的"控制",显示自己是"大人",尤其是在交友方面,通常都要自己"说了算"。但由于思维和阅历的限制,中职学生择友、交友普遍带着主观的好恶,缺乏正确的判断。

针对这样的情况,教师首先要让家长理解中职学生是喜欢交朋友的,并请家长支持孩子和朋友之间的正常社交。其次,教师要指导家长教育孩子学会交友。

1. 引导孩子慎重择友

教师要指导家长在日常生活中,通过闲聊、漫谈等非正式的沟通交流,为孩子树立起正确的是非观念和道德判断力;在尊重和接纳孩子想法的前提下,一起分析择友的基本标准;尽可能充分了解孩子的"朋友圈",鼓励孩子多层次、全方位地了解他人,正确评价他人,支持孩子和不同性格特点的同学交朋友,多交朋友,进而逐步引导孩子找到最合拍、最能够实现共同成长的真朋友。

2. 引导孩子真诚交友

教师要引导家长恰当关心和关注孩子的交友情况,并适时予以指导。中职学生在交友过程中,势必会因为各种原因出现问题,比如观点不一致、发生误会、存在竞争、强人所难的情况等。教师可以指导家长通过观察孩子的言行,及时发现问题,然后充当倾听者,让孩子将发生的事件以及自己的真实感受说出来,随后结合生活经验,教会孩子解决问题、处理关系、维护友谊。家长要和孩子一起分析所发生的事件,要引导孩子正确判断是非曲直,对朋友进行客观评价,既不能武断地要求孩子与朋友断绝往来,也不能轻易让孩子忍下委屈。

对中职学生而言,家长应该是孩子交友过程中的支持者、提示者,决不能成为主导者。

3. 引导孩子正确处理异性关系

青少年是异性交往的敏感期和频繁期,学会正确处理异性关系,进行恰当的异性交往,可以促进中职学生性别角色的形成,也有助于他们习得在正常社交场合对异性采取的正确态度和适当行为,并能为其成人后的恋爱婚姻生活做好心理准备。

随着社会的发展和人们观念的更新,学校教师和家长对中职学生异性交往的态度也已经发生了较大的变化。因此,教师首先要和家长进行充分沟通,了解家长对孩子异性交往的态度是怎样,如果是极其反感和反对的,可以进行合理的指导,帮助家长了解孩子在该阶段正常的心理和情感需求;如果是放任不管的,则要阐明利害关系,强调因中职学生的自控力和判断力不足,可能会产生的不良后果。总的来说,教师在指导家长处理学生的异性交往问题时,需要关注以下几个方面。

第一,充分尊重孩子的情感。教师要指导家长尊重和接纳孩子因身心发展带来的正常情感需求,肯定孩子的审美,可以通过讲述自己的成长经历消除孩子因情感变化带来的内心焦虑和无措,同时适当说明青春期因心智发展和激素水平可能带来的情感波动,并给出慎重交往的建议,给孩子做好认知上和心理上的准备。

第二,鼓励孩子多交朋友。教师要引导家长鼓励孩子多交朋友,无论是同性还是异性,都可以成为朋友。同时,引导孩子在全面了解不同异性朋友的不同个性特点后,分析和发现真正欣赏的异性特质,同时厘清自己真正的内心需求。这个阶段的孩子,真正需要的常常不是"谈恋爱"本身,多是出于好奇、模仿或者借此证明自己。

第三,教会孩子做好性保护。教师要指导家长以平常心看待孩子的性发育情况,并寻找恰当的时机进行性知识的教育。教师可以挑选一些适合的社科类书籍推荐给家长,让家长当作"成年礼"送给孩子。同时,要指导家长对孩子澄清厉害、说明后果,让男孩子建立起责任意识,让女孩子懂得保护自己。

第四章

家庭教育指导的主要途径和方法

一、家庭访问

苏联教育学家苏霍姆林斯基说过:"教育过程中要充满爱和期待,如果把一份爱放在家访中,就会取得意想不到的效果。"家访是沟通学校教育和家庭教育的重要桥梁,更是学校教育向家庭教育延伸的重要途径。

(一) 家庭访问的作用

1. 家访有助于教师全面了解学生及其家庭

教师对学生的了解基本上来自学生在校内的表现,这是相对片面的。家访有助于教师更加全面地了解学生及其家庭,弄清学生品德和性格形成的家庭因素和社会因素。教师通过家访可以了解学生成长的家庭教育情况和成长环境,如家庭成员构成、父母关系、工作性质、家庭经济情况、住房情况、亲子关系,甚至周边、邻里等外部环境,并认真分析这些因素对学生的影响,从而有利于教师更好地根据实际情况有针对性地教育和引导学生,提高工作效率。

2. 家访有助于教师与家长沟通思想并达成共识

指导家长正确开展家庭教育是家访的重要目的。当前家长的科学文化水平相比过去已经有了很大的提高,但不可否认的是许多家长的家庭教育观念和方法仍然存在诸多误区。教师通过家访增加了与家长双向沟通、交流机会的同时,也促使了两者间相互了解、相互支持,能够深入探讨教育过程中的细节问题,从而帮助家长形成正确的教育观,使得教师和家长有机会形成教育的共识,实现教育目标的统一,促进学生的健康成长。

3. 家访有助于建立良好的家校信任与合作关系

家访有利于教师树立自身形象。教师可以通过家访有效地以自身的人格魅力、学识水平影响学生及家长,使他们感受到教师高度的责任心和真诚的关心,取得家长的信任,加深双方的了解,增进双方的感情。双方不仅要取得培养目标和教育观念的一致,教师还要得到家长的认可和支持,使得家长能够全方位支持、参与学校的教育工作,促进家庭教育和学校教育形成合力,增强育人效果。

(二) 家庭访问的时机选择

为确保家访工作有效开展,必须选择适当的家访时机,通常的家访时机有以下几种:

1. 接手新班时

新学年伊始或中途接手一个新的班级后,教师能否快速、全面、准确地了解掌握全班每位学生的思想、学习、性格、兴趣、爱好、身体、家庭等方面的情况,直接影响着新的班集体建设的进程。这就需要教师有针对性地进行家访,在摸清学生的真实情况后,和家长一起商量制定相应的家校合作育人目标、步骤、措施。以利更好地做到因材施教,引导学生健康成长。

2. 学生伤病或遭遇家庭变故时

给家庭经济困难的学生送去师生们捐助的钱与物,给遭遇家庭变故的学生送去一份师爱和关怀,给伤病的学生送去问候和关心。这种家访会化为一种动力,鼓舞学生克服困难,勇往直前,还会促使家长更好地配合学校工作,共同教育好学生。

3. 学生情绪出现较大波动时

学生在日常的学习、生活中,一般都具有相对稳定的个性倾向和行为表现。一旦发现学生出现情绪异常,教师就要及时和他谈心,了解具体情况,并提供相应的指导建议。如果学生情绪异常的原因来自家庭,教师就要及时通过家访告知家长,与家长共同商议帮助孩子矫正异常情绪的办法和措施,以引导孩子尽早走出不良情绪的"沼泽地"。

4. 学生成绩明显下滑时

当学生某一方面的成绩出现滑坡时,教师要马上关注,如果有必要,及时与学生进行交流,找出成绩下滑的原因,并通过家访告知家长学生的情况,多鼓励引导孩子弥补不足、迎头赶上。另外,遇到这种情况后,教师进行家访还有另一个重要目的,即避免学生因成绩下滑而遭到家长的责骂、体罚,从而导致学生情绪低落,消极厌学,甚至逃学、出走、轻生等恶性后果的发生。

5. 学生取得显著进步或获得重要荣誉时

当学生在某一方面取得进步或成绩时,教师要给予肯定和鼓励,指出新的努力方向,并通过家访的形式告诉家长,既可以进一步增强学生的自信心和成长欲,促使学生再接再厉,也能够让家长分享孩子的快乐,更加关注孩子、关注教育、关注学校。

6. 学生犯重大错误时

当学生在学校严重触犯校纪校规,甚至触碰法律底线时,教师要及时家访与其家长沟通,结合现状具体分析事件的起因、过程及后果,让家长意识到问题的严重性,给出具体可行的措施和方案,引导家长转变自己的教育观念和教育方法。

当然,家访的时机是多种多样的,需要教师根据学生的实际表现及时把握。

【案例分享】
抚平被针扎了的心

在我们班就读的小鲍是随迁子女,父母都是外来务工人员。刚来这个班的时候,我看到他活泼开朗,性格外向,待人热诚。

突然有一天,小鲍的妈妈给我打电话,说小鲍昨晚一夜没回家,问今天孩子有没有来学校。早自修的时候,我进班一看,小鲍在教室里,但既然一夜未归,作为班主任的我也想了解一下原因,便与他交流起来。我将他叫到一处安静的地方,询问事情的起因,他很激动地说:"别跟我提他们。"我说:"怎么了,发生了什么情况?"我本想通过语言的交流,打开他的心扉。但他一直说:"等我毕业以后要立马离开这个家,不想再见到他们。"听到小鲍这番话,作为班主任的我,感受到了他与父母之间的矛盾,但问题的严重性还有待考察。在安抚了小鲍的情绪以后,他慢慢地跟我吐露了心声。他觉得有时候父母的举止、言语很伤他的自尊心。上周末亲戚家有喜事,小鲍想跟着父母去,他爸爸的一句话让他离家出走三天。小鲍的爸爸说:"你别去,别给我去丢脸。"这一句话彻底伤了小鲍的自尊心。在父母出门后,他走出了家门,三天未归。他一度怀疑自己是不是父母亲生的。此外,父亲因为学习的事情打过他,并且不给他零花钱。小鲍特别反感父母用金钱来衡量自己的学习,学得不好就不给生活费。有时他宁肯在外游荡,也不愿回家睡觉。由此可见,亲子关系已经接近冰点,两者的沟通方式存在巨大的问题急需解决。

小鲍满脸的怨怼让我知道,自己必须做些什么。

1. 电话初访,了解实情

在小鲍敞开心扉与我交流后,我与小鲍的父母通了电话,证实了小鲍所言非虚,也了解了目前他们与小鲍相处得不愉快之处。小鲍放学回家后,总是等家人都吃完饭以后才出来吃饭,避着家人进出,对此父母也是毫无办法。从这些现象可以看出,学生与父母身上都存在着问题。父母的教育理念相对落后,沟通方式过于简单、粗暴,不考虑孩子的内心诉求,也不站在孩子的角度考虑问题,虽然无心,但话语伤人、行为伤人、教育方式伤人。坦率来说,父母对孩子的出发点是好的,内心有爱,但是不会与孩子交流沟通,孩子因此理解不了父母的良苦用心。作为班主任,在了解情况后,我认为要解决他们的家庭矛盾,为小鲍营造良好的成长环境。

2. 实地家访,直指问题

为了更有效地解决问题,我决定亲自走访小鲍家了解他们家庭的实际情况。一进小鲍家家门,只见两间毛坯房,两张上下铺床,可以确定的是他们家庭条件不太好。小鲍的父母都是外来务工人员,每天起早贪黑地工作,早已成了他们生活的常态。在谈及小鲍的时候,他的父母愁容满面,望子成龙心切却束手无策。我的到来让他们看到了一丝希望,他们静静地听我的分析,同时也道出了自己心中的苦恼与自责,但他们的态度让我看到了希望。父母愿意与孩子沟通、愿意解决目前的僵局,是促进亲子沟通的重要一步。我向小鲍的父母分析指出尊重孩子的人格、民主平等地对待孩子的重要性。孩子慢慢成熟起来,逐渐有了更多自己的想法,渴望父母爱的同时,也渴望父母把他们视作成年人,平等地对待他们。对待青春期的孩子,千万不能居高临下、我讲你听、我打你受,应当考虑孩子的情感需求。在与孩子交流时,父母应注意沟通的技巧和方法。比如走亲戚这件事,父亲的一句"别给我去丢脸",或许是无意的气愤之词,或许是想以此激励孩子更加奋斗,让自己脸上有光,又或者只是单纯地不想让孩子外出,但这句无心之语确确实实伤到了孩子的自尊心。父母应该如何表达自己内心的想法,如何正确引导孩子,这都是为人父母应该学习的重要一课。尊重孩子、用正确的教育方式对待孩子,是构建和谐家庭的重要前提。我和小鲍父母约定以后要用和善而坚定的方式与小鲍交流,不人身攻击,不夸大其词,凡事要有商有量。

家访后某日的午休时间,我约小鲍在校园里散步、聊天。我语重心长地告诉小鲍他的父母都很爱他,但爱之深责之切,他们用了不当的方式表达爱,内心充满了无奈和自责。经过反思,他们也发现了教育方式的不足,因此承诺以后会好好沟通。小鲍沉默了许久之后,坦言自己很在乎父母,但之前与父母的对抗让他喘不过气来,希望以后一家人都可以好好说话,自己愿意主动跨出一步缓和与父母之间的紧张关系。

解决家庭问题不仅需要口头上的交流,还需要实际行动,需要有人主动跨出一步,开始破冰,并为之持续努力。毕竟血浓于水,家人之间的亲情终有一日会被呼唤回来。由于小鲍与父亲已经多年没有说过话,甚至这些年来都是处于你进我出、你出我进的状态,让他突然开口与父亲交流确实比较困难。于是,在感恩节班级活动之后,我单独给小鲍布置了一次特殊的家庭作业。我希望他在父亲下班后,主动给父亲倒一杯水,并说句:"爸,您辛苦了。"这份作业我给了小鲍三天的时间完成。三天后,我与小鲍的父母通电话时,他的妈妈满口的感谢,说孩子在他爸下班回来的时候主动端了杯温水。小鲍的妈妈感慨,已经多少年没有过这样的画面了。小鲍完成了这份特殊的"家庭作业",跨出了缓和父子关心的重要一步。

【点评】

像案例中小鲍这样的学生还有很多。随着社会的进步,传统的"打压式"教育方式已经不能解决他们的问题,反而会让他们想办法逃避、远离父母。教育孩子要符合时代特点,适应孩子心理的发展需求。班主任应当做学生、家长的朋友,以朋友的身份沟通、谈心,为他们搭建沟通的桥梁,从而更好地解决家庭教育中存在的问题。

家庭,有父母的呵护,有家人的陪伴,有爱的熏陶,是孩子健康成长的港湾。而随着孩子长大,父母望子成龙、望女成凤的愿望愈发强烈,当事与愿违时,容易将不满的情绪直接释放在孩子身上。但青春期的孩子有了自己的想法,并产生了逆反心理。尤其是处于青春期的孩子,经常会做出一些叛逆的事情,不理解父母的用心。与父母争吵,甚至做出异常举动,导致与父母关系僵化。

(三) 家庭访问前的准备

为了避免家访的盲目性,在家访前,教师应做好相应的准备工作,使得每一次家访都有明确的目的,有的放矢。对新生和老生进行家访准备工作略有区别,以下是家访前的准备材料,供参考:

1. 新生的家访材料准备

(1) 查阅档案,了解学生基本情况

- 通过阅档了解学生个人基本信息,如个人爱好、特长和获奖情况、担任职务、教师评语。
- 了解学生的初中学习情况,尤其是中考成绩考分低或高的科目,以及初中教师的评价。
- 了解学生的身体状况,比如是否有身体残疾而需要特别照顾等。
- 了解学生的家庭基本情况,比如户籍性质、家庭住址、父母的职业、教育背景、婚姻状况等。

(2) 掌握学校概况,能向家长介绍

- 学校的办学理念、办学特色;本专业基本情况(包括人才培养方案、课程设置、考证要求和就业前景、中本贯通、中高贯通的教学管理政策)。
- 学校学生管理和教务管理工作规范;学生资助、保险等基本工作流程。
- 学校住宿、餐饮、后勤保障、周边交通等基本情况。

(3) 准备家访材料
- 确定家长的联系方式,提前预约家访时间。
- 根据学生家庭住址、约定的家访时间等,规划家访路线。
- 按照学校要求和教师自身的需要,准备《家访信息登记表》,整理、分析阅档信息,标出需要核实的学生信息和需要特别关注的内容。

2. 老生的家访材料准备
(1) 掌握学生具体情况
- 按照学校要求和教师自身的需要,准备《家访信息登记表》,做好记录。
- 结合上学期的期末评语、整体印象以及班级同学评价,回顾学生整体表现,并做好记录(主要包括:与同学相处情况、具体的进步点、优点及不足等)。
- 与主要的任课教师沟通,详细了解班级学生学习情况(包括课堂表现、实习实训表现、作业完成情况等)。
- 掌握学生本学期所参加的各类活动和获得的荣誉(包括惩罚),倾听学生的反思、收获及今后的打算或想法。

(2) 明确家访主题
- 了解家庭成员具体情况和家长的文化水平、工作背景、性格,以及与家长的关系状态、家长的管理方式等,并做好详细记录。
- 针对每位学生的具体情况,确定谈话主题,撰写家访提纲。例如,学生在家中的表现;与家长关系及沟通情况;对学生新学期的改进建议等。

家访信息登记表(供参考)

学生姓名		家访时间	
家访参与人			
家庭住址及联系电话			
需要确认的内容及信息			
家长提供的信息			
家长建议和意见			
问题家庭及后续处理			

3. 提前与家长进行预约

与家长沟通确定家访的时间和路线,考虑到不同家长工作时间不一致,尽可能选择家长合适的时间进行家访。

预约实地家访时,最好要求学生也同时在场,方便沟通。电话家访和实地家访都尽量安排在周末白天时间,特殊情况下可根据家长情况具体安排。

4. 做好家访实施安排计划

根据预约的时间、地点,提前做好具体的时间和路线安排表。根据学生居住区域进行划分,分区域分批次进行。离得近的可以安排同一个时间进行家访,也可以把相同问题的孩子(都沉迷游戏)的家长安排一起进行。可以通过学生作为中间人参与预约联系,让学生深度参与,让学生放心。

(四) 家庭访问实施的过程

基于对新生和老生家访的主题和内容有所差异,实施的流程也有较大区别,具体流程参考如下:

1. 新生家访流程

(1) 了解学生成长经历和成长环境

- 观察家庭居住环境、家庭布置等,了解学生生活环境和家庭基本经济状况。
- 了解学生成长经历和重大事件:比如孩子成长中的优秀事迹和光辉时刻;学生是由父母亲自带大,还是由祖辈父母带大;在小学、初中阶段是否参与过重大的比赛;是否有引起学生情绪波动的事件以及这些事件的影响。
- 了解学生的人际关系。比如以往求学阶段有什么样的好朋友,目前是否仍有联系? 平时是否会和他人一起参加各种性质的集体活动? 父母与孩子之间是否有共同的兴趣爱好,沟通是否顺畅?

(2) 了解学生在家表现和家庭教育水平

- 了解学生生活自理能力水平、家务劳动习惯、居家学习习惯。
- 观察亲子互动、父母互动等情况,了解亲子关系状态和家庭氛围,了解家庭教育基本水平和家庭教育理念。
- 了解家长对孩子的规划和对学校的期待:比如对孩子就读职业学校的看法,家长希望孩子成长为怎样的人;比如3年中专生活打算如何度过,3年后的打算;希望学校提供什么样的成长平台。

(3) 介绍职教政策、学校概况等

- 介绍职教政策、相关规定等。
- 介绍学校的办学特色、专业设置、专业对应行业的发展趋势。
- 介绍学校教学要求、德育规章制度、手机管理办法、学生活动情况等。

(4) 达成共识、提出要求

通过初次家访，教师可以与家长、学生达成若干项共识，并提出相应要求。

- 入读中职，人生照样精彩。
- 行为规范，严格按规执行。
- 德技发展，成就精彩人生。
- 家校沟通，共同合力育人。

2. 老生家访流程

家访时，教师首先要向家长表达清楚此次家访的主要目的和内容。要重点向家长讲述学生近期的具体表现、取得的进步、存在的问题等。要了解家长对子女实施教育的状况和存在的困惑，探讨家庭教育方式方法，建立正确的教育思想，改进教育方法，树立正确的人才观。要向家长介绍学校及班级工作的情况和计划，虚心听取家长的意见和建议，共同研究教育学生的措施和办法。此外，家访时，教师要重视家长的意见和建议，对家长的正确意见和建议要完整记录，做好整理。对家长因不了解学校情况而提出的偏激或不正确的意见要求，应当耐心解释，宣传有关政策、规定，取得家长的理解和支持。

家访中，教师可从以下几个方面向家长进行询问：

(1) 学业指导

- 孩子在家的学习状态如何？
- 孩子在家写作业、读课外书的时长是如何分配的？
- 您认为家庭有哪些因素会对孩子专注学习产生干扰？
- 孩子在学习上态度的突变是什么时候开始的？
- 你认为孩子在学习上态度的突变可能的原因是什么？
- 当孩子专注学习时，您一般会做什么？当孩子学习注意力不集中时，您会说什么？做什么？

中职阶段和初中阶段的课程性质和内容存在巨大差异，如果能够得到教师和家长的正确指导，将事半功倍。中职学生的学习指导涉及很多方面，其中，学业衔接、学习专注力、学习方法、考证焦虑等是多数家长关注的方面，是家庭教育指导需要重点关注的内容，也是需要家校合力共同解决的重点问题。

(2) 亲子沟通

- 日常生活中您一般会与孩子交流哪些话题?
- 当孩子在家时,您与孩子的沟通时长大约是多少?
- 您如何看待孩子的兴趣爱好?
- 当孩子没有达到您的要求时,您一般会说什么?
- 当孩子取得成绩时,您会说什么?
- 当孩子心情低落时,您会说什么?

进入青春期的孩子自我意识增强,希望家长把他当大人,给予充分的尊重,渴望独立和自由,而多数家长仍在沿用说教、唠叨、命令、严管等教育方式,导致越来越多的家庭出现亲子间的矛盾和冲突,孩子与家长的关系越来越紧张,越来越疏远。教师需要引导家长正确乐观看待亲子冲突、指导家长反思自身不恰当的行为、提示家长尊重和理解孩子的自主性、帮助家长与孩子有效沟通、营造好的家庭氛围。

(3) 青春期成长

- 您是否经常关注孩子的情绪变化?
- 当孩子心情有明显起伏时您一般会做什么?
- 您认为关注孩子心理健康是否能够帮助孩子更健康成长?
- 您认为有哪些方式有利于孩子心理健康发展?
- 当孩子情绪明显异常时,您是如何做的?
- 孩子的人际交往情况如何? 存在哪些明显问题?
- 孩子的个性特征是什么样的?

青春期既是生长发育的高峰期,也是心理发展的重大转折期。教师在开展家庭教育指导时,应提醒家长关注孩子的人格养成、情绪管理和人际交往,尤其是在出现异性交往过密问题时,需要家校联动,教师和家长要给予科学的引导,帮助他们顺利度过这段特殊时期,为其日后顺利步入社会奠定基础。

(五) 家庭访问后的工作

家访结束后,教师对走访情况、发现问题、解决办法、处理结果等进行思考和汇总并存档,以便后续进行系统的分析研究,加强工作的计划性和针对性。

要验证家访是否达到了目的,可以通过观察学生的反应和表现获悉。

第一,请家长及时反馈家访后学生在家里的表现情况。家访后,家长采取了哪些教育措施,学生因此而有了多少改变,都应在一段时间后反馈回来。以便班主任据此采取相应的教育方法,来更好地教育学生。这项工作是检查家访目的是否达到的重要手段。

第二,将家访后学生在校的表现情况及时反馈给家长。通过家访,学生在学校的表现比以往是否有了进步,在一段时间内都应有所反映。班主任应及时将这些情况反馈给家长,以便双方能够更好地协调合作,共同达到教育学生的目的。

(六) 问题家庭的处理

在家访中,教师如果发现学生家庭存在问题,首先应区别问题性质,是突发问题还是由来已久的问题;其次应判断问题能否当场解决。对于突发且当场能处理的问题,可以提供解决问题的建议;对于当场不能解决或者由来已久的问题,可以先行记录,后续再逐步解决。

对于在家访过程中遇到的问题,如果不是班主任能力范围内可以解决的,需要及时向学校上级相关部门汇报,请求指导和介入。班主任在后续工作中持续跟进处理。下面列举几种常见的问题家庭类型及处理方式供参考:

1. 家庭经济条件特别困难

教师结合学生家庭具体情况判断该生是否符合国家资助申请要求,对于情况困难但不符合资助条件的,协助申请校内补助、帮助联系校内勤工俭学机会。

2. 离异、重组家庭中孩子的监护问题

教师明确孩子的监护权归属方,压实家庭和监护人的监护责任。对于学生监护权不明的,请求当地居委、街道办事处等支持和帮助。

3. 家长有家暴倾向或行为

家访中,教师先单独与家长沟通,并引导家长认识到暴力教育对孩子和亲子关系的伤害,同时让家长认识到家庭暴力或虐待是违法行为。再单独和学生沟通,安抚学生的情绪,了解更多关于家庭暴力行为的信息。家访后,教师应及时向学校汇报情况,请求心理老师或学生科的介入,并求得当地居委、街道的协助。若家暴情况严重的,及时向司法部门寻求帮助以保护学生生命健康权。

4. 学生存在严重心理问题

家访中,教师根据家长提供的信息深入了解学生的心理状况,及时上报学校有关部门,也可寻求学校心理老师的帮助,对学生和家长进行适度心理干预。若心理问题情况严重的,应劝说家长及时送医,由专业人员介入治疗。

【案例分析】

给孩子有温度的爱

小陈是外地来沪子女,他以外地农民工子女的身份进入上海的初中,后因为父母工作的不断转换,多次转学,最后进入了中职学校就读。小陈平时拖沓懒散、脾气倔强、性格孤傲,一有不顺心,就大发脾气或以破坏公物来发泄自己的不满情绪。有厌学表现,上课睡觉、不完成作业等情况时有发生。

某节专业课上,当老师站上讲台准备上课,班长叫起立时,他继续趴在桌子上睡觉。同学提醒他,他还是低着头,手撑着课桌,脚踩在椅子的横档上。而当同学继续提醒他时,他出人意料地大吼大骂起来,脚踹倒了椅子。看到这个情景,老师立刻大声制止他破坏公物的行为。他用眼睛瞟了一眼老师,然后说:"我就这样,怎么着?"还大声地指责老师对他讲话声音大,并歇斯底里地说出一些不堪入耳的话。

某次数学课上,老师批评他上课讲话,擅自换座位。他心里很不开心,直接在课堂上骂老师,甚至对老师有粗鲁的行为。

某个周一早晨,宿管老师到我办公室告状,强烈要求小陈的家长来学校处理与教育他,并决定中止他的住宿。原因是晚上熄灯后他还在大声喧闹,还与宿管老师吵架。我了解详情后,一方面教育他要学会遵守学校宿管科规章制度,学会尊重人,并向宿管老师道歉;同时,由于宿管老师也有疏于管理之处,我和宿管老师协商沟通,决定给予小陈一个悔改的机会。

为了进一步解决小陈在学习态度、行为规范、与人交往等方面的问题,我决定联系其家长上门家访了解情况,挖掘小陈不良行为背后的深层原因。约定家访的过程,超乎预料的顺畅。微信联络时,没等我完全说明来意,小陈的母亲已经急切地表示孩子的问题确实很多,但有些事情暂时不方便和他当面说,希望可以找个机会约到外面聊聊。看来,我们的"忧虑"是对上号了,问题的症结也即将浮出水面。

1. 家访沟通 多维解析

周末,我来到小陈家中与小陈妈妈会面,小陈因事不在家。因为发自"爱"之初心,我们有着最为同步的共同语言——小陈,更有着一个明确的共同目标——为了小陈的一切。小陈妈妈告诉我小陈成长在一个离异家庭,父亲是老板,平时对他不管不问,只负责提供他充裕的经济支持,而她主要负责照顾他的生活起居。由于父母很早就分开生活,小陈妈妈的内心一直都有亏欠感,她坦言自己没有给小陈一个完整的家,生怕小陈有失落感,所以倍加宠爱庇护他,对他的要求也仅是不要惹是生非,不要触犯法律,能太太平平毕业就行。这致使他养成了懒散、凡事以自我为中心的毛病,"小事天天有、违纪三六九",对老师的教育、关心也产生反感,对学校的校纪校规很漠视，对班级环境形成抵触，内心非常霸道，产生了厌学表现，并严重影响到自己的学习和人格的正常发展。

根据小陈的具体表现，我和小陈妈妈共同分析小陈不良行为背后的多种原因，小陈是外地来沪子女，周围的环境随父母迁移一直在改变，因没有户籍资格不能通过中考考入高中就读，无意中对自己降低了要求。这对他厌学态度、不良行为习惯的形成也产生一定影响。因家庭疏于管教，仅仅提供了物质基础，却缺乏真实的关心和爱，他时常混迹于网吧、游戏厅等场所，并在此过程中结识了一些社会上的"小混混"。久而久之，形成了他唯我独尊、玩世不恭、蛮不讲理的个性，容不下任何人的批评教育。通过认真分析，小陈妈妈认识到自己的教育观念和方法都存在很大的问题，现在的小陈"三观"正在偏离，他犹如一只离群的孤雁，严重脱离了班级群体发展的轨迹。

2. 转变家长观念，增强责任意识

基于小陈目前的情况，我向家长提出期望：一是转变育人观念和态度，让家长了解孩子的成长不是一蹴而就的，需要有足够的耐心恒心，要舍得在孩子身上花时间，懂得如何陪伴孩子的成长；二是改变教育方法，使家长懂得要"投资"孩子的教育，物质给予要适度，更重要的是精神鼓励与陪伴，给予孩子有温度的爱。小陈的家长感触颇深，表示愿意配合学校共同教育好孩子，相信自己的孩子一定会有转变。我深刻感受到在孩子的教育问题上，和家长达成教育共识，是有效开展家庭教育的前提和保障。

3. 开展家庭教育指导，改善孩子成长环境

鉴于小陈的家庭实际情况和家长的教育能力，我和小陈妈妈共同规划家庭教育指导方案，提出了具体可行的举措：一是建议并推荐家长阅读一些教育孩子的相关书籍，以便更快转变育人理念和方法，提高自身教育水平；二是要求家长创设温馨、和谐的良好家庭环境，主动和孩子交朋友，抽时间多和孩子聊天、谈心，多了解孩子的想法，以亲情沐浴、感化孩子，逐渐消除孩子的对立情绪；三是把握育人技巧，要多鼓励、表扬，少批评、责骂，合理对待孩子的需求，要懂得孩子的成长规律，不过度溺爱孩子，保持自己的原则；四是加强和学校、教师的联系，共同形成育人合力。为此，专门为小陈建立了家校沟通手册，并要求家长经常主动和班主任及其他教师保持联系，及时处理、化解孩子成长中的各种问题。

4. 后续措施跟进，挖掘孩子闪光点

虽然小陈身上仍然存在着诸多缺点，但也有很多优点。比如，他对篮球很感兴趣，我便推荐他做班级篮球队队长。起初，他干得不是很自在，时不时也会犯些小

错误。但做小队长对小陈是一个很好的约束,他想管理别人,首先自己先要做到老师的要求。久而久之,他身上的坏毛病也改掉了不少:上课不乱插话了;有捣蛋的学生闹课堂,他能够站出来协助老师管理;下课不在教室里打打闹闹,脏话也很少从他口中冒出了。当他表现出色时,我也不吝啬在班级里表扬他,让他在同学们中形成一定的威信。在他的带动下,班上几个爱捣蛋的男生都到了篮球队训练,上课违纪的次数也少了。在我的鼓励下,他们积极参加校级篮球队选拔,小陈成为了校篮球队的成员之一。

通过与家庭的及时、有效沟通与指导,家长的教育方式和亲子关系都有了很大改善,孩子在家庭的生存环境得到了优化。在学校、家庭的积极引导下,小陈的逆反心理已逐渐消除,他和同学、老师的紧张关系也得到了很大程度的缓解。最可喜的一个变化是,当他做错了事能主动承认,晚上不通宵玩游戏了,作业也能按时交了,学习成绩有所提高,甚至能够协助班主任管理一些"问题生"。

【点评】

班主任在面对离异单亲家长时,首先要建立良好的家校合作关系,理解家长的苦处。在良好的相互信任的基础上,给无助的家长支招。在这个案例中,班主任首先密切关注到了小陈的家庭生存状况,并在深入了解的基础上及时干预,引导家长共同分析小陈不当行为背后的原因,并针对性地开展家庭教育指导与帮助,纠正家长的教育观念,提高家长的教育意识和能力,使学生感受到来自家长和老师的关爱、尊重和期待,并"心服口服"地认识到自己的问题所在,且愿意接受老师、家长和同伴的教育与帮助。

(七) 家庭访问应注意的问题

在家访的过程中,教师需要注意如下事项:
- 注意把握家访时间,不要过长或过短。
- 始终围绕家访提纲沟通交流,完成访谈即可结束。
- 家访过程中做到目的明确,任务明了,方法各异。
- 随时将有价值的信息记录下来。
- 对家长一视同仁,不能因对学生的不满而迁怒于家长,不得接受家长的礼物或红包,不留下吃饭。
- 避免告状式家访,要全面评价学生,保持委婉和适度,尽量多表扬其优点和进步点,不能兴师问罪。

- 认真倾听学生、家长的表达,不随意打断对方,并及时做出回应。
- 家访时,应注意穿着得体,举止亲切、稳重、有礼貌。

【案例分享】

一次打赌引发的风波

航航是个内向又敏感的男生,安徽人。小时候留守在家,初中后随父母来到上海,妈妈在菜场工作,爸爸搞运输,家庭条件不差。与他们一起出来打拼的还有几家亲戚,大家相处得还算和谐。航航的学习成绩一直不太好,父母对他的学习要求不高,2018年,他以随迁子女的身份进入了我们学校的汽修专业。观察一段时间后发现,航航的性格偏内向,较敏感。他与同学们相处很在乎大家对他的看法,却总是找不到与别人交流的合适方式,在班级里显得比较孤单。

那是二年级第一学期,开学已有两个月,这期间航航的情绪一直不是很稳定,行为有些情绪化。10月下旬的一天,航航没有来上课,于是我就打电话联系他的家长,结果他的家长告诉我说航航不想读书了,现在打算回安徽打工。我当时就很奇怪,如果他真的想工作,为什么不留在上海工作,而是选择回到家乡去呢?是不是和父母之间存在什么矛盾呢?

带着这些问题,我与航航的父母取得了联系。

1. 多方沟通,初步诊断

我先和航航的爸爸取得了电话联系,但航航爸爸表示家长并没有和孩子产生特别大的冲突或矛盾,自己也不清楚航航到底怎么想的。当我再次找到航航询问原因时,他给我的退学理由就是觉得读书没有什么用,就算毕业了,工资也高不到哪里去,他现在出去也差不多可以挣到这么多的钱。但是这个理由并不充分:其一,他家里经济条件不差,并不缺钱;其二,他的年龄在班级里是偏小的,成绩不太好也不至于出问题;其三,他的父母也并不反对他读书。显然,这些理由不太可能是他产生退学念头的主要原因。那么问题到底出在哪里?接着,我开始回想和梳理航航从入学到现在的所有表现,希望能从中理出个头绪。我总结出几个要点:第一,航航经常在班级与同学有些小冲突,主要都是由于他的沟通方式有问题,所以几乎没有朋友。第二,前一段时间他与一个女孩子走得比较近,但后来由于别人的介入而分手。第三,开学第三周,他与同班同学打架,被同学拉开,两个人都挂了彩,学校给予他警告处分。但这三点似乎都不是他突然提出退学的原因。关于第一点,航航一直知道他与同学相处很难。进入我班后,我经常就一些事的处理方式与他交换看法,引导他考虑别人的感受,学会换位思考,学会表达善意。由于与他聊得比较多,所以我们的关系不错,他是渴望改变的,也能尝试沟通。与开学相比,他已经好了不少,加上一年的相处,同学们对他已经了解,也不会真正与他计较。关于第二、第三点,这都是已经处理过的事情,在事情发生之后,他的情绪已经恢复平静,也能在我的开导下认识自己的错误。所以,我觉得一定还有什么事情诱发了他的退学念头。面对孩子态度坚决但父母又帮不上忙的局面,作为班主任的我决定亲自家访进一步了解情况。

2. 实地家访,浮出真相

周六下午,我来到航航家,他的父母接待了我。航航在家,刚开始他就表现出退学决心很大的样子。于是我跟航航说,退学不是一件小事,要慎重,接着他一声不吭回到了自己的卧室。之后在和航航爸妈沟通的过程中,他们讲述了很多近期家里发生的琐事。我从中注意到一个细节,那就是航航爸爸前阵子跟他打了一个赌说上职校是不会有出息的,学到的知识以后也没什么大用,如果他一年能赚三万元就已经"顶到天了"。航航不服气,于是两个人就争论了几句。大人们当时并没有在意,后来也没有人再提起。但在我听来,以我对航航的了解这事可能就是他想退学的根源。航航内心敏感,爸爸的那句话,说者无心,听者有意。从航航爸爸的话语中,也不难听出他对职业教育是存在一定偏见的。他坦言自从孩子进了中职学校,最怕别人问起孩子在哪上学,总觉得自己丢了面子。这样一来,很有可能让航航对学习失去信心和兴趣而急于想去赚钱,但又不想把真实想法告诉家长和老师。既然发现了疑点,就必须确诊清楚。于是,我让航航家长把航航叫了出来,当我提起与他爸打赌的事时,他的反应明显强烈很多,脱口而出上职业学校等同于没出息了,倒不如早点打工多挣点钱,证明给父母看。他的话语让我感受到了航航家人们对职业学校的错误认知深深影响了航航的学习观和金钱观,让处在青春期的航航觉得读职业院校没有出路,现在的社会,赚不来钱,就永远没有地位。

3. 改变观念,树立自信

退学的本质原因终于浮出水面,我必须趁热打铁改变航航及其家人们对于职业教育的错误认知。首先我结合国家政策讲述这几年来国家大力发展职业教育,高度重视技能型人才,引导他们将眼光放远,从孩子长远发展的高度考虑问题,不要轻言放弃。其次,我讲起本专业众多品学兼优的学生案例,他们在中职学校能迅速调整心态,找到自己的发展方向,有的参加三校生考试顺利进入大专院校,有的锤炼自身综合实力,获得各类赛事奖项,学业和就业的前景照样光明无限。再次,我用手机里的照片和视频与家长们分享我校举行的丰富多彩的活动和日常师生趣事激发他们对于学校生活的向往和认可。随着话题的逐步深入,航航及其父母的思想观念逐渐转变,我向航航家长们分析这件事情背后的问题:家长的说法做法对孩子的影响以及青春期的孩子该怎么相处。我提醒他们家长误以为用激将法能够激发孩子的斗志,而实际作用往往背道而驰,孩子的潜能不但没有被激发,反而自尊心受挫,继而选择更加极端的方式处理问题,今后的相处中,家长们要多鼓励多赞美多发现航航身上的闪光点,帮助孩子树立自信。分享过后,航航的心结逐渐打开,航航家长们也明白了和孩子好好沟通的重要性。

这次家访后的当天晚上,航航打来电话说想明天来学校上课。我告诉他:"航航,快回来吧,大家都等着你呢!"他回答我说:"我爸妈都说老师好,让我跟着老师!"

第二天,航航果真如期出现在了他的座位上。现在二年级快要结束了,他们面临顶岗实习。航航告诉我随迁子女可以参加三校生考试,他想拼一下。我真的很替他高兴,鼓励他有了目标就努力追求,不轻言放弃。如果在学校里再过段时间,经老师的引导,再加上学历提高,他会走向成熟,这对他将来的发展会有很大的帮助。希望他明年高考顺利,无论他考上什么学校,对他来说都是成功的一步。

【点评】

长期以来,由于社会大众认识存在误解和偏差,导致家长和学生看低职业教育。但随着经济迅速发展,市场需求技术型人才不仅供不应求,甚至存在很大的缺口,职业教育已经成为广大青年打开通往成功成才大门的重要途径,肩负着培养多样化人才、传承技术技能、促进就业创业的重要职责。中职教师有义务转变家长错误的职业认知,首先,引导学生正确树立职业观,向学生传递正向的职业价值理念,认识到任何职业都有其价值所在。其次,家长都有教育好孩子的愿望,但有时用了错误的方法导致结果适得其反。家校双方要多配合、多沟通,形成综合力和协同力,促进学生成长成才。

二、家长会

家长会是学校与家庭面对面沟通的重要方式之一,是家长了解孩子所在学校、班级以及孩子在校情况的重要窗口,也是班主任老师有效拓宽班级管理和班风建设的重要途径。成功的家长会可以很好地促进家校之间的沟通与理解,设计、规划、组织一场让所有家长都有获得感的家长会,是教师尤其是班主任老师的基本能力之一。

(一) 家长会的作用

家长会是学校与家庭面对面沟通的重要方式之一,是家长了解子女在班级内德智体美劳各育发展情况的窗口,也是班主任有效拓宽班级管理和班风建设的重要途径。

1. 家长会是家校沟通的桥梁

家庭和学校是学生活动的两个重要场所。家长会是将学校和家长聚集在一起,共同商讨如何搭建更为有利于学生发展的教育平台。在这个平台上,一方面有信息的传递,教师向家长汇报班级发展规划、班级规章制度、教育教学活动安排、孩子在校期间的发展情况等,告知家长孩子在发展过程中面临的重点难点任务和存在的问题,同时,家长也有义务告知教师孩子在家庭的具体情况。另一方面也是家校双方关于教育理念和教育方法的相互交流。

2. 家长会是家长的学习课堂

在教育的专业性和教育资源上,学校是专业的平台和资源聚集地,因此,家长可以通过学校的专业性平台来学习教育思想和方法,提高自己的教养能力,从而促进对孩子的教育效果。如一些优秀家长的家教措施就是最生动的教材,可以请优秀家长代表现身说法,供其他家长学习仿效,也可以由某一个教育专家有针对性地开展家庭教育的相关讲座。

3. 家长会是阐明、宣传有关政策的渠道

教师要多与家长沟通教育方针、政策、学校制度,汇报学校教育教学现状,主动展示班级主题活动、学习成果等,增加了解,增进理解,消除隔阂、误会。切实提高家长的主人翁意识,并欢迎家长对学校发展提出建设性的建议。

(二) 家长会的召开时机

1. 新生入学

学生来到一所新学校,开始一个新学段,学生及家长对新学校有着很多憧憬,也有很多需要了解的地方,一般建议一年级的首次家长会在报到日当天召开。

新生家长会建议分为两个阶段进行。

第一阶段是学校层面的全校新生家长会,由校领导亲自主持。在家长会上校领导应向家长介绍学校的校史,通报学校的办学理念、教育特色、培养目标、管理方

式、师资情况等,并对家校合作提出指导性的建议。

第二阶段由各班级班主任组织召开家长会,班主任向家长介绍专业基本概况、班级任课教师、学校规章制度、班级工作的初步设想等。通过情况介绍,缩短学校与家长的距离、缩短学生的适应期,有效开展个性化教育。

2. 考试前后

目前,中职学校一般每学期会安排一至两次集体的家长会,时间一般安排在期中或期末考试前或结束后。

考试前的家长会有助于教师介绍半学期的学习要点和要求,引导家长督促学生进行阶段性总结,为期中(或期末)考试做好准备。

考试后的家长会有助于班主任总结前半学期的教育教学工作,与家长共同制定下一步的班级管理计划和对学生个体的教育计划。

家长会上,班主任除了向家长告知期中(或期末)考试成绩之外,还应通过家长会对学生前半学期五育发展情况、行规表现、整体学习情况、存在的问题等与家长进行沟通,也可邀请主要任课教师参与其中,由任课教师深度分析专业课程学习中的重点难点内容和目前学生的学习情况。

3. 实训、实习前

中职学校一般会有半年到一年的时间安排学生到企业进行见习、实践或者顶岗实习。这是中职学生了解社会、熟悉行业、提升技能的最佳机会。

在学生进入企业之前,学校应召开家长会,介绍企业情况、岗位要求、工作职责、规章制度。这样一方面可以让家长感受到学校实习安排工作的规范性,同时也可以指导家长在学生实训、实习过程中给予正确的指导和引导。更重要的是,通过家长会,要让家长在家中的教育目标和方式与学校保持一致,避免因家长不恰当的引导导致学生在实训实习过程中出现问题。

4. 毕业升学就业前

在学生毕业升学就业前,学校应召开家长会介绍情况、宣介政策、提出要求、进行引导。

学校可以提供具体的就业实习推荐单位等供家长们参考,让实习的同学们做好提前准备。此外,在促进毕业生高质量就业的同时,针对学生升学的愿望,通过每年3月份自主招生考试、5月份"三校生"高考、五年制"3+2"职业教育、技能尖子生保送等形式,为学生提供多渠道的教育教学和升学服务。

通过家长会,使学生和家长对不同途径有更深一步的了解,为他们做出下一步决策提供指导,并与家长建立长效沟通机制,就学生的后续发展问题与家长保持交流。

5. 发生重大事件后

如果发生与学生安全和健康成长有关的重大社会事件或公共安全事件,根据事件造成的影响大小,学校可以酌情召开家长会。

这里所说的社会重大事件指的是诸如暴徒袭击校园、校园欺凌或暴力事件等,公共安全事件指的是诸如流行病大规模扩散、食物中毒、疫情暴发等。在上述事件出现后,可能会在学生群体内造成恐慌甚至危害学生健康。

如果事件影响较大、涉及面较广,学校可以召开针对性的家长会,具体说明事件发生的始末及后续处理方案及结果,安抚好家长和学生。同时,学校可以与家长共同商讨方案,家校联合培养孩子的安全意识、自我保护能力和应对突发事件的能力。

如当新冠疫情暴发后,学校应当以疫情防控为主题召开线上家长会,明确各自的职责,切实做好安全教育,保证学生生命安全。

(三) 家长会的形式和要求

1. 基本形式

(1) 情况通报式

情况通报式家长会的目的是让家长和学生了解学校、了解班级,从而悦纳学校、悦纳班级,主动调整自己的认识和行为,积极适应学校和班级的要求。学校可以宣讲学校的办学理念,学校的育人成效,讲述学校对家长和学生的基本要求;教师可以向家长和学生介绍自己,建立起相互信任的关系,介绍班级整体规划,回应家长及学生的问题。这类家长会也可以选择在期中或期末阶段召开,班主任通报一学期以来教育教学活动开展的情况、学生取得的成绩、面临的问题、班级突发事件处理等。情况通报式家长会形式简单,但对班主任的要求很高,必须提早规划。

(2) 成果展示式

在学生成长过程中,需要教师和家长能以理性的目光来欣赏学生、赞美孩子,发现其闪光点和点滴进步,这样既有利于教育者思考教育方法,也有利于家长和学生树立信心,相互沟通。因此,教师可以安排学生代表发言汇报学习成果,也可以将前期开展活动时学生获奖的成果以展览或视频的形式进行展出,布置好学生优秀作业、手工作品、文明风采获奖作品等展览品,让家长参观。这样的家长会,能够使家长进一步了解自己的孩子,密切家校之间的联系。

(3) 专家讲座式

在有条件的情况下,可就学生入学后某个阶段或共性问题,请专家作报告并现场答疑,围绕家长关心的或疑惑的教育问题举行报告会,在报告中还可以穿插家长的提问,以最终转变家长的教育理念,提高家长的教育水平。在聘请专家前,班主任需要调查了解家长最为关心的问题,然后根据问题确定适合的主讲人。

(4) 交流分享式

交流分享式家长会重在教师与家长、家长与家长之间的互动和分享。班主任老师可把社会生活中的一些有关教育方面的热点问题及较敏感的教育现象等,或者从学生的问题或家长的需求出发,围绕家长共同关心的教育问题,每期确定一个主题,引导家长共同讨论,分享心得体会,形成共鸣和共振。在此基础上,班主任可以提出自己的建议,还可以邀请部分教育成功的家长介绍他们的做法等。由于选择的主题都是家长感兴趣的,家长参与的积极性也会很高。

(5) 分类家长座谈会

随着社会飞速发展,当前的家庭情况比较复杂,一个自然班有不同类型的家庭情况。传统的把所有家长都召集在一起的家长会很难满足各类家长的个性需求。所以,家长会可以针对不同家庭分类、分组召开,召集具有相似需求的家长在一起开几个小型的家长会,这样分组召开更有利于解决家长的实际问题。

2. 总体要求

(1) 目标明确,突出主题

开家长会首先要明确家长会的主题。下面列举一些家长会的主题,供参考。

● 以促进家校沟通为主题,让家长了解学校校风、班级班风

以家校沟通为主题的家长会,学校可以通过会场集中或多媒体投放等方式介绍学校的教育理念与办学思路,以及学校的一些重要工作和与学生密切相关的管理要求和安排等。班主任则可以阐述自己的工作思路、班级管理目标,介绍班级常规事项,例如班级活动、班级管理、学生成就、家长支持等,以达到家长对学校办学理念的理解与认同,以及对班主任的信任与支持。

● 以促进亲子交流为主题,让家长了解孩子在校的各方面情况

以亲子交流为主题的家长会上,班主任可以反映学生的进步以及存在的问题。也可以安排学生介绍班级情况和自身的成长进步情况,可以设计一些亲子互动的活动,让家长感受到孩子在学校和在家里的不同,发现孩子更多的优点,也可以借家长会这一特殊的场合,与孩子进行对话,或者合作完成一些任务。这样既有利于亲子间更为深入的了解,也有利于促进家长对学校、对班主任老师的

肯定与认同。

- 以专业介绍为主题，让家长了解专业教学情况

班主任可以邀请专业学科教师参加家长会，请各专业教师从专业培养目标、课程设置、发展前景、就业方向等内容展开介绍，以及专业成长中的重要事项，让家长能够及时了解目前的学习阶段以及如何配合教师，抓住学习的重点、难点，共同促进孩子的学业。

- 以家庭教育指导为主题，提升家长的家庭教育观念与意识

班主任可以提前根据班级家长的实际需求，如亲子沟通、正面管教等问题，由自己或学校邀请专家，为家长开设相关家庭教育主题的讲座。也可以邀请家庭教育咨询师，为家长提供具有针对性的问题诊断与指导。

（2）精心准备，周密设计

家长会前教师要精心备课，以保证会议的高效。

- 家长会前要告知家长做好准备工作

首先，提醒家长要准时到校，准备好记录本和笔，将手机调至静音模式，认真听讲、记录。结合家庭、孩子的成长实际，做重点记录，以便会后反思。对需要发言的家长，要单独交流。

- 家长会前教师自身要做好充分的准备工作

① 明确家长会的目的、任务。可以通过家长调查问卷，在家长群体中广泛收集他们普遍关心的热点问题。根据发现的问题，确定家长会的形式和主题。

② 做好环境准备。设计并落实欢迎标语，与主题相关的黑板报、墙面的文化展板、班级活动风采、班级目标、考评机制、学生作品展示等。

③ 确定家长会主持人。若由学生主持，则需要提前指导他们撰写主持稿并主持会议。有需要发言的学生，要事先安排好，让学生代表准备发言内容。

④ 协调科任教师参与。提前安排并与科任教师讨论，确定会上需要告知家长的学生学习情况。

⑤ 通知家长代表做准备。若有需要，提前组织家长代表做好交流发言的准备。

⑥ 发放"家长会通知书"。通知要注明会议内容、开会时间和地点，如有需要可以将通知书改为邀请函。

⑦ 设计"家长会说明书"。家长会说明书用于让家长了解家长会的目的、意义、用途、流程等。

【案例分享】

"家长会说明书"
——《您将受邀出席家长会》

◆ 家长会是怎么回事？

家长会是我们与您共同合作教育您孩子的途径之一。我们将探讨您孩子成长中的问题，并通过您更多地了解您的孩子。学生报告卡、评语等虽然有其长处，但是家长会的作用更大，因为我们可以有机会当面探讨您孩子的成长问题。

◆ 参加家长会之前，您可以做哪些准备？

● 为了让教师更好地了解您的孩子，列出您要告诉教师的有关您的孩子的事情。例如：

- 生理或健康问题
- 兴趣爱好
- 对学校、专业、教师等的评价
- 在家里的学习、生活习惯
- 在家里的手机、电脑使用习惯
- 家庭结构、亲子关系、沟通方式
- 在校外参加哪些活动

◆ 一般家长会的流程？

家长会分集体会议和个别交流两部分：

● 集体会议：

集体会议通常由家长、教师、校长共同参与，一般先由校级领导简要地传递校级层面的重要信息，然后由各班班主任继续组织开展，形式内容自定。集体会议不谈论个别学生的问题，在个别交流期间会有充分的时间探讨个别学生的问题。

● 个别交流：

在个别交流时间，结合您的具体需求，我们可以谈论您的孩子在德智体美劳各方面的发展情况：

- 思想品德课学习情况及日常品德表现
- 文化课、专业课学习情况
- 体育、美育学习及发展情况
- 学习态度、学习能力
- 学习上强项、弱项及可能原因
- 专业等级考证事宜

我们还将谈论您孩子的社会性成长情况：
- 他（她）和其他同学相处的情况
- 他（她）对自己的看法
- 参加学校、班级活动的行为表现
- 劳动和公益活动情况

  ……

◆ 家长会之后您会有什么收获？您还需要做什么？
● 您的收获：
- 专业发展前景、就业升学渠道及具体办法
- 政策、规章制度、保障措施
- 专业课程及学习情况
- 校园活动、社会实践、志愿服务、评优评奖、劳动习惯
- 优势与缺点、特别的能力及当前的表现

  ……

● 您需要做的事：
- 做成长型、学习型家长，为孩子树立榜样作用，提升教养水平。
- 根据实际情况，调整教养孩子的方式，构建良好的亲子关系。如对孩子手机使用做出新的规定、对孩子在某方面的进步给予专门的奖励等。
- 您的孩子如果很想了解家长会的情况，这是正常的。先让他（她）消除对于家长会的焦虑，要保持正面引导，告诉他（她）在家长会上的主要内容。

◆ 开家长会的根本益处是什么？
● 家长可以获得对孩子的新认识，并能得到一些帮助孩子更好地学习的理念与主张
● 教师能更好地理解每个孩子，并能更好地满足每个孩子的成长需要
● 您的孩子将获得更多、更好的个别化教育

我们期待着与您在家长会上见面！

【点评】

　　家长会是学校、家庭沟通思想、交换信息的场合，是教师、家长培育互信、共商教育对策的时机。为了让家长更加理解和认识家长会的重要意义，班主任可以事先给家长设计"家长会说明书"。"家长会说明书"一般是新生入学时就派发给学生带回家的小册子，其具体的标题灵活多样，如《家长会为何重要？》《欢迎参加家长

会》《家长会,你知多少?》《你将受邀出席家长会》等,说明书中常常配有生动、诙谐的漫画插图。

(3) 教师主导,家长主体

大多数情况下,教师需要主动发起与家长之间的交流,家长会一般也是由教师主导。但在家长会的安排上,教师要时刻考虑家长的参与度,要把家长放在主体的位置,给家长话语权。家长会不能只是教师唱"独角戏",而应该是教师、家长、学生共同参与,充分沟通。

(4) 会后交流,拓展延伸

为了学生的全面发展,家校联系还应该延伸到家长会后学生的学习、生活当中去,延伸到后续教育教学工作的点点滴滴中去。

家长会上,家长提出的有益建议,教师需向学校和相关部门汇报,并进行相应的改进;家长提出的问题或意见,教师也应及时处理后进行反馈和回应。

教师向家长提出的建议和要求,会后也应寻找时机,再次与家长沟通,督促家长用更科学有效的方法进行家庭教育。

【案例分享】

一场别开生面的家长会

学校教育、家庭教育、社会教育构成当今教育的三部曲,尤其是学校与家庭,承担着对孩子的直接教育责任,如果不同步,受伤的一定是孩子!在我们这样的农村中职校里,许多家长因孩子没考上高中而失去了对孩子的期望,把孩子送进职校,主观上就是让学校帮忙看两年,完全没有了中小学时期对孩子教育的热情与主动性。这样不但加重了中职校的教育难度,而且在教育中也失去了最好的合作者。因此,如何唤醒家长教育的主动性成了学校指导家庭教育的重要课题。

孩子是一个家庭的未来,从幼儿园开始,父母就怀着希望积极参加每次家长会。可当孩子进入了中职校,这份热情就随着失望消失殆尽了。中考的重挫不仅影响了我们的学生,也深入了家长的内心。这时期,有的家长因失望感情上对孩子冷淡,也有的孩子和家长产生了心理隔阂,亲子关系大都比较淡漠、紧张。家长与孩子之间的关系在这样的状态下,怎能很好地与学校形成教育合力?每次家长会有许多家长请假,即使到会的家长大多也是按惯例听听学校的情况介绍就回去了,参与的积极性不高。其实,那些请假的家长不是真的走不开,是他们对家长会已没了热情,对孩子也没了过多的期望。特别是我们学校数控部搬迁到了长兴校区,交通的不便利更是让家长没了参与的意愿。这样的现状,给"家校共育"增添了难度。针对以上现实情况和问题,我校数控专业部改变了家长会以开会汇报与介绍的模式,选择以学生展示为主。家长会上不但有学生全面的展示,还有优秀家长的评选,搭建了情感沟通的桥梁,为学生和家长提供了树立信心和捡拾希望的契机,为我校家庭教育指导指明了方向。

通过家长会给学生搭建一个向家长证明自己的平台,也给家长提供了一个发现孩子闪光点的机会。让学生在成绩与展示中获得自信,让孩子的闪光点引燃家长对孩子的认可和期望,从而更主动地参与到"家校共育"队伍中来。

(一)充分发掘学生的闪光点,做好展示准备工作

1. 收集学生的各项荣誉、活动照片

对于孩子在校的情况,家长从班主任的介绍中感知到的只有成绩的高低、态度的好坏,对于具体情形都不甚了解。因此,我们收集了所有在校学生的荣誉和成绩,以及将许多活动照片制成展板和手册,让家长从具体的材料中了解孩子在校的学习和生活情况。

2. 制作"星光训练"学生展板

能够参加"星光计划大赛"的学生都是技能高手。把他们的事迹制成展板,一是扩大宣传效果;二是让参赛学生和家长感到荣耀;三是让他们的事迹起到模范引领作用。

3. 排练家长会节目

为了能让学生有更多展示的机会,结合家长会的主题。安排了"璀璨星光""感恩父母"等文艺节目,让学生有多方面的展示。

4. 各班安排参观路线和讲解员

2018、2019级家长按顺时针参观,2020级家长按逆时针参观。各班可分几组由学生负责带领家长参观讲解,一是为了锻炼学生的沟通和组织能力,二是让家长看到学生的优点。

5. 学生和家长各自准备一封信

要求所有学生给家长写一封信,谈谈自己的想法;发动家长给孩子写一封题为"孩子我想对你说……"的回信,以此促进家长和孩子的情感沟通。

6. 收集家长学习资料

每个班主任根据班级存在的问题以及家长的困惑提供家长学习的资料,专业部负责筛选后编制成学习手册。这些资料有不同的角度,更贴近实际问题,有较高的借鉴性和学习性。

7. 开展优秀家长的评选

各班开展优秀家长的评选。由学生自荐,并说出自荐的理由。评选的过程是一个认识、了解家长的过程,同时也是一个感恩的教育。

(二) 用孩子们的闪光点引燃家长内心的期望

会前家长参观荣誉栏和"星光"展板,会议厅播放专业部学生风采视频。会议由两名学生主持。会议开始,本次家长会的意义是:让家长看到孩子的成绩与成长,看到孩子身上的闪光点。会议议程除了校领导致辞、专业部领导讲话外,还设置了为优秀家长颁发奖状的环节,并请优秀家长代表讲讲教育经验,让家长也有展示的空间,让家长感受孩子带给他们的荣耀,同时也起到示范引领作用。学生代表剖析现状,明确目标,感恩父母,让家长听到孩子们的心声。接着安排了专家指导,魏超波老师的《家长要善于发现孩子的优势》的演讲,贴合家长会的主题,引导家长发现孩子的优势,树立信心。紧接着的学生的才艺表演,让家长看到了孩子不一样的一面,他们在舞台上的自信与光芒让许多家长发出了感叹。最后是感恩父母的环节。孩子们向父母一鞠躬,说一声"辛苦了",互送一封信,一个拥抱让冷淡与紧张的亲子关系拉近了距离。

集体会议结束后,安排学生带领家长参观校园、餐厅、寝室,最后是实训车间。家长在车间看到了孩子们熟练地操控着机床,将一个个零件加工得如此精细,都激动不已,久久不愿离去。原本他们眼中不听话、学习不好的孩子原来还有这么多他们不知道的一面,还有这么多优点,学会了这么多的技能。在成绩和展示面前,家长们的眼里再次燃起了对孩子的期待。

【点评】

很多进入中职校的孩子是在埋怨与批评声中过来的。他们虽然对老师的表扬与批评已经漠然,但内心中哪一个不想证明自己的价值呢?案例中这场别开生面的家长会给学生搭建了在家长面前展示和证明自己的舞台,激发了学生积极上进的动力,同时提高了家长的参与意识、重塑了家长教育信心。别样的家长会激发了"家校共育"的主体意识,为今后的学校教育增添了一份力。

(四) 开好家长会应注意的问题

1. 忌"一言堂"

传统的家长会是校方的"一言堂",教师一股脑讲很多内容,家长则是长时间被动听讲,会上家长基本上没有机会发表意见,实际能听进去多少是未知数。在这样的家长会上,家长主体地位得不到尊重,缺少平等的沟通和交流,难以产生共鸣。所以,班主任要营造民主和谐的气氛,不能让本应相互协调沟通的家长会变成学校或班主任"一家言"的独角戏,而应该是大家共同的交流场。

2. 忌只讲成绩,报名次

为什么很多学生一听家长会就心情紧张?为什么一些家长遇到家长会总是请假?当家长会以成绩分数名次为主题,以通知式、报告式、提要求式等形式开展时,学生和家长就会感受到巨大的压力,进而导致亲子关系紧张,长此以往,学生和家长就会对家长会产生抵触心理。因此,教师应该明确,家长会不能只是成绩通报大会,而应是德智体美劳各育发展情况的沟通交流会。家长会的主要目的是建立起学校、班级、教师与家长之间畅通交流的桥梁。

3. 忌当众批评个体,训斥家长

教师在家长会上当众点名批评学生或家长,是一种十分不妥当的教育方式,会严重伤害学生及家长的自尊心,是教师角色定位错误的表现。教师与家长是家校合作和教育孩子的两个独立主体,地位是平等的,只是责任与分工不同。教师在与家长沟通时,绝对不能凌驾于家长之上。遇到家长没有尽到家庭教育责任或对孩子采取不当教育方式时,教师可以私下与家长沟通处理,不宜在家长群里或在家长会上当众点名批评。

4. 只讲问题,不讲解决方法

每学期召开家长会的次数不多,每次都是宝贵的家校沟通和指导的机会,教师除了指出问题外,还要剖析问题,找出解决方法,比如围绕心理咨询、家教指导、学法指导等内容,通过介绍一本好书、一篇好文章、一个好故事,进行中职生心理和科学家教的培训活动,让家长了解孩子的心理发展特点和心理需求,让家长认识到自身的发展与子女的成才一样重要,要努力与孩子一起成长。

三、个别家庭教育指导

当教师发现学生或家长表现背后的家庭教育问题不具有普遍性,或者牵涉到家庭隐私时,可以采用个别家庭教育指导的方式开展工作。

(一) 个别家庭教育指导的意义

个别家庭教育指导是一种更直接、更快捷、更有效的指导方式,它是以家长为对象,通过互动、合作、探讨,帮助家长成为自身问题的发现者、探索者和解决者,进而为学生的健康成长提供必要条件。

1. 体现主体性原则

《全国家庭教育指导大纲》中明确提出：家庭教育指导应坚持家长主体原则，强调"指导者应确立为家长服务的观念，了解不同类型家庭之家长需求，尊重家长愿望，调动家长参与的积极性，重视发挥父母双方在指导过程中的主体作用和影响"。

个别家庭教育指导强调教师对某一个家庭的、个性化的具体问题进行针对性的指导与帮助，更能够触及家长的内心，促发他们的主体意识，激发他们面对问题、解决问题的积极性和行动力。

2. 聚焦个别化现象

基于矛盾的特殊性原理，对待家庭教育问题，要坚持具体问题具体分析。世界上没有两片相同的叶子，每个家庭呈现出的现状背后都有着不同的故事，每一个孩子成长过程中也都会发生不同的经历和内在感受。

一把钥匙开一把锁，个别化家庭教育指导能够深入挖掘学生情绪与行为问题的背后缘由，真正了解其家庭教育的真实情况，针对其个别需求，对症下药。

3. 解决突出性问题

中职学生当中，常会有一些突发的、突出的情绪和行为问题，其中有些是由于个体感受到的生涯压力或人际冲突造成的，需要教师进行针对性的指导，而家庭是学生最重要的支持系统，也是学校教育的有效助力；还有一些问题是由于家庭教育不当或家庭内部矛盾导致的，这就更需要家庭共同参与解决问题。

个别家庭教育指导可以更直接地提升家庭的支持和参与的力度，更有效地解决学生的突出问题。

4. 促进合作式关系

家庭教育指导的目标是实现"家校合育"，教师始终要记得，教师和家长之间是互为平等、相互尊重的，教师不是要"改造"家长，而是与家长合力一起支持和促进学生健康成长。

个别化的家庭教育指导可以拉近教师和家长之间的距离，更好地建立起信任关系，使家校合作更加密切、有效。

（二）个别家庭教育指导适用情况及指导重点

个别家庭教育指导是指导家长开展个性化家庭教育的一种途径，教师可以根据实际需要选择使用。在下述几种情况下，建议采用个别家庭教育指导。

1. 学生表现明显不同

当学生的情绪或行为表现出与平时明显的不同,如情绪低落、易怒暴躁、喜怒无常、不思饮食、学业明显退步等时,教师要引起充分的重视,在校内积极关注并安抚教育学生的同时,及时与家长取得联系,开展个别家庭教育指导。

这种情况下的指导重点在于寻找学生情绪和行为表现背后的原因,可以询问近期发生的事件,考虑是否存在青春期困扰、人际交往受挫、遭受欺凌、家庭变故、亲子矛盾等情况,再根据具体的原因,针对性地给予家长指导,为学生提供学校和家庭的共同支持。

此外,当学生出现学业的明显进步和兴致的突然提升,也应引起注意,可以通过个别家庭指导的方式与家长一起探寻学生变化的缘由,进而找到激励该学生正向成长的有效方法,同时也可以尽早发现可能存在的隐性问题。

个别家庭教育指导面向的不仅是所谓的"问题学生",也要关注"优秀生""拔尖生"的心理状态和家庭教育方式。

2. 学生发生突发状况

当学生发生失联、赌博、打架等情况时,教师必须即时与家长取得联系,并在学校以及相关部门的指导下,对学生及时进行法制安全教育。对于法制意识较为淡薄的家长和学生,必须再三强调上述情况可能造成的危害以及对学生成长发展的负面影响,引起家长的充分重视,但要规劝家长不得用暴力方式教育学生。

当学生因受骗上当、被敲诈等情况遭受人身财产损失时,教师可以指导家长前往相关机构报案或申诉,同时要给予学生充分的关心和安慰,并提醒家长避免过度指责学生。

上述情况指导重点在于帮助家长和学生正确认识社会现象,并从所经历的事件中吸取教训,通过营造宽松、安全的家庭氛围,在为学生建立安全感的同时,找到预防发生上述情况的方法,并明确突发事件的正确应对方式。

当学生遭遇公共危机事件、意外伤害、重病住院、居家疗养等情况时,教师要及时给予学生关心,同时联系家长,开展个别家庭教育指导。

上述情况指导重点在于减轻家庭成员焦虑,营造温馨的家庭生活氛围,开展生命教育,指导家长正确引导学生认识疾病、珍惜生命,培养积极乐观的心态。

此外,当学生因突发事件产生应激障碍或出现自伤等极端行为时,教师需在心理老师等专业人员的配合下,对家长开展相应的家庭教育指导。

3. 学生家庭遭遇变故

当学生的家庭出现变故,如父母离异、家庭重组、亲人重病或故去、家庭经济状况出现变化、搬家、寄居等情况时，教师要做好学生情绪的安抚工作，并及时联系家长，开展个别化家庭教育指导。

这种情况下的指导重点在于提醒并协助家长安排好孩子的生活，保障孩子相对稳定的家庭环境，引导孩子正确认识婚姻、生命、社会中的各种变化和现象，培养积极健康的心态。

4. 学生家庭情况特殊

(1) 单亲或重组家庭

单亲或重组家庭在中职学生家庭当中所占的比例较高，非常态的家庭结构可能会造成孩子在学习状态、情绪情感、社会适应等方面出现问题，也比较容易引发家庭矛盾。

对这类家庭，重点在于指导家长正确处理亲子关系，营造平等和谐的家庭氛围，不过度关注、依赖或忽视自己的子女，引导孩子正确认识婚姻和家庭，培养独立意识和积极健康的心态。

(2) 多子女家庭

多子女家庭中比较容易出现的情况是父母没能给予每个孩子同等的关注和照顾，感到被"偏爱"的孩子恃宠而骄、任性跋扈，感到被"忽视"的孩子心理失衡，产生妒忌、自卑的情绪，甚至出现过激行为。

对这类家庭的指导，重点在于引导家长对自身养育方式的反省，调整"大的就要让小的"等落后的传统观念，公平对待每一个孩子，寻找解决孩子之间矛盾冲突的正确方式。同时，对于中职学生，可以逐步引导他们承担一些照顾弟弟妹妹的工作，并及时给予鼓励，培养其责任感和担当意识。

(3) "三低"家庭

这里指的是父母或养育者存在低学历、低收入、低成就的情况。很多调查表明，中职学生家庭大多数属于这一类，由于受教育水平和自身观念的局限，通常这类家庭较难给予孩子生涯发展方面的指导或成长道路上的指点。

对这类家庭的指导，重点在于对家长自身的积极鼓励，要激发家长自强发奋、自我成长的意识和勇气，展现出不自卑、不放弃的精神面貌，努力成为自己孩子的榜样，进而带动学生一起克服家庭逆境，获得成长。同时，教师可以帮助家长了解孩子所学的专业和未来职业发展方向，引导家长积极鼓励并寻找各种方式支持孩子努力学习、探索未知。

(4) "三高"家庭

这里指的是父母至少一方拥有高学历、高职位和高收入，表现出对孩子高要求、高期待以及高关注。这类家庭由于家长自身比较优秀,对孩子学业表现不佳会表现出低容忍和过度指责,极易引发亲子冲突。

对这类家庭的指导,重点在于引导家长转变教育观念、关注孩子的心理健康,谨防出现抑郁或自伤行为。

(5) 高危家庭

这里指的是家庭成员当中有家暴者、酗酒者、长期重病者、残障者、吸毒者或刑满释放人员,或功能失调濒于崩溃的家庭,高危家庭往往会损害家庭成员的身心健康。

对这类家庭的指导,除尽可能引导并提升家庭成员对孩子健康成长的关注和支持外,还需要寻求社区、政府相关部门、专业机构等社会资源的合作。

(三) 个别家庭教育指导的方式和策略

1. 个别家庭教育指导的方式

开展个别家庭教育指导的方式比较灵活,教师可根据需要选择不同的方式开展个别家庭教育指导工作。

- 电话、网络交流沟通方式较为便捷,省时省力,一般适用于简单告知、了解情况等,但受通信效果的影响,且缺少表情、动作等非语言信息的辅助,较难建立起教师与家长之间的信任关系,不利于深层沟通的达成。
- 家访或请家长到校当面个别交谈,相对比较慎重,也更能够引起家长的关注和重视。面对面的交流更有助于教师建立与家长之间的良好关系,促进家长认识问题、深入交流、商讨方法,但教师需要做更加充分的准备。
- 借助书信、成长手册、家校联系簿等进行书面交流沟通,书面交流适用于文化程度比较高的家长,也有利于家庭教育指导工作的过程记录和成效跟踪。

2. 个别家庭教育指导的策略

根据学生或家庭问题的轻重程度,教师可采用不同的策略进行指导。

(1) 直击问题,短期聚焦

如果学生出现的情绪行为异常或家庭问题是偶发的、短时的,比如青春期情感困惑、人际困扰、亲子冲突、家庭简单矛盾等,可以指导家长直击问题本身,寻找方法并引导解决。

通常,这种个别家庭教育指导策略的实施需要以下三个步骤。

第一步,教师须告知家长学生在校表现出的问题以及了解到的情况,与家长一起探寻造成的原因,商讨解决方法,提出家庭教育建议。

第二步，教师对家长开展家庭教育的过程进行了解和指导，对家长正确的言行给予鼓励和支持，提醒并修正不恰当的举动，可根据具体情况调整解决方法，或寻找更好的方式，该步骤可按需要增加次数。

第三步，教师在家庭教育活动完成一段时间后，向家长反馈学生在校表现，交流教育效果，强化家长正确的家庭教育行为，增进与家长之间的关系。

【案例分享】

抬起头，我的姑娘

新生报到的第一天，我就注意到了小怡。我接的这个班是航空专业的中高职贯通班，孩子们都是面试后进来的，成绩还可以，形象也都不错，我做自我介绍的时候，几乎所有的孩子都看着我，脸上或微笑，或淡定，眼里闪烁着新奇。但小怡除外，她全程低着头，从始至终没有让我看清她那清秀的脸庞。

家访的那天，我遇到了她的父亲，一个憨厚老实的汉子，也一直低着头，仿佛生活的压力已经让他无力抬头。这是一个低保家庭，小怡有个双胞胎妹妹，因为妹妹生下来就有先天性心脏病，耗光了家里的积蓄。初二那年，母亲熬不过这种苦一走了之，至今音讯杳无。父亲带着两个女儿生活，日子过得拮据。因为妹妹的重病，父亲将绝大多数的注意力放在了小女儿身上，对小怡的关注显得很少。进入青春期之后，这份缺失愈加明显，以至于小怡逐渐长成了一个消沉、忧郁的女孩，沉浸在自己的世界里。

我知道，要让这个姑娘抬起头，不是一件容易的事情。

我在一堂主题班会上，安排了一个同学相互送"赞美卡"的环节。小怡收到的"赞美卡"不是最多的，但在拿到同学们写给她的卡片后，抬起头看向我，脸上满是惊讶。

同学和老师给了她很多的赞美：温柔，有力量；文笔优美，每次作文都能拿高分，真令人羡慕；勤劳，和你一起做值日总是很轻松啊；自律，上课从不讲废话，行为规范分数最高的同学；你笑起来很甜啊，可是很少看到你笑……

我在活动的最后，特地请她说说参与的感受，她的眼眶湿湿的，说："我一直以为我是班级的隐形人，从来都是同学们聊得热火朝天，我自己在角落里孤独地待着，我从来不知道大家会给我写这么多优点，很多是我自己都没有发现的……"

活动结束的当天，我陪着小怡带着一堆的"赞美卡"回到了她黑魆魆的家，路上她告诉我：妈妈走的时候，她就觉得自己被抛弃了。平时在家父亲眼里只有妹妹，总是让她做这个做那个，虽然她也知道爸爸辛苦，她要多承担家里的事情，但心里还是很委屈。从小到大,爸爸从来没有表扬过她,这次能得到这么多"赞美",她真的很激动!

回到家,她很开心地把卡片拿给躺在床上的妹妹,妹妹说"姐姐,你好棒呀!这么多人喜欢你!"她的父亲看起来有些手足无措,我笑眯眯地看着这家人,又扔下一个"炸弹":"小怡是个特别优秀的孩子,而且有特长,是一个不可多得的写作好苗子,我想让她参加星光计划的演讲比赛。"小怡和爸爸同时抬起头看向我,异口同声地说"我/她行吗?"我回答:"当然,我的眼光绝对好!"

出门的时候,我请她父亲送我到楼下,跟这位憨厚的父亲说:"你的生活很辛苦、很不容易,但你的压力不应该转嫁到孩子身上。你的沉默、你的从不夸奖、你偶尔的暴躁,让这个看似温顺的孩子内心深埋着伤心和自卑,她没有了母亲的爱,又得不到父亲的肯定,就会失去面对世界的自信。"小怡父亲有些激动,他说:"她平时很乖,也不多说话,我一直以为孩子就是害羞、内向,没想到她原来有这么多心思没说出来。"于是,我便与他约定,每天抽出时间和孩子聊聊学校里发生的事情,了解孩子的观点和感受,偶尔和孩子谈谈他在工作中遇到的问题,增进彼此之间的理解和支持。

此后,这个憨厚的汉子像完成"作业"一样,通过家校反馈表定期告诉我他表扬了小怡什么,小怡跟他说了什么。同时,我能感觉到小怡的情绪在一天一天变好,抬头多了,笑容多了,和同学的交流也多了。

学期末,我邀请小怡父亲参加了学校星光大赛的初赛,看着大女儿羞怯但坚定地站到台上,抬头挺胸地发表演讲,抑制不住地热泪盈眶……

学校的支持、家庭的呵护,让小怡从一个内向、沮丧、对自己不抱希望的孩子,慢慢学会了抬起头对着众人讲话,学会了和爸爸良好沟通,最终成为了上海市"星光大赛"职业技能大赛演讲专项比赛的金牌获得者。之后,她也表现得越来越自信,成绩也越来越好!

【点评】

很多时候,亲子问题的解决只需要一个方法、一点点拨和一份坚持。当父亲懂得了呵护孩子的心理健康和内心感受的重要性,愿意并努力营造出良好的家庭氛围时,很多亲子问题就会迎刃而解。

本案例中的家长迫于生活的压力,忽视了女儿心理的成长,以为女儿的羞怯只是性格的原因,同时,因为自身的性格,没有"把爱说出口",让女儿误以为自己不够好,自卑和抑郁会严重阻碍孩子的成长。让家长学会"赞美"孩子,对中职学校的家庭教育工作来说,显得尤为重要。

(2) 长期关注,系统指导

如果学生的表现和背后存在的家庭教育问题是长期存在的,与教养方式、家庭结构、价值观念和教育能力等深层问题相关,则需要进行系统性的指导。

通常,这种个别家庭教育指导策略的重点是引导家长转变教育观念、改善教育方法,通过家长的改变带动孩子的改变,一般需要通过四个阶段完成。

第一阶段:建立关系。

要解决深层次的家庭教育问题,教师首先要建立起与家长之间相互信赖、彼此坦诚的良好人际关系。教师可以通过共情、倾听、经验分享等方法,让家长感受到尊重、理解、鼓励和支持,进而产生充分的信任感。

在这个阶段,教师需要收集信息,了解学生的家庭故事、学生的成长过程、家长的养育方式、家庭的互动模式等,分析其中可能造成学生出现问题的原因,为下阶段的工作奠定基础。

第二阶段:探讨问题。

在良好的人际关系建立之后,教师可以和家长共同探讨当前的家庭状况、教养方式与学生问题之间的关系,从为学生创设更好的成长环境出发,商讨改善方案。

教师可以通过直接沟通或分享与家庭教育有关的网络热帖、真实故事、专业书籍等方式,让家长意识到家庭教育中的问题以及对孩子造成的影响,逐步调整家长的认知观念,使其产生改变的内在动力。

在这个阶段,教师可以从学生表现出的一些小的行为问题入手,通过家校合作改善学生行为,让家长获得成就感,进而建立信心。

第三阶段:支持引导。

要改变一个家庭长期存在的教育问题,绝非易事。教师要充分了解其艰巨性和复杂性,并具备充分的耐心,坚持向家长传达科学的家庭教育观念,让家长认识到,自己才是教育孩子的第一责任人,引导家长正确认识父母言行对孩子成长的重要影响力。

在这个阶段,教师作为支持者和引导者,要帮助家长找到最适合这个家庭的问题解决方法,引导家长站在孩子的角度思考,理解孩子的心境,尊重孩子内心的想法;引导家长欣赏自己的孩子,用心发现孩子的优点,多给孩子夸奖和鼓励;引导家长学会反思自省,自我学习,积极行动,调整完善。

家长改变自己的过程可能需要比较长的时间,而且极易出现反复,教师要持续关注,及时提醒,与家长保持畅通的联系,一步步帮助家庭解决问题。

第四阶段:跟踪反馈。

家庭教育方式的改变通常能很快带来孩子的变化,教师要及时将学生精神面貌和综合表现方面的改变反馈给家长,给予家长正向的强化,推动家庭进步,促进家庭教育取得预期效果。

【案例分享】

成长不只是孩子的事

"你班里的小许又闯祸了,快去看看吧!"体育老师推开了我办公室的门,话语里是满满的无奈和同情。

小许是最让我头疼的学生,16岁的大男孩,整天像个小孩子一样,不是上蹿下跳,就是大声喧哗,没一刻消停。任课老师对他的评价是"没规矩",同学们对他的评价是"容易激动"。在平时对他的观察中,我发现,这是一个情绪起伏较大、心理年龄偏小的孩子。而且最近,小许表现出了对女同学异乎寻常的热情,常常在教室里莫名其妙地触摸女同学,在操场上追着女同学跑,甚至会有一些极不恰当的举止和行为。

在无数次的劝导教育失败之后,我汇总了来自班级女生和任课老师的"投诉",请来了小许的家长。

那天,小许的妈妈姗姗来迟,进门看到我,还没等我说话,就非常强势地表示孩子不懂事,没什么大不了的。当我告诉她,根据学校行为规范的相关要求,要对小许进行处分时,她顿时情绪崩溃,一屁股坐在了地上,一边骂一边喊:"我不接受,我这么好的孩子在你们学校背上处分,前途不是就毁了吗?"我和同事们被吓了一大跳,只能七手八脚地把她搀扶起来,不停地安抚劝说。

当时我就感觉,看到了小许长大的样子……

等她情绪稍许平复些,我找了一间空教室,和她细细地聊起了平时养育小许的点点滴滴,我发现,小许妈妈的教养方式是溺爱放纵和强势操控的混合,转换的密码就是她的情绪。当小许表现符合她预期时,对他百般溺爱,当小许不符合她的要求时,就进入"狂暴模式",甚至发生过拿着刀把小许的房门给劈了的极端事件。而小许,因为被溺爱,心理没有长大,因为被控制,负面情绪压抑累积,进入青春期后,学着妈妈的样子,选择了一些极端的方式应对自己的情绪情感波动,表现出了很多行为问题。

要改变小许,我必须先改变这位母亲,改变这个家庭。

"我知道，带孩子真的很辛苦，尤其是像你这样，没人帮忙的，就更不容易了!"我轻轻说出的一句话，又惹出了小许妈妈一连串的眼泪。小许爸爸长年在外工作，平时全家里里外外全靠小许妈妈一个人，她是外来媳妇，在上海没有娘家人帮衬，小许的爷爷奶奶年事已高又多病，平时还要小许妈妈照顾，再加上要养一个调皮的孩子，小许妈妈每天忙得像陀螺一样，却很少听到一声"辛苦"……这句简单的话一下子卸下了她的心防，拉住了我的手"老师，我没什么文化，没把他教好，这个小孩子全靠你了!""我和你一样，盼着小许好好长大，将来有出息，我和其他老师都会尽力教他，你也要跟我们一起加油!"小许妈妈犹豫着点了点头。

随后，我开始了这个家庭的"改造计划"。

我陪着小许妈妈，参加了学校组织的"青春健康俱乐部"家长沙龙活动，当她从专家口中得知，家长的情绪会对孩子产生重大的影响，青春期问题可能伴随孩子一生时，她陷入了深思……当她从学生志愿者口中得知，孩子在这个阶段会产生难以抑制的烦躁和不能克制的冲动后，她的内心有了一些释怀……

讲座后，她问我是不是自己心情不好，容易发脾气会对小许产生坏的影响;还问我小许的某些行为是不是不应该打骂……借着这个契机，我向她提出了一些建议:

1. 制定简单的家规，必须全家一起遵守，相互监督，培养规则意识。
2. 为孩子设定一项家务劳动，由他专门负责，旁人不可替代，培养责任感。
3. 尽量不发脾气，并请孩子进行监督。一旦发脾气，要记录下原因，管理情绪。

我反复向她强调，孩子的事情就是全家人共同的事情，要培养孩子，首先要培养自己，想让孩子长成什么样，家长首先得是那个样。小许妈妈沉默了一会儿，很郑重地答应了。

之后，她不再需要我陪同，就主动参加了所有的家长学校和家长沙龙活动，每次活动结束，我都会跟她通电话，听她讲自己的感悟和想法，我在与她一次一次的交流当中，感觉到了她的变化。虽然过程中时有反复，尽管改变长久以来的情绪行为模式真的很难，但我知道，因为我在坚持，所以，她和小许也一直在坚持着。

由于母亲情绪趋向稳定，面对小许时情绪越来越平和，笑容也多了，交流也多了，小许也愈加轻松起来，行为举止也越来越"有规矩"，骚扰女生的行为也逐渐消失。任课老师和同学们都说小许变了，他的学业成绩、人际关系也越来越好。

两年过去了，我在这个班去实习前的一次家长会上，请小许妈妈发言，她说"我以前不知道，原来当妈妈也是要学的，宝贝的管教都是有方法的。现在和孩子的关系要比以前好很多，我真的很高兴。"

【点评】

家庭是孩子最早接受教育的场所,家长是孩子的第一任老师,很多孩子的问题实际上源于家庭教养方式不恰当,源于家长缺乏科学教育的意识,缺乏有效沟通的方法。

在本案例当中,教师通过共情与家长建立情感联结,随后通过陪伴支持家长学习科学教育理念和方法,随后给出可操作性的建议,并通过不间断的监督、提醒、指导,让家长找到提升自己、支持孩子的最佳方法,培养良好的亲子关系,为孩子的健康成长营造出良好的家庭氛围。

(3) 专业介入,全方位支持

教师要充分认识到家庭教育指导工作绝不是教师一个人的工作,对于一些力不能及的问题,尤其是在面对高危家庭或学生出现过激行为时,一定要及时向学校和社区相关部门、向专业人士与机构争取协助,搭建起全方位的家庭教育指导支持系统。

学校的心理老师、家庭教育指导师、德育管理部门、分管领导,社区的社工团体、青保办、居委会、街道各职能部门,医院、心理咨询中心等社会机构以及政府相关部门都可以成为个别家庭教育指导的助力。

同时,教师也要让家长意识到,有问题寻求专业人士和专业机构的帮助,更有利于孩子的成长,在心理问题方面,千万不要讳疾忌医。

(四) 个别家庭教育指导应注意的问题

1. 真诚与尊重

教师一定要用平等的态度对待家长,尊重家长和家庭,理解问题家庭背后的处境,设身处地为他们着想,主动沟通,让家长感受到真诚,这样才能真正走进孩子和家长的心,让家长自愿接受指导并与教师合作。

2. 专业与分寸

教师在开展个别家庭教育指导时,需要具备一定的家庭教育理论基础和实践能力,要具有较高的专业素养、敏锐的洞察能力和良好的语言表达能力,要能够给予家长真正专业和有效的指导,不能辜负家长的信任。

同时,教师要明确家长在家庭教育中的主体身份,不能"越俎代庖",更要避免对其家庭生活的过度干涉,对于隐私及敏感问题,要谨慎对待。

3. 关注个性化

学生问题以及家庭教育问题的形成可能是由多种因素综合作用导致的,就如同世上没有两片相同的叶子,每一个问题都有其独特性。因此,教师在开展个别家庭教育指导的过程中,要尽可能避免经验主义,时刻保持敏感性,要能够根据每一个家庭的具体情况开展针对性的指导工作。

四、群体分类家庭教育指导

对于一些在全体学生家庭当中不具有普遍性,但在小群体当中又存在共性的问题,教师可以采用群体分类家庭教育指导的方式开展工作。

(一) 群体分类家庭教育指导的意义

中职学校多层次的学生结构决定了中职学校家庭教育指导需求的多样化。无论从学生发展需求角度,还是从家庭结构、家长文化程度等角度,都要求中职学校在开展家庭教育指导过程中,关注到不同群体的不同需要。

美国心理辅导教育家格拉丁(Gladding)曾说:"在帮助那些有着类似问题和困扰的人时,团体辅导是一种经济而有效的方法。"群体分类家庭教育指导就是基于团体辅导的理论与方式,面向具有共性问题的家长群体,开展以解决共性问题为目标的家庭教育指导。

一般情况下,学校开展的家庭教育指导主要是两种方式,一种是集中式的,面向全体学生家长,如家长学校、家长会等,以宣教、介绍为主,辅以集体性的交流,难以有效解决小群体的个性化问题;另一种是个别化的,以家访和家长谈话为主,关注个体,但无法实现个体间的交互影响。

群体分类家庭教育指导是以存在共性问题、具有共性需求的小群体家长为对象,运用适当的策略与方法,通过群体成员间的交互影响,促进家长认识问题、探讨问题、学习新的观念、改善自己的态度与行为方式,进而提升家庭教育水平的指导方式。它可以兼顾集中指导和个别指导两种方式的优势,其效能是上述两种方式无法达到的。

1. 增强家长的归属感和同理心

家庭教育存在问题,对大多数家长来说,是痛苦且无助的。当个人遇到困难和问题时,往往会把自己的问题看得很独特,会感到恐惧、无助和失望。

通过将具有相同问题的家长组成群体开展活动,通过群体成员间经验与感受的分享,发现他人也有与自己相似的问题,获得"他人和我一样"的体验,家长就不再会认为自己是天下最可怜的人。孤单感减少,同伴感增加,有助于矫正偏激的想法和假设,更能让家长获得安慰,减轻焦虑,找到归属感,激发起改变的勇气和信心。

群体分类家庭教育指导还可以降低家长防备心理、卸下防御机制,激发起同伴间的彼此认同与关注,引发同理心。

2. 激发家长的自我觉察和仿效学习

群体分类家庭教育指导能够给家长提供表达和接受反馈的机会,群体成员间能够有更多的机会听到别人对自己的看法。同伴的反馈比常规模式下教师的反馈更有冲击力,能够有效地促使家长觉察自己的不恰当行为,发展适应行为。同时,在群体中,通过设立榜样家长,为成员提供行为示范,可以激发仿效性学习。

3. 交流正确的教育观念与资源信息

根据每个群体的不同需求,设置不同的指导内容,有助于针对性地解决共性的问题,满足家长的切实需求。除了专家、教师之外,家长之间也可以相互传递资料,如就业信息、社会资源等。群体内的家长们各自有着不同的背景和经验,对问题也会有不同的观点和理解。这种不同视角、不同立场的多元信息,能够为彼此提供丰富的资源信息,开启他们的思路,也拓展他们的视野。

4. 实现家长的自我探索与自我成长

群体分类家庭教育指导可以营造一个良好的社会活动场所,创造一种信任、温暖、支持的团体氛围,使家长们处于一个比较安全与温暖的情境中,因此很适合培养家长积极面对生活的态度和柔韧坚持的内心能量。而这种态度和能量不仅有助于他们开展适切的家庭教育,对自身的成长也有着十分积极的作用。

(二) 群体分类家庭教育指导的对象选择

1. 关注不同类型家长的家庭教育共性问题

从18世纪初开始,人们就开始了对不同类型家长的家庭教养方式及其产生的影响进行研究。

家庭教养方式是指父母对子女抚养教育过程中所表现出来的相对稳定的行为方式,是父母各种教养行为的特征概括。[1] 家庭是每个人社会化的第一场所,父母是孩子的第一交往对象,是他们习得社会规范的重要来源,父母教育观念和教养方式直接影响着父母对孩子的态度。

---

[1] 徐慧、张建新、张梅玲:《家庭教养方式对儿童社会化发展影响的研究综述》,《心理科学》2008年第4期。

以血缘和亲情为纽带的家庭应该是很温馨的,但是,我们必须承认,"家"对某些孩子而言是"港湾",对某些孩子可能就是"樊笼",甚至是"战场"。

1978年,美国心理学家戴安娜·鲍姆林德提出了家庭教养方式的两个维度,即要求性和反应性。要求性是指家长是否对孩子的行为建立适当的标准,并坚持要求孩子去达到这些标准。反应性是指对孩子和蔼接受的程度及对孩子需求的敏感程度。

我国的相关研究从20世纪80年代开始兴起,主要参照鲍姆林德的分类,一般将家庭教养方式分为放纵型、溺爱型、专制型、民主型四种。

在中职学生当中,不同类型家长的家庭教养方式会对孩子的心理特征、人格养成、行为模式以及社会关系产生重要的影响。家长的关爱、鼓励对中职学生自立人格的养成有着正向积极的作用,而家长的控制则不利于中职学生自立人格的养成。[1]

所有的家长在养育孩子的过程中,都会出现问题,但因为教养方式的不同,所产生的状况也有所不同,对家庭教育指导的需求更不尽相同。

放纵型的家长对孩子不很关心,他们不会对孩子提出要求和对其行为进行控制,也不会对其表现出爱和期待。在这种教养方式下长大的孩子,很容易出现适应障碍,他们的适应能力和自我控制能力往往较差。对这种类型的家长,群体分类家庭教育指导的重点在于引导与培养家长的责任感以及表达爱的能力。

溺爱型的家长对孩子则表现出很多的爱与期待,但是很少对孩子提要求和对其行为进行控制。在这种教养方式下长大的孩子,容易表现得很不成熟且自我控制能力差,有很强的依赖性,往往缺乏恒心和毅力。对这种类型的家长,群体分类家庭教育指导重在引导家长"把爱藏在心里",树立威信,并学习逐步对孩子提出要求和进行监督管理。

专制型的家长要求孩子无条件地服从自己。尽管有时家长为孩子设立的目标和标准很高,甚至不近情理,但是孩子不可以反抗。这种教养方式的特点是专制且不民主,家长和孩子是不平等的。在这种教养方式下长大的孩子,会比较多地表现出焦虑、退缩等负面情绪和行为,但他们在学校中可能会有较好的表现,比较听话、守纪律等。对于这种类型的家长,群体分类家庭教育指导可以通过聚焦孩子的心理发展,引导家长认识到问题,并针对性地给予指正。

民主型的家长能够给孩子必要的爱和关怀,同时也能够积极地并以平等的态

---

[1] 雷俊杰、苏虹:《中职生职业成熟度现状及其影响因素》,《蚌埠医学院学报》2016年第2期。

度与孩子进行充分的双向交流,引导孩子进行自我管理,鼓励孩子独立自主。这种类型无疑是对孩子成长最有利的一种教养方式。但在面对正值青春期的中职学生时,父母的"民主"方式可能会受到非理性的"挑战"。对于这种类型的家长,群体分类家庭教育指导一方面要肯定他们对孩子的尊重,引导家长相互支持,坚定自己的养育观念;另一方面要鼓励家长坚守立场,持之以恒,着力培育孩子的自我控制能力。

此外,家长的职业、家庭结构等因素都会造成一些共性的家庭教育问题,在个别家庭教育指导中提到的几种适用情况,也都可以作为开展群体家庭教育指导的分类维度。

2. 关注不同类型学生的家庭教育共性问题

中职学校生源相对普通学校而言,具有其特殊性。近年来,随着国家大力发展职业教育,中职院校中"中本贯通""中高职贯通"办学模式数量大幅增加,部分中职学校还设有"新疆班""西藏班"、与其他地区合作的共建班等,不同背景和学习类别的学生,需要不同的家庭教育指导。

不同学业水平的学生、不同在校表现的学生、不同发展规划的学生等,也需要教师对学生进行一定区分后,有指向性地开展群体分类家庭教育指导。

此外,在中职学生当中,多见沉迷游戏、厌学、消极、得过且过、对未来感到迷惘等情况,改变这些孩子的偏差行为,是学校和家庭共同的目标,通过群体分类家庭教育指导,可以建立起相互支持的家校合作联盟。

【案例】

跟着孩子一起"玩"

"老师,我儿子每天玩电脑玩到半夜,跟我说是学校作业,到底是不是呀?"

"老师,你们能不能不要布置电脑上的作业呀?我搞不清楚的,让我怎么管小孩呀?"

"老师,我不知道小孩专业作业怎么做,怎么办呀?"

……

作为信息技术专业的班主任,我最常收到的就是上述这样的短信,短信背后是家长们面对孩子沉迷网络的焦急和无奈。信息技术专业的学习中,学生不可避免地要花很多时间接触网络,现在的学生也大多较为热衷于网络、游戏等,不合理使用电子产品的现象非常突出。家长无法判断孩子每天在家对着电脑究竟是在学习还是在玩乐,有些家长采取"横加干涉",有些家长选择"不管不顾",导致了剧烈的亲子冲突和学生学业明显落后的情况。

为了帮助这群家长更恰当、更有效地"管"自己的孩子,我向全体家长发出了组建"专业进步合作组"的通知,目的是让这些对孩子的学习内容"一窍不通"的家长了解信息技术类专业的学习内容、操作流程以及作业要求,引导家长理解孩子的专业特点,同时尽可能在学习上给予孩子适当的监督和指导。

不出我所料,通知一出,自愿报名的家长超过了班级半数。为了让这个合作组的活动开展得更有效,我请来了学校的德育领导、心理教师和我一起组织和开展活动。最重要的当然是本专业的教师,要用专业知识消除家长对网络使用的疑虑,同时指导家长掌握一些专业指导语,以提升家长在孩子心中的威信与地位。

小组的活动,我一般放在全校性的家长会之前,一学期两次,报名参加的家长都很积极,很少有人请假或缺席。由此可见,家长们的迫切之情。

我主要负责每一次活动的组织,和专业教师一起确定活动的内容和主题,做好当天活动的记录和后续的跟踪。班级在校的两年里,总共开展了7次主题活动,受到了家长们的欢迎和肯定。

表3 "专业进步合作组"活动安排

序号	活动内容	活动目标
1	专业教师讲座:网络的利与弊 (参观专业实训室)	指导家长正确认识网络,初步了解孩子所学的专业特点
2	德育讲座:"契约"管理	指导家长掌握"契约"制定的方法与实施过程。
3	专业教师教学:专业作业的要求	指导家长了解学生在家完成专业作业时所需的时间、实施的流程、可能涉及的页面等。
4	家长论坛: 交流"契约"实施的成效,讨论得失。	主持人引导家长交流在家中实施"契约"管理的情况,相互找出问题、提出建议。
5	专业教师讲座: 让孩子对你刮目相看的实用小技巧	指导家长了解并练习使用专业名词和教师常用专业指导语。
6	听听孩子的声音: 播放前期在学生群体中的采访录音,组织家长开展讨论。	引导家长了解孩子的真实想法与感受,体会因自身教育方式改变而引起的孩子思想转变。
7	家庭教育讲座:为孩子的未来喝彩	指导家长关注新兴行业下,孩子未来发展的无限可能。

我一直认为,中职学生已经接近成年,应该要学会并使用社会规则,尤其是讲诚信的"契约精神"。因此,我在班级管理当中,推行了"契约"管理的方式,要求学生"说到做到"。在"专业进步合作组"商讨如何引导孩子正确使用电脑时,我提出了"契约"管理的方法,并对家长进行了培训,首先要求家长信任自己的孩子,这是签订"契约"的基础;其次,"契约"的内容不能只有针对孩子的规定,对家长也要有制约的条款;再次,"契约"的所有条款需要得到签订双方共同的认可;最后,亲子双方需共同遵守所签订的"契约",一旦一方违反要求,所商定的处罚条件必须不折不扣地执行。

同时,我要求家长们要能够相互督促、相互提醒,并通过学生反馈验证成效。家长们有了动力,也有了约束力,"家庭契约"的推行使我在班级中开展"契约精神"教育更加顺利。

合作组的建立,让家长们找到了"组织",找到了"同路人",他们常常在小组活动时,互诉衷肠,把自己的苦恼和烦闷宣泄出来,同时还共享了信息和社会资源。

有一位家长在网上看到运动可以减轻"网络成瘾",于是约了小组内的数位家长一起,每天带着孩子一起跑步,遇到哪位家长加班不能跑的,其他的家长就替他陪孩子跑。久而久之,孩子养成了运动的习惯,身体好了,每天打游戏的时间也少了,朋友多了,精神面貌也好了。这个真可谓是我的意外之喜!

【点评】

网络的发展带动了社会的进步,同时也让一些自控能力较弱的孩子沉迷其中不能自拔,这是中职学生群体中普遍存在的情况。网络成瘾、沉迷游戏等问题已经逐渐上升为社会问题,需要引起全社会的关注。

信息技术专业不同于传统专业,对学生的自律要求更高,对家长指导的专业化要求也更高。本案例针对这一专业的特点,借助教学、心理、德育等多方位结合交互作用的方式,通过有需要的家长群体进行针对性指导,帮助困惑无措的家长找到走近自己孩子的途径,缓解亲子矛盾、增进亲子沟通、促进家庭和睦。

(三) 群体分类家庭教育指导的组织形式

开展群体分类家庭教育指导首先需要对家长的需求有充分的了解,可以通过家访、调研、问卷等各种方式获得相关的信息,以此作为群体分类的基础。同时,开展群体分类家庭教育指导,需要满足以下几点要求:

- 人数不能过多,要能够关注到每一个家长个体。

- 参与者彼此间要有互动。
- 群体内的家长有共性的问题且有一致的目标。

教师可以根据不同对象、不同需求,选择不同的形式和内容开展群体分类家庭教育指导。需要强调的是,教师是开展群体分类家庭教育指导的组织者和引导者,要事先做好充分的准备。

1. 专家讲座式

根据群体的共性问题,邀请该方面的权威人士或专业人士,开展主题讲座。讲座的主题和内容具有针对性,可以为家长提供理念和方法上的具体指导。过程中要安排专家与家长的互动交流。

2. 咨询问答式

根据群体的需求,邀请专家、学校领导、班主任、任课教师以及其他相关人员等共同参与,以家长提问、专人作答的方式,解答家长的具体问题。

3. 交流分享式

邀请群体内家长交流自己在养育孩子的过程中遇到的困惑、问题、尝试的方法与效果,通过沟通互动,相互评价、商讨,探索更好的方式;也可以邀请"榜样家长"现身说法,分享自己的养育故事,带给其他家长启迪和借鉴。

4. 主题讨论式

设计与群体共性问题相关的主题,引导家长交流自己的意见和观点,开展相应的讨论,通过"头脑风暴",汇集群体的智慧,在讨论中形成并加深对正确家庭教育理念和方法的理解。

【案例分享】

寻找读懂孩子的密码

2017年,上海市在每个区确立了一个特殊职业教育教学点,主要设立在中职学校内,为区域内已完成九年义务教育的智障学生开展职业教育。

于是,我们的校园里,有了这样一群特殊的孩子,他们的智商都低于同龄的伙伴,反应常有些不明所以,说话总有些词不达意,他们拼尽全力,也只能学些简单的技能,他们的未来可能很难光鲜亮丽……

懵懂却单纯的他们背后,是一个一个清醒而痛苦的家庭……

如何面对孩子因缺陷带来的问题?如何正确地"爱"和"保护"孩子?如何与智障孩子建立起双向的亲子互动?甚至,如何应对旁人的闲言碎语……这些问题,都一股脑儿砸向了这些被上帝选中的家庭,让家长们措手不及……作为智障学生的家长,从知道自己的孩子不同于常人开始,他们就经历着打击、质疑、焦虑乃至绝望的漫长心路历程。

有些家长选择了包办和溺爱,孩子已经很可怜了,什么都不要做,要什么都满足,只要他快乐就好,绝口不提要求……

有些家长选择了抱怨与责难,怨天、怨地、怨学校、怨社会,认为全世界都要为他的痛苦负责,却把孩子抛在了一边……

有些家长选择了对现实的回避,闭口不谈孩子的问题,一遍一遍"骗"自己:"长大点就好了"……

更有些家长表现出了对孩子的苛责,提出了过高的期待和要求,逼着孩子反复学习他根本无法理解的知识,不断体验失败……

父母心态的不健康和对孩子客观缺陷的不接纳,让原本思维就受限的智障学生愈加不自信,在校也表现出了不同程度的退缩和自我怀疑,嘴上总是挂着"我不行"……

为了帮助这些痛苦的家长,更为了保护这群可怜的孩子,我们发布了"征集令",邀请对家庭教育存在困惑,愿意参与学校教育工作的家长参加,通过自愿报名和班主任推荐的方式,组成了由特殊学生家长、班主任、家庭教育指导师共同组成的"成长研习社"。

"成长研习社"于2018年进行了第一次集中活动。自愿报名的家长都来了,他们有些好奇,这个所谓的"成长研习社"是干什么的?和家长会到底有什么区别?

当天,我们请来了家庭教育学会的专家为全体成员们做了题为《成长发展与家庭支持》的讲座,阐明了家长和教师的真诚接纳和积极关注能够对孩子成长产生的巨大作用,并给出了很多有助于孩子正向发展的建议。家长们的脸上有了些许深思……

而后,家长代表小成妈妈真诚地分享了自己和自闭症儿子之间的故事:她和先生都是事业成功的高知人才,却不想从满怀喜悦期待孩子降临,到医生宣判感受巨大冲击,从坚决不信四处求医,到辞职陪伴教导学习,在一次次失败后,她的焦虑愤怒最终导致孩子罹患了失语症……

一时间,家人的指责、医生的警告、旁人的议论、前路的无望一股脑儿向她袭来,甚至让她一度萌生了带着儿子离开世界的念头。万幸的是,某一天,她看着儿子躲闪却清澈的眼神,心生不舍。而后,她痛定思痛,逐渐接受现实,调整期待,将养育孩子的目标定位在自理自立。

在被恰当期待并温和对待之后,她的孩子开始回馈给她惊喜:第一次主动找爸爸妈妈说话、自己料理好生活琐事、成为学校升旗手、担任音乐会主持人……她用自己的亲身经历告诉研习社内的家长同伴,"接纳"才是为人父母最重要的事!

在小成妈妈分享经历之后，家长们纷纷动容，眼里满满的感动和认同，有些甚至抑制不住激动，剖白了自己的内心。有一位家长说："自从有了这个孩子，我出门都不敢抬头，总觉得别人能看出来我养了个傻孩子。每次教他什么，教了几十遍都教不会，气急了真的忍不住要打他，打完又抱着他哭……我也知道自己这样不好，却不知道究竟到底怎么做才好……今天，我才知道自己不是孤单的，觉得心里轻松了很多很多……"家长们在讲述的过程里，数度哽咽，这是他们第一次找到了可以肆意宣泄内心酸楚，同时又能够感受到真挚理解的地方。

"成长研习社"就是这样一个属于他们自己的平台，在这里，他们被同伴们真诚地接纳，可以不受指责并得到切实的帮助，在相互倾诉和询问交流中，他们感受到了"被接纳"带来的强大力量，更拥有了面对孩子和未来的勇气。

2019年，学校为所有研习社成员购买了《心理营养》《让我们一起读懂孩子》两本家庭教育书籍，通过读书交流和经验分享，帮助家长和老师一起进一步认识特殊学生的成长特点，寻找解决方法。一谈起"育儿经"，每位家长都很有话说。

家长们争先恐后地说起了自己家孩子的那些"糟心事"，在眼泪和笑声里，积聚于心的不良情绪得到了宣泄。来参加活动的家长，都认真地看完了学校赠送的书籍，有些甚至做了摘录，还把自己在阅读中发现的问题和认为有效或无效的方法拿出来和同伴们一起讨论。

小雅妈妈年纪有些大了，小雅是福利院寄养在她家的孩子，她并不为孩子的缺陷焦虑，但却为自己年纪渐长，教育方式无法应对小雅的变化而着急。在交流中，她有些难为情地讲述了自己养育养女时踩的"坑"，她最怕的就是养女跟自己不亲，进入青春期以后，孩子的急躁和出言不逊常常让她忍不住落泪。经过学校开展的青春期教育系列指导活动，她知道了很多孩子在青春期会有的正常表现，对养女的"不知感恩"也终于释怀，母女和好如初，关系甚至比之前更亲近了。

这一次参加活动的人员达到了第一次活动的两倍，很多家长在得知研习社的性质之后，纷纷要求加入，因此，当年，研习社进行了第二次招募。

2020年的打开方式让人有些措手不及，一场疫情席卷了华夏大地。"成长研习社"无法正常地开展团体活动，于是，我们组织家长以线上参与的形式，关注"上海市家庭教育高峰论坛"，倾听以《当家长成为学习主导者我们该怎么做——在线教育时代的居家学习》线上讲座。而后又组织家长以线上参与的形式，倾听以《疫情下家长如何帮助儿童青少年缓解焦虑情绪》线上公益讲座，并参与答疑。

在居家的5个多月里，家长与孩子体会了从未有过的亲密。为了帮助孩子进行网课学习，完成网上作业，他们必须和孩子一起注册平台，学习使用互动功能，没想到的是,孩子尽管智力有障碍,但在使用网络工具的时候,却比家长更灵巧,有些家长感叹"我一直觉得他笨,一上网课才发现,自己比他笨多了……"

疫情,考验了我国处理公共卫生突发事件的能力,更考验了当代家庭中的亲子关系。当家长能够真心接纳孩子的障碍,用信任给予他们表现的机会,这些特殊的孩子一定会给家长带来连绵不断的惊喜!

有位家长在与班主任的交流中说:"这次疫情,与其说是我帮孩子上网课,不如说,是孩子帮我重新认识了自己,经过这个阶段,我和孩子都不一样了!"

"成长研习社"目前有25名家长成员,有着25个不同精彩的故事,更承载着25个家庭对美好未来的期许。

在参与研习社活动的过程中,家长开始了自我的探索与提升。内省自己的问题、思索他人的建议,与同伴探讨、向专家取经,一遍遍刷新教育的观念,一次次发现孩子的亮点,自己和生活一点点发生着改变……

【点评】

该案例中的"成长研习社"通过合作式家庭教育学习小组,旨在形成"接纳、正向、积极"的家庭教育指导氛围,共同探讨特殊学生成长过程中家庭支持的有效方式,带动大部分的家长反思自己的家庭教育状态,尽可能为特殊学生营造更好的成长环境,实现了学校、家长与孩子共同进步。

尽管这是个特殊群体的案例,但其组织方式和开展形式值得更多群体借鉴。每一种类型的家长在养育孩子的道路上都会遇到困难,体会到孤独,指向明确、目标得当的群体分类家庭教育指导有助于消除家长的"孤独感",让他们抱团取暖,有更多的勇气去面对,有更多的力量去改变。

五、配合学校,发挥家长学校、家委会家庭教育指导作用

(一) 家长学校

2015年,教育部在《关于加强家庭教育工作的指导意见》中提出"家长学校应当要纳入学校工作的总体部署当中"。认真办好家长学校不仅是客观的需要,也是学校应尽的责任和义务。

办好家长学校,可以帮助家长更新教育观念,掌握科学有效方法,提高家庭教育质量,促进孩子健康成长。

1. 家长学校的作用

(1) 通过家长学校传授家庭教育的知识、更新育儿观念。很多中职学生家长的家庭教育水平不高的原因在于家庭教育观念、育儿观念不高,因此,通过对家长进行系统的培训,从认知层面提升家长的家庭教育知识,更新育儿观念,可以切实提高家长的教育水平。

(2) 有利于提高家长的素质,为孩子做好示范榜样。父母的道德修养、生活作风、劳动或工作态度、兴趣爱好、习惯等个性特征都将给孩子积极深刻的影响。通过专家讲座、参观走访、家长分享等多种形式提升家长自身的综合素养,可以让家长在家庭中为学生树立榜样。

(3) 有利于学习先进育儿经验,改进育儿方法。据调研,当前中职学生家长的家庭教育困惑在于教育方法的缺失。因此,家长学校建设的重点要放在育儿经验、育儿方法的传授上。通过邀请学校各级家委会、优秀家长的代表开展育儿经验的交流分享,帮助经验介绍;通过家长沙龙、家长头脑风暴,可以为家长提供交流家庭教育经验的机会,使家长对子女的教育更有信心。

(4) 有利于家校沟通,形成教育合力。学校将教育教学的重大决策、教育改革规划等通过家长学校告知家长,可以获得家长的理解、尊重和支持,从而形成教育合力。

2. 家长学校建设的重点

家长学校是学校对家长进行家庭教育集体指导的一种方式,注重对家长的指导和引领,目标在于促使家庭教育和学校教育协调一致,形成教育合力。

为达到学校和家长相互支持、良性互动的目的,中职学校要进一步完善家长学校的各项工作。

(1) 教学内容应以家长的需求为切入点,要有针对性。家长学校的授课内容一定要以满足家长需求为切入点,要选取家长最为关注的主题,授课前可以先收集意见和建议,了解家长们的关注点及心理预期,然后有的放矢进行有针对性的指导。授课方式要通俗易懂,多采取参与谈论等启发式为主,让家长在轻松的氛围中获取有效解决他们实际问题的能力。

(2) 活动安排要有计划性。对于家长学校的活动安排,需事先征求家长的意见,在开学初做好计划,通知家长做好准备,让他们做到心中有数,合理安排,无论是家长交流会、讲座还是座谈会等,都要提前告知家长。

(3) 活动形式应灵活多样。家长学校的活动形式除了常规的家长会、讲座、培训外,还应该多开展一些亲子参与的团体辅导、对话沙龙式培训、家教工作坊、亲子实践活动等等。

第四章　家庭教育指导的主要途径和方法　　119

案例 1：家长学校课程体系 1

课程类型	课程内容	学习形式
必修课程	入学教育（学校基本情况、专业情况）	微课
	走进/近青春期的孩子	微课
	心理健康课程（亲子沟通、情绪管理、时间管理、目标管理）	微课、讲座
	法治教育、安全教育	微课
选修课程 / 推文系列课程	"清荷家长帮"家长成长推文	链接公众号、阅读、参与评论
	"星荷湾"学生成长推文	
	"易班"活动站推文	
选修课程 / 理论课程	"遇见青春期"专题课程	线上网络课程资源
	"与孩子一起开展生涯规划"专题课程	线上网络课程资源
	"做一个智慧型爸爸/妈妈"专题课程	线上网络课程资源
	"好书一起读"专题课程	阅读、线上讨论
选修课程 / 实践课程	"亲子三个一活动"（每日一次亲子问候、每周一次家庭会议、每年一次亲子游）	活动
	亲子志愿者活动	
	亲子情景剧课程班	
	亲子沙龙活动	
	家长开放日主题活动	
	"见证成长"（开学典礼、毕业典礼等仪式）	

案例 2：家长学校课程体系 2

课程主题	年级	形式	目标
学生资助政策培训	一年级	讲座	共融青藤学校文化，以文化润泽家庭教育，统一家校合力方向，促进价值共融
入学适应		班主任讲课	
校园参观		自由活动	
家庭教育是孩子的人生第一课	一年级为主	讲座	

续　表

课程主题	年级	形式	目标
学习指导	二年级	班主任、任课教师讲课	共建青藤学校文化,从容应对青春期的中职学生,掌握亲子沟通的方法、学习指导方法
亲子沟通		团体辅导活动、个别辅导	
实习或高复准备		讲座、企划处安排	
青春期教育指导	二年级为主	讲座	
就业指导	三年级	讲座、班主任讲课	共行青藤学校文化,把握孩子关键转型期,掌握就业指导知识
贯通班转段	三年级	团体沙龙、活动展示、班主任讲课	
生涯规划指导	三年级为主	讲座	

3. 教师在家长学校建设中的作用

班主任在家长学校的开展中承担着重要的教学组织和辅导工作。

(1) 班主任要及时准确收集家长的需求和要求,配合学校制订家长学校的工作计划。可以通过问卷调查、个别沟通等方式,同时要做个有心人,在与家长日常沟通交流中找准家长的成长需求,为家长学校工作奠定基础。

(2) 班主任做好家长学校的联络通知和组织工作。要及时宣传家长学校的重要性、介绍家长学校教学主题的内容,引导家长积极参与学校活动,在家长学校实施过程中,做好接待、统计、意见收集和反馈等工作。

(3) 班主任要开展家长学校的辅助活动,帮助家长消化理解。结合家长学校的内容,结合班级实际情况和家长的学习水平,开展个性化的辅导活动,帮助家长不断完善、巩固和理解家长学校内容。

科任教师也是家长学校正常开展的重要参与者和支持者。

(1) 科任教师是学校教学工作的主要实施者,在与学生的日常交流中发现学生的成长需求,应主动对家长学校的活动内容提出意见和建议。

(2) 科任教师日常工作中也会与家长形成良好的教育合作关系,应辅助班主任组织家长参与家长学校。

(3) 科任教师的教学教育活动是学校组织的活动的拓展和衍生,家长学校的活动效果可以通过科任教师跟踪和评估。

(二) 家长委员会

2012年《教育部关于印发〈全面推进依法治校实施纲要〉的通知》(教政法

〔2012〕9号)指出,家长委员会是现代学校管理制度的重要组成部分,中小学、幼儿园应当逐步建立健全家长委员会制度。家长委员会承担支持教育教学工作,参与和监督学校管理,促进学校与家庭沟通、合作等职责,其成员应当由全体家长民主选举产生。学校应当提供必要条件,保障家长委员会对学校和教师的教育教学、管理活动实施监督,提出意见、建议;应当定期与家长委员会成员进行沟通,听取意见。学校实施直接涉及学生个体利益的活动,一般应由学校或者教师提出建议和选择方案,并做出相应说明,提交家长委员会讨论,由家长自主选择、做出决定。要积极探索完善家长委员会的组织形式和运行规则,不断扩大家长对学校办学活动和管理行为的知情权、参与权和监督权。

1. 中职学校家长委员会的地位和作用

一般认为,中职学校家长委员会是由本校学生家长代表组成,代表全体家长参与学校民主管理,支持和监督学校做好教育工作的群众性自治组织。家长委员会是现代学校制度的重要体现,是维护学生和家长合法权益的重要载体,家长委员会是增进学校与学生、家长之间沟通的桥梁。

(1) 建立家长委员会是建立学校民主管理制度的需要。现代学校管理理论认为,教师、学生和家长是教育的共同体,在依法治校的大背景下,家长委员会成为现代学校制度的重要组成部分。

(2) 家长委员会有助于充实学校的教育资源,优化学校办学环境。在全球化、信息化、科技化时代,现代学校必然是一个自主开放的教育系统,社会教育资源的有序参与成为现代学校教育制度的一个重要组成部分。国内外的教育实践证明,中小学家长委员会可以在协调社会资源参与学校教育方面发挥重要作用。

(3) 家长委员会有助于保证学生切身利益。教师是学校教育的主体,家长也有参与权,除个人对学校教育有知情权、参与权、监督权外,还可以通过家长委员会这个平台组织起来,行使集体教育参与权,促进学校民主管理。对于学生校园生活切身利益相关的工作,家长委员会享有表决权。尤其是在校服购买、学生用餐等方面,充分实现家长委员会的权利。

(4) 建立家长委员会是完善中小学民主监督制度的需要。中小学校作为以育人为宗旨的公共服务机构,是独立的社会法人,其健康和谐运行,除了国家权力机关的依法监督,政府教育行政部门的行政管理之外,离不开外部力量的社会监督。《国家中长期教育改革与发展规划纲要(2010—2020)》要求:"完善教育信息公开制度,保障公众对教育的知情权、参与权和监督权。"中小学生家长作为学校教育对象——学生的监护人,自然成为学校教育的利益相关方,有权利了解、监督学校的办学状况。

【案例分享】

中职学校"三级"家长委员会的工作职责

一、校级家长委员会理事会

策划组织校级家长委员会活动,参与学校与学生直接相关的重大事务决策与监督管理,并引导全体家长形成家庭教育与学校教育的合力。积极参加学校组织的"家长学校"系列培训,并向教学部家长委员会宣传科学的教育理念、分享教子心得。同时,组织参与"家长开放日"、协调家长资源。

二、系部/专业群家长委员会

组织参加教学部家长委员会的交流、培训活动,并向各班家长宣传科学的教育理念、分享教子心得。组织落实"家长开放日"活动、组织协调家长牵头的与专业相关的实践活动。

三、班级家长委员会

积极参与班级活动,参与班级与学生直接相关的事务决策与监督管理,引导班级家长与学校教育形成合力。协助组织好班级家长会。组织班级学生家长牵头或一起参与的学生活动。

2. 家长委员会的组成、产生办法及运行机制

家长委员会是代表全体家长参与学校民主管理、支持和监督学校做好教育工作的群众性自治组织,是学校联系广大学生家长的桥梁和纽带。作为一个与学校相对独立、相互制约、相互促进的机构,有利于形成家庭、学校教育的合力,为学生的健康成长创造有利的条件。

家长委员会在工作中必须始终与学校保持既紧密合作,又相对独立的关系,家校之间的边界要有清晰界定,始终需要具备角色意识。立德树人是时代的核心命题,是教育的根本任务,而规范家长委员会建设对推进家校共育、现代学校管理、促进立德树人任务的落实能起到强有力的支撑作用,只有选择有工作热情、乐于奉献的家长代表,设置高效的工作机构、明确工作职责、形成良好的运行机制,才能真正使家长委员会履行自己的职责,发挥自己的作用。

【案例分享】

学校家长委员会章程

一、总则

根据《上海市教育委员会关于转发〈教育部关于建立中小学幼儿园家长委

员会的指导意见〉的通知》(沪教委德[2012]16号)的精神,决定成立学校家长委员会。

学校家长委员会的成立是建设现代学校制度的内涵体现,将发挥学校主导作用,落实学校组织责任,纳入学校日常管理工作;尊重家长意愿,充分听取家长意见,调动家长的积极性和创造性;根据学校发展状况和家长实际情况,采取灵活多样的交流方式,促进家庭与学校的相互理解,优化和谐育人环境。

二、家长委员会成员任职资格

为确保家长委员会工作的正常运行,家长委员会成员应具有较高的文化修养和素质,有一定的代表性;热爱学校,并且愿意为学校的发展义务贡献一定的时间和精力;有一定的组织管理和协调能力,善于听取意见、办事公道、责任心强,能赢得广大家长的信赖。

三、家长委员会成员职责

学校家长委员会的成立与运行致力于维护学生和家长的利益,促进学校发展,使家校关系更为密切,并充分调动广大家长的积极性,为学校校园生活带来积极影响,具体工作如下:

1. 参与学校管理工作。参与学校教育教学和管理工作,对学校开展的教育教学活动进行监督,帮助学校改进工作。参与学生校服、日常饮食、教学用具等与学生切身利益相关的重要工作并全程监督。监督学生奖励、教育惩戒等工作制度的制定和实施。

2. 支持学校教育教学工作。发挥家长的专业优势,为学校教育教学活动提供支持。发挥家长的资源优势,为学生开展校外活动提供渠道和志愿服务。发挥家长自我教育的优势,交流宣传正确的教育理念和科学的教育方法。与学校共同做好德育工作,协助学校开展安全和健康教育,营造良好的家校关系。

3. 沟通学校与家庭。向家长通报学校近期的重要工作和准备采取的重要措施,听取并传达家长对学校工作的意见和建议。向学校及时反映家长的意愿,听取并传达学校对家长的希望和要求,促进学校和家庭的相互理解。

四、家长委员会组织架构

为充分发挥家长的优势特长,有效凝聚广大家长的参与热情,学校家长委员会拟成立"五部一处",推选一名校级家长委员会主任,各系部各推选请一名系部家长委员会主任。

家长委员会主任由家委会成员民主选举产生,负责家长委员会的各项工作,各部门由专人负责,同时聘请部分热心参与家长委员会工作的家长共同参与。

各部主要工作及负责人如下：

1. 生涯指导部

主要工作：充分发挥家长在各领域的特长，聘请部分家长担任学校学生成长导师，为学生在高中时期的学习适应、人生规划等方面提供学业和生涯指导。

2. 实践拓展部：

主要工作：挖掘家长群体中具有的行业优势，为学校的学生在参观游览、挂职锻炼、学农、军训等社会实践活动中提供帮助，丰富和拓展社会实践的时空和内涵。

3. 宣传联络部

主要工作：积极调动家长参与学校工作的热情，运用多种渠道，尤其是各种新媒体平台，及时宣传报道学校的重大活动、典型事迹、突出成绩，进一步推广学校的品牌形象；了解、收集学校在教育教学活动中的亮点和特色活动，及时向其他家长做好宣传报道工作；了解、收集其他家长对学校教育教学工作的意见、建议，及时与学校有关部门沟通、协调，充当家校联系的桥梁。

4. 德育课程部

主要工作：聘请部分在德育教育方面有专长的家长，为学校的学生开设具有针对性的如生命教育、民族精神教育、公民道德教育、法制教育、心理健康教育等方面的专题讲座，形成德育课程，开阔学生视野，增强德育实效。

5. 咨询服务部

主要工作：广泛挖掘家长群体中卫生、法律、政府等部门从业人员的资源优势，协助学校解决学校管理过程中遇到的困难、纠纷、调解等问题。

6. 秘书处

主要工作：按照学校和家长委员会要求，通知召开家长委员会会议；根据家长委员会各部活动，及时发布各部工作开展情况；落实学校及家长委员会临时安排的其他事宜。

五、家长委员会工作制度与议事规则

1. 工作计划：家长委员会在与年级组和学校有关部门协商的基础上，每学年拟定一份工作计划。

2. 沟通制度：在学校领导下，各系部家长委员会主任负责召集家长委员会，沟通商议工作方案，解决工作推进中遇到的问题。

3. 议事程序：重要事项由家长委员会提议，秘书处协调，会议由家长委员会主任主持，经过家长委员会全体成员过半数表决通过。家长委员会以半数以上成员参加符合法定程序。家长委员会由家长委员会主任主持，如遇特殊情况，主任无法履行此责任的时候,由秘书长代理主持。

上海市××学校
20××年××月

【案例分享】

家长委员会章程 2

第一章　总　则

第一条　为了深入贯彻落实《中共中央 国务院关于进一步深化教育改革大力推进素质教育的决定》《中共中央 国务院关于进一步加强和改进未成年人思想道德建设的若干意见》,提高学校的家庭教育总体水平,促进学生全面健康发展,根据《全国家庭教育指导大纲》,结合学校实际,特制定本章程。

第二条　学校家长委员会的宗旨:以学校学生家长代表为主体,坚持家校沟通与合作,让家长充分参与学校管理,有效体现家长对学校教育教学工作的知情权、参与权和监督权;完善学校、家庭、社会三位一体的教育体系,营造良好的教育环境;深入推进素质教育,促进学生全面健康发展。

第二章　组织机构

第三条　家长委员会根据实际需要,设立家长代表大会和常务委员会。家长代表大会由各班家长代表组成。家长委员会常务委员会由家长代表大会产生,设会长1名、副会长2名、秘书长2名、常务委员共计20名(兼任各部部长)。下设安全部、宣传部、交流部、活动部,各部设部长1名,副部长2名。

第四条　家长代表、家长委员会委员任期为三年,每学年适当改选,可连选连任。学生毕业、转学等离校的学生家长,其家长代表、委员会委员身份自动取消;会长子女在其任期内离校时,需提前两周提出辞呈,由常务委员会推选一名副会长代任,主持常务工作。一年不参加活动的委员,委员资格自动取消。

第五条　家长委员会成员由家长自荐或班主任推荐产生。委员会成员必须是在校学生家长,热心教育工作,关心学校发展,有良好的素养,有一定的家庭教育或学校教育经验,能积极配合学校进行家庭教育研究。

第三章　职　责

第六条　家长委员会职责

1. 定期召开家长委员会会议。听取学校关于发展规划、教育教学工作安排等方面的情况介绍,就学校发展中的重要问题进行研究,学期初制订工作计划,学期末做出总结,并向学校反馈,为学校的发展献计献策。

2. 建立家长委员会和学校定期沟通协调的议事机制,就家长、学生、社会等反映的问题及时与学校进行沟通协商。

3. 要发挥全体家长的优势和特长,与学校紧密协作,在学校管理、校园文化建设、学校周边环境治理、开展校外教育实践等方面,切实帮助学校解决办学中遇到的实际问题和困难,为学校的发展创造良好的外部环境。

4. 协助开展家庭教育工作。积极向家长和社会宣传解释学校工作制度和工作措施,协助学校开展家庭教育工作;做好家长思想工作;动员和组织家长积极参与学校活动和家长培训,增进家长对学校工作的理解和支持,促进家庭教育与学校教育协调一致。在学校领导和班主任协助下,以班级为单位,每学期组织不少于1次的家庭教育讲座活动。

5. 选派家长委员列席学校校务、教务等会议,与学校一起组织家长听课、家长开放日,参与对学生和教师的评价,帮助学校改进和完善教育教学工作。

6. 尊重教师劳动,关心、鼓励、支持教师依法履行教育管理职责,大力宣传教师教书育人的先进事迹,宣传学生家长尊师重教典型事例,宣传品学兼优的学生和先进班集体。

7. 家长代表大会闭会期间,由其常务委员会代行职责。

第七条　家长委员会常委会负职责

一、会长职责

1. 召集家长委员会学期和月度会议。每月1号召开一次常委会议,对上月工作归纳总结,对下月工作进行部署。并在学期家长代表大会做工作报告,对家长委员会工作进行反思和总结,对下学期工作提出建议和工作思路,接受审议。

2. 组织制订家长委员会年度、学期和月度工作计划。

3. 组织制定和修改家长委员会章程、规章制度。

4. 策划、组织各类有益的家校活动、会议、培训等。

5. 每月定期、不定期与学校交流家校工作动态,汇总学生家长、学生、社会等反映的有关问题,及时与学校进行沟通协商。

6. 组织家长委员会日常值班等工作。

7. 组织做好每学期的优秀家长评选工作。

二、副会长职责

1. 根据分工,协助会长开展家长委员会工作。

2. 会长不能行使职责期间,根据会长指定或常委会推荐,代行会长职责。

3. 负责年级家长委员会的工作。

三、秘书长职责

1. 协助会长、副会长开展家长委员会工作,具体组织抓好工作落实。
2. 负责家长委员会各项工作的联络、通知、组织、协调等工作。
3. 负责家长委员会章程、工作计划、规章制度的起草。
4. 负责家长委员会会旗、会徽、绶带、臂章等的设计、制作。

四、常委职责

1. 家长代表大会闭会期间,根据工作安排,代行其相关职责。
2. 积极参加家长委员会各项工作,发挥模范带头作用。
3. 列席学校校务、教务等会议。
4. 按照分工,负责相关部门的工作。

第八条　家长委员会各部门职责

一、安全部

1. 组建家长护卫队,协助学校加强校园周边环境治理和安全保卫工作,上学、放学时间维持学校大门交通秩序。
2. 学校组织大型活动时协助做好安全保卫和医疗救护工作。

二、宣传部

1. 及时做好学校各项活动的宣传工作,负责联系电视台、报刊等新闻部门,做好报道工作。
2. 收集、整理、编辑优秀家庭教育案例,向其他家长传授好的教子经验和做法。
3. 协助学校做好学校网站"家校合作"专栏、收集家长信息并负责反馈及网站维护工作。

三、交流部

1. 协助学校组织"家长学校"的各种培训学习和交流活动。
2. 协助学校开展面向学生的各种讲座,充分调动一切家长资源,办好大家讲堂、选修课的开设等。

四、活动部

1. 协助学校做好各类家校活动、会议等的策划、组织和通知、联络工作。
2. 协助学校开展面向学生的各类课外文体活动、社会实践活动、心理辅导等。

第四章　权利和义务

第九条　家长委员会的权利

1. 有权获知学校的发展规划、办学目标、工作计划。
2. 有权对学校的发展、教育教学和日常管理工作提出意见和合理化建议。

3. 作为全体家长的代言人，有权对学校工作及教职员工给予监督和评议。

4. 有权随时到校参与学校教育和教学活动。

第十条　家长委员会应履行以下义务

1. 积极参加学校组织的有关活动，有义务为学校发展出谋划策，收集其他家长意见和建议，促进家校之间相互了解和交流，并向学校反馈。

2. 引领和团结广大家长、社会各界主动支持学校的建设和发展。

3. 有义务与学校一起研究探讨教育教学、管理及育人的方法、途径和规律。

4. 有义务宣传学校、优秀师生和家长的先进事迹。

5. 有帮助其他家长提高教育子女水平的义务。

第五章　会议制度

第十一条　家长代表大会制度。每学期至少举行 1 次会议，听取学校工作报告，就学校工作提出意见和建议；听取委员会工作报告，研究确定委员会各项工作。参加会议的家长代表应达到会员代表总人数的 80%。

必要时可以召开临时会议，由家长委员会会长召集。会长因故不能召集或不召集时，其他家长委员会委员可以 1/3 以上联名召开，由家长委员共同推举一人临时组织并负责。

第十二条　定期联络制度。学校为家长委员会设置办公室，配备联络员。为工作开展提供方便条件和尽力协助，有计划地组织家庭教育培训，在学校网站等设置家长委员会专栏等。家长委员会向学校反映的意见和要求，学校应在合理期限内答复。

第十三条　列席会议制度。家长委员会开会时，校长、处室主任及教师代表可列席。

第十四条　总结表彰制度。家长委员会每学期结束前要对本学期的工作进行总结。每学年配合学校开展评选优秀家长，并予以表彰。

第六章　附　则

第十五条　学校对家长委员会应加强指导和管理。家长委员会如有违反教育法律法规和政策时，学校要视其情节轻重，责令纠正。

第十六条　家长委员会于每届家长代表大会开会后 30 日内，应将组织章程、组织运作办法、会议记录及会务人员名册报学校备案。

第十七条　本章程经由家长代表大会审议通过后生效。

第十八条　本章程由学校家长委员会解释。

3. 发挥家长委员会家庭教育指导作用

只有家长委员会参与的教育,才是真正的、完整的学校教育;只有家长委员会参与的班级管理和学校治理,才是科学的现代管理模式。这既是家长委员会、全体家长班级文化主体意识的觉醒,更是家长委员会、全体家长参与班级管理和学校治理的使命感、责任感使然。

各级家长委员会作为统筹设计家庭教育指导整体工作的组织,在学校家庭教育指导中的作用非常明显。

(1) 参与制定各级家庭教育指导计划。作为家长成长的"同盟军",家长委员会要定期了解家长的教育难点和热点,切准家长的阶段性成长需求反馈给学校,参与学校、系部、班级的家庭教育指导工作计划的制定。

(2) 积极配合学校办好家长学校。家长委员会成员要加强与家长的联系,树立自身的榜样作用,积极参与到学校家长学校的各项工作中,如制定计划、组织实施、效果反馈。

(3) 发现、总结、推广优秀家长的家庭教育经验。尤其是挖掘亲子关系良好,家风、家教良好的学生家长,辅助他们整理、梳理经验并通过家长分享会、家长沙龙等形式推广学习。

(4) 定期收集整理家长对学校家庭教育指导工作方面的意见和要求并反馈给学校。

六、运用媒介开展家庭教育指导

(一) 运用传统媒介开展家庭教育指导

目前,传统媒介在学校家庭教育指导中仍具有重要的地位,是学校开展家庭教育指导的重要手段。与新媒体相比,传统媒介虽然在信息发布、更新的及时性方面有所逊色,但传统媒介在内容的深度、广度、高度等方面是新媒体所不能比拟的。传统媒介因其投入相当的时间和精力进行充分的调研、资料整理,从而提供更全面、更深刻的信息。

目前,关于家庭教育方面的书籍数量很多,但相对集中在幼儿的养育方法以及青春期问题的处理等方面,以中职学生为主要对象的家庭教育类书籍相对较少。但是,家庭教育类书籍当中,科学的教养观念和促进亲子沟通的方法都是相对一致的。教师可以建议并引导家长阅读相关的书籍,获得有益的知识与方法。

部分中职学校根据学生的特点以及家长需求,编写了家庭教育校本系列教材,用于"家长学校"开展培训;创办"家长报纸",用于宣传正确的家庭教育理念,这些都是非常值得提倡和借鉴的做法。

【案例分享】

共读一本书，亲子共成长

周一的早上，小明没来。我打他电话，他没好气地跟我喊了一句"快到了"。大概过了半个小时，只见他风风火火闯进办公室，把书包往地上一扔，说：老师，帮我办退学！立刻！马上！

我想还是要先把孩子稳住，等他情绪冷静，我静静地问他，到底发生了什么事情，原来，这个周末，父母想跟他交流一下学习情况和学校的生活，但是小明一直自顾自地玩手机。父母非常担忧孩子的健康和学习，想改变他经常玩手机的毛病，因此态度强势，方法粗暴，于是双方大吵，矛盾激化。我安抚好孩子的情绪，先陪着他进了教室。

我给小明的母亲打了电话，妈妈也觉得非常委屈，也很无奈，觉得以前只顾着打工，没有给孩子很好的教育，说完也伤心地哭泣起来。

我们都知道，教育孩子是学校、教师和家长、家庭共同参与、共同努力的一项工程。孩子的健康成长需要宽松、民主的家庭氛围，父母也要适当掌握科学的教育方法，而当前中职学生的家长是最需要得到家庭教育指导的群体。

我在全班学生和家长中开展调研，发现亲子沟通这个老大难问题在班级中普遍存在，如今出现了愈演愈烈的局面。经过前期的酝酿，我在班级中开展"共同一本书，共育职业人"的家长读书活动。在家长会前，我向大家推荐了几本家庭教育方面的书籍，大家商量后一致同意，一起读《如何说孩子才会听，怎么听孩子才会说》这本书。

为了提高读书的效果，班级家长委员会的3位委员提议，我们每两周安排一次读书分享会，同时，每一个月家长们轮流出一期《陪伴者》小报，在期中和期末的家长会上，让小报的主编和编撰者们现场分享育子心得。

"同伴教育"适用于青春期的孩子，也适用于"思秋期"的家长们，一个学期的家长读书活动，唤醒了家长自我成长的动力。班主任一直担心家长们是否会参加的顾虑在现实面前看来，也的确只是一个顾虑。

在学校创建"家庭教育示范"校的契机下，学校邀请家长、教育专家和学校教师共同编写了"家长学校"系列读本共9册，在看完这些书籍后，家长们都惊呼"这是一份迟到的礼物，还好没有缺席"。

一个学期就快要过去，孩子们说，爸爸妈妈也变得越来越可爱了；家长们笑着说，这些孩子也没那么讨厌了。

【点评】

老人曾说"人从书里乖"，阅读确实可以带来无穷的力量。

长期以来，家庭教育校本教材、家长报纸、优秀的家庭教育指导书籍等传统媒介是学校开展家庭教育指导的重要手段，是学校指导家长有效开展家庭教育，使家庭教育与学校教育形成合力，共同培养学生良好的学习习惯和生活习惯，培养学生高尚的思想道德情操的有效方式。

本案例中的教师从引导家长阅读家庭教育书籍，到学校带领家长一起编写"家长学校"校本教材，串联起了从学习到思考到应用的过程，验证了阅读带来的力量，也实现了家庭教育指导的真正效能。

（二）运用新媒体开展家庭教育指导

随着互联网广泛应用于社会生活的方方面面，新媒体也已经逐渐改变人们的学习和交流方式。相对于传统媒介，新媒体有着成本低、操作简单、实效性能好、功能丰富、容易推广、受众广等优点。在当今人手一个智能手机的快媒体时代，学校和教师可以使用新媒体技术，使家庭教育指导的方式更加符合家长的学习和接受习惯，让家庭教育指导工作能够渗透进家长的日常生活。

1. 发布家庭教育信息，满足家长需求

学校可以在学校网站或微信公众号上创设家庭教育专栏，定期推送家庭教育相关的文章，方便家长获取和选择自己所需的知识或信息。

教师可以借助各类自媒体平台，建立属于班级或个别群体的家庭教育信息链接或内容，组织家长观看学习或交流讨论。

个别学校在公众号上开设"教子一得"小栏目，邀请家长撰稿，分享家庭教育的故事，并通过学校或班级中的真人真事，引导家长之间开展"同伴教育"，这都是很好的做法。

【案例分享】

爱，也是一件艺术活

"慈母手中线，游子身上衣。临行密密缝，意恐迟迟归。"古人的诗句写出了每一个为人父母者的心声。为了把孩子培养成人，做父母的总是尽自己的一切力量，把最好的给予孩子。

在中国,现在的家庭大多只有一个孩子,孩子是家中的宝贝,父母爱着,(外)祖父母宠着。孩子从出生开始就在爱的包围中长大,要什么有什么。这种情况,在我家更加明显。

因为孩子出生的时候遭遇了一些意外,差点没救回来,我们全家都分外珍惜这个小生命。孩子小时候体质差,经常生病,学中医的外婆就开始为孩子进行饮食调理,坚持了十余年。上学后,孩子吃不惯学校的饭菜,外婆心疼孩子,就让我跟学校协商,每天中午给孩子送饭,这一送,就送到了中学。尽管学校离外婆家很近,送饭也不算麻烦,但这样一来,却给孩子造成了一种自己可以享受"特殊待遇"的感觉。

然而,孩子进入职校后,当我再向班主任提出要给孩子送午餐时,班主任沉默了一会儿,告诉我这一"特殊待遇"可能会给我的孩子带来负面的影响。随后,班主任引导班级家长在微信群进行了一次以"孩子情况特殊,吃'小灶'可取吗?"为主题的讨论,家长们在群里各抒己见,好不热闹。有的支持,有的反对,理由也是五花八门。几位积极的家长还将微信群里讨论的内容整合成公众号推文,引发了家长圈的广泛关注。

我和家人们一起认真翻阅了所有家长的讨论内容和相关的公众号文章,外公外婆虽然还是心疼孩子,但是看到其他家长提到这一"特殊待遇"对孩子性格培养及社会性发展的危害,也不由得惴惴不安,也担心自己的"爱"最终害了孩子。经过几轮家庭会议之后,我们全家共同决定,不再为孩子"开小灶",让她从吃饭这件小事开始,全面融入集体生活。

孩子对我们的决定欣然接受,进入青春初期的她已经开始在意其他同学的眼光,渴望同伴的认同。尽管多年来养成的"娇气"一时之间还不能完全改变,一开始还是会回家抱怨,但是在我们全家人一致的坚持下,她做到了每天在学校吃午饭,也逐渐改掉了挑食的毛病。

到现在,我还很感激那位聪明的班主任,这一场线上讨论,避免了面对面交流的尴尬,所有家长直抒胸臆,让我们全家醍醐灌顶,更让我们明白:爱孩子,也是一件艺术活。

【点评】

案例中的班主任老师巧妙地运用了新媒体,让家长教育家长,让家长在同伴中学会正确的家庭教育方式,既避免了学校规定与家长需求之间的冲突,又让家长明确了自身教育方式的不妥当。

爱孩子,是父母的本能,怎么爱,却是需要不断学习的。新媒体就是一个极好的学习平台，可以指导家长了解更多的家庭教育知识和方法，更可以实现彼此间的互动交流、相互促进、共同成长。

2. 开展网络讲座及线上直播，扩大指导受众

通过新媒体平台，学校可以组织网络讲座、线上直播，既可以节约家长的时间，提高家庭教育指导的效率，又可以减轻学校在组织工作中的场地安排、会务接待等方面的工作量，并且线上资源可以分享、传播及反复回看，也提高了家庭教育指导的广度与深度。

【案例分享】

把孩子当作我们的朋友

做父母的常常会有一种错误的感觉，认为孩子是自己生的，怎么会不了解自己的孩子呢？很多时候，在这种错觉之下，无意间地强迫孩子按照大人的意愿生活，亲子关系非常紧张。我和我的孩子就是这样。

疫情期间，孩子的教学都采用网上教学方式，家长会也从线下改到线上。《把孩子当成我们的朋友》是学校精心准备的家庭教育指导直播课，每个月1个小时，每学期4次，邀请业内专家与家长们分享。专家们诙谐幽默的语言，真实生动的案例，专业而深入浅出的解析为家长们打开了家庭教育的一扇扇窗户。

本学期的线上家长会，令我印象最深刻的是《请把孩子的决定权还给孩子》的专家讲座。这次讲座，我收看了3次，每一次收看，我都有新的收获。我们这代人是生活在比较传统的家庭环境中的，父母对我们的教育信奉"大人说话，小孩子不要插嘴"的古训，而我们多多少少将这样的教育理念"传承"到了下一代。孩子从小到大的选择都是我们大人决定，渐渐地，孩子变得不愿意与我们交流，渐渐地，孩子变得没有主见。

针对这些问题，专家为我们做了深入的分析，一次次地在线上收看专家的分享，我渐渐明白，"替孩子做决定"，其实是好心办坏事，不经意地委屈了孩子，表面上孩子是顺从了父母，内心却已经受到了伤害，毕竟孩子是在一天天长大，不会永远是襁褓中的婴儿。

理解尊重孩子绝对不应该是一句空话，父母真的应该多了解孩子内心的想法，理解他"为什么做"，给他"怎么做"的建议。

在专家的指导下，我慢慢地学会在与孩子交流时，不去评价孩子行为的对错，只倾听和共情。只有在他征求我的看法时，我才会给他一些建议，提出自己的一些

想法。这种平等的交流，使得孩子和我如同朋友般相处，他开始对我无话不说，我和孩子成了好朋友。

【点评】

对于中国传统型家庭来说，家长的权威牢不可破，父母有着绝对的控制权和主导权，但是，这种家庭下的亲子关系却岌岌可危。尤其是正值青春期的中职学生，十分反感这样的亲子关系，如果家长不了解正确的方式方法，极有可能导致剧烈的亲子冲突。案例中的家长意识到了家庭教育的问题，并通过反复学习线上家庭教育课程，反省自己，改变了观念，最终有效改善了亲子关系。

3. 建立线上集体，密切家校联系

学校一般是以班级为单位，一个自然班就是一个小集体。原本，除非召开家长会，班级家长之间很少有机会能够面对面交流、互通有无。但是新媒体时代，则为家长提供了更多沟通的平台和机会。

目前使用较多的新媒体平台有微信群、QQ群、晓黑板等。此外，学校、教师根据自身需要，也会选择一些其他的新媒体平台，建立线上的集体，方便家长群体之间的联系和交流，并连接起学校、教师与家长之间的沟通桥梁。

【案例分享】

班级博客，密切家校联系

随着互联网的普及，"班级博客"这一新型的沟通交流方式，在新时代教师的手中应运而生。

对家长来说，最关心的莫过于孩子每天在学校的表现。上课表现怎么样？行为规范如何？是否积极参加学校各项活动？专业课的学习是否跟得上？……这些问题，总不能天天都问老师，问孩子他们常常是报喜不报忧，真是想关心一下孩子的学习都不知道从哪开始。而对教师来说，班中几十个孩子，不可能每天都一个个打电话汇报，一般对退步很大或学习上很吃力的学生要及时地与家长沟通交流，其他的孩子在校情况就没法及时传达给家长。

班级博客的建立，就很好地解决了这一矛盾。教师可以在博客中记录班级发生的重要事件，对表现好的学生加以鼓励，对需要进步的学生提出希望；家长可以即时了解孩子在校的情况，并进行评论和交流。

同时，针对中职学生专业学习以及未来发展的需要，职业指导也是班级博客的主要内容,并且一直贯穿学生在校3年时间的始终。

在入学的第一年,通过班级博客发布地方经济发展、行业发展的基本信息,让学生对行业发展树立信心,有效地做好专业认同教育;在入学的第二年,随着专业课的增加,通过班级博客开展职业道德和职业素养的养成,邀请优秀的毕业生、企业专家分享专业学习的经验,给学生们提供支持;在入学的第三年,随着毕业的临近和个人发展方向,班级博客成为信息发布的集中场地,为学生提供专业信息。

随着年龄的增长,青春期的学生叛逆、急躁、易冲动,平时在家沉默寡言,父母很难与其沟通,再加上独生子女的任性,往往以自我为中心,这常常使家长在教育孩子时,感觉彷徨、无助。而这些反应又会直接影响孩子在校的表现及学习成绩,所以这经常令家长们伤透脑筋。到底怎样才能走进孩子的心,与孩子促膝而谈呢?

为解决上述问题,教师在班级博客中设立了"隐蔽信箱"或者"心灵之约"等栏目,家长可以把孩子在家的表现情况及时地与教师沟通,以便寻求科学有效的教育方法。

某一天,在"隐蔽信箱"中,突然收到一位家长的来信,说孩子这几天回家不太愿意出门,也不愿意做作业,问他,又什么话也不讲。这位妈妈非常着急,怕孩子这样的学习状态影响到在校的表现,成绩会退步。得知这一情况后,教师及时找到学生,询问其缘由。原来,学生一家搬了新家,他没有了朋友,觉得非常孤单,所以觉得在家很没劲。教师告诉他:人的一生不会只有老朋友,在与他人交往的过程中,还会不断地结识新朋友,建立新的友谊,朋友越来越多,才会越来越快乐。在教师的引导下,孩子的不良情绪得到了纾解,同时,家长也能通过教师及时了解孩子的心理状态,在家中配合做好引导工作。

学生的家长来自各行各业,文化层次、个人修养、观点见解等差异都很大。通过班级博客,家长可以发表自己个人生活感悟及育子经验,在网络的空间中不受时间的约束、无空间限制的深度交流,有助于家长反思自己的教育理念,拓宽自己教育孩子的途径,找寻家庭教育的最佳方法。教师也可以根据家长之间的交流,了解更多孩子的表现,帮助自己不断完善教育方法,提高教育水平。

总之,传统的家校沟通主要是家访活动、开家长会、电话联系等方式,而博客跨时空的优势给传统家校沟通提供了便利。利用班级博客的作用,可以达到一种家校多向性的交流,拉近了老师和家长、家长和家长的距离,让交流更畅通。学生的成长离不开学校与家长经常性的交流、反馈。

有了沟通才有理解,有了理解才有真正的教育。

【点评】

本案例介绍了一个运用新兴媒体创新家校互动新模式的典型案例。

在当今网络全覆盖的时代背景下，教师使用新的技术，为家校联系创造新的方式和手段，是值得提倡的。但同时，我们也要清晰地认识到网络时代和新媒体技术背后的问题，杜绝因为新的家校联系方式引发新的问题。可以说，新媒体为教师打开了新的世界，但也对教师提出了更高的要求。

新媒体的优势和作用显而易见，但是也存在着运维成本高，权责不明，管理存在难度等问题，中职学生家长的网络信息素养相对不高的客观事实也可能会影响新媒体平台的实际效果。

因此，在使用新媒体开展家庭教育指导时，教师要做好相关的预案、考虑周全，避免产生副作用。

（三）运用通信软件开展家庭教育指导

"互联网＋"时代要求教育与互联网进行深度融合，使用微信、QQ 等通信软件开展家庭教育指导的优势是显而易见的。通过引入通信软件，家长可以与老师进行文字、图片、语音、视频的交流，信息量相比传统的通信方式有了很大的发展，方便快捷的同时，也可以为后期工作的建档留存记录。

社交软件的应用也使"群"的使用变得十分普遍。"群"的使用为家校之间、家长之间相互探讨孩子的教育培养成为可能，老师也可以将学生工作的相关情况通知发到群，使学生家长了解学校的学生工作。

1. 家长微信群的意义

班级家长微信群的使用极大方便了家校联系，运行良好的家长群表征着家长与教师之间有良好的关系，这一教育合力的形成有利于学校教育教学目标的实现，可以更好促进学生的发展并引导家校之间的协作。对教师而言，家长群使工作更便捷高效，节省了大量时间与资源；对家长而言，也可以及时了解孩子的动态，在教育方式上更轻松地获得教师的专业指导。

2. 家长微信群的管理

一个家长群的良性运作需要有相应的文化作基础，需要家长与教师双方的共同努力。从远景和规划出发，构建积极的家长群文化是推动群健康发展的基础和保障。要把"帮助孩子成长"作为群运作的核心愿景，围绕这个愿景构建积极的家长群文化。

为了规范班级微信群的管理,上海各区制定了相关的管理办法,如《浦东新区教育局关于加强学校班级微信群管理的通知》,对教师和家长在微信群的发言做了相应的规定。

对老师要求:

- 班级微信群由班主任管理员或任课教师管理,班主任为第一责任人,负责群成员实名制、聊天监管、违规提醒处理等。
- 不定时检查群成员,不应加入人员应予以清退。
- 教师可在群内发布有关学校或班级教育教学活动、学生及与教育教学活动有关的教育信息等,相关信息应符合教育教学的相关政策规定。
- 不得在群内公布学生的成绩排名或可以对比学生成绩优劣的信息,不得发布学生的负面信息。
- 不得就个别学生的问题在群内进行讨论,探讨个别学生的具体教育问题可与其家长直接电话或当面沟通协商。
- 不得与家长发生争执,当家长在群内出现负面情绪时,应当引导家长通过其他途径解决。

对家长要求:

- 家长对学校、教师的意见和建议不要在群内发布,如有需要应直接联系相关教师,或来信来访向校方提出。
- 不得发布带有煽动性、过激性的言论。
- 不在群内发布广告、推销商品或与本群无关的信息。
- 未经班主任同意,不得擅自邀请非本班级家长进群。
- 因教师上课或工作繁忙不能及时回复家长发布的信息,家长可另致电教师,以便提供及时回复,确认信息。

【案例分享】

班级家长微信/QQ群管理制度

为更好地利用现代化网络信息技术,让教师和家长、学生之间的沟通更加方便、更有亲和力,促进教师与学生、家长共同成长,共同进步,特制定如下管理规定:

一、微信群管理要求

(一)进群要求

1. 班级微信群只用于家校沟通交流,学生家长及监护人方可入群,禁止无关人员加入。

2. 群成员一律实名制,教师命名规则:学科+教师姓名;学生家长命名规则:学生姓名+爸爸/妈妈或直接出现学生姓名。

(二)信息发布要求

1. 遵守国家法律法规及相关网络信息管理规定。

2. 为弘扬正气,传播正能量,群内成员发布信息应积极向上。

3. 只用于家校沟通交流,不做聊天使用。个别突出问题只能私信交流,不得在群内交流。

4. 交流中,禁止诋毁学校及师生形象,禁止出现有违社会公德、不文明、侮辱性语言,禁止出现不良政治倾向、宗教、色情、暴力等内容。

5. 严禁恶意刷屏(相同的文字连续出现3次及以上视为刷屏)。

6. 鼓励在群内表扬先进个人、先进做法。在群内一般只批评不良现象,不批评具体学生。

二、微信群管理规则

(一)对教师的管理规则

1. 班级微信群由班主任管理员与科任教师共同管理,班主任为第一责任人,执行微信群管理规定,负责群成员实名制、聊天监管、违规处理等。随时关注班级微信群舆情,重要信息要及时跟进,不能处理的要及时向有关领导汇报。

2. 不定时检查群成员,不应加入人员应予以清退。

3. 对发布非本群应发内容的,如是教师成员班主任有权制止,如是家长成员的,班主任或教师要及时向其指出并指导其发布相应的内容。

4. 教师可以在群内发布有关学校或班级教育教学活动的,展示教师、学生优秀表现的文字和图片,可以发布学生的每日家庭作业,可以发布一些有关教育信息或励志人生的微信文章。

5. 不能把家长微信群作为一个通知平台,要求家长填写、回复,即使发布有关学校或班级信息,不能视为家长当然知道。

6. 群内不公布学生的成绩排名或可以对比学生成绩优劣的信息,不发布学生的负面信息。

7. 一般不要就某一个学生的事情在群内长篇大论。探讨对个别孩子具体的教育问题请私聊。除非这个问题具有普遍的意义,既没有伤害到孩子,又对家长们产生普遍的积极引导。

8. 不得在群内与家长发生争执,当家长在群内出现负面情绪时,应当引导家长以私密的方式解决。

(二) 对家长的管理规定

1. 班级微信群只是一个家校沟通平台，并不具有权威性和必然性，因此重要事情请家长通过面谈、电话或其他途径保证信息及时准确传达到教师或校方。

2. 因为教师每天的教学任务繁忙，学校也不允许教师上课、开会、培训带手机，因此家长在群内发布的信息，教师不能保证及时回复，请家长予以谅解，可在班主任工作之余打电话沟通。

3. 一种健康、积极、和谐的环境对班级、教师的高效工作，对孩子的快乐成长有着重要的意义，因此家长不得在群内发布有关校方的负面信息，如果对教师或学校有意见和建议请通过私聊或电话、电子邮件等方式向有关老师或学校领导提出，这样问题的解决会更有效。

4. 不得发布带有煽动性、过激性的信息。

5. 不在群内发布广告或推销商品或与本群无关的信息。

6. 请尊重群内他人的发言，不能出现不礼貌的应答，不能就同一信息多次刷屏。

7. 未经群主或管理员同意，不得擅自拉非本班级家长进班级群。

8. 如果家长不遵守第3—7条的有关要求，班主任有权让其退群。

三、本管理制度自发布之日起实施，请遵照执行。

××××学校家长委员会

2020年9月1日

第五章

中职学校家庭教育指导的重点

诚如宋庆龄所说:"孩子们的性格和才能,归根结底是受到家庭、父母,特别是母亲的影响最深。孩子长大成人以后,社会成了锻炼他们的环境。学校对年轻人的发展也起着重要的作用。但是,在一个人的身上留下不可磨灭的印记的却是家庭。"

家庭教育指导是中职校教师工作的重点课题之一,支持家长开展亲子沟通、心理疏导,帮助家长引导学生正确使用电子产品,协助家长对孩子开展职业生涯规划,妥善处理校园突发事件是中职学校家庭教育指导的重点工作。

一、亲子沟通

"家庭是人生的第一所学校,家长是孩子的第一任老师,要给孩子讲好'人生第一课',帮助扣好人生'第一粒扣子'"。这是习近平总书记在全国教育大会上关于家庭教育的阐述,而要实现家庭教育的"四个一"工程,良好的亲子沟通至关重要。

(一) 亲子沟通的意义

从本质上讲,沟通是信息、思想、观念、情感的双向交流过程。亲子沟通的意义在于增进亲子感情,缩短家长与孩子之间的心理距离,帮助孩子释放压力、平和情绪、调整心态,促进孩子身心健康和人格的全面发展。可以说,亲子沟通是亲情思想交流的"通道",是家庭生活的"调味品",是两代人精神链接的"润滑剂"。

1. 亲子沟通让父母了解孩子

孩子放学回到家,有经验的父母从孩子进门时候的表情和动作,就可以感受到孩子的情绪状态,从而采用适当的方式开始聊天:"你今天喜笑颜开,是不是有什么好消息要与爸爸分享?""你看起来有点失落,能和妈妈说说吗?"父母与孩子之间的沟通可以使父母及时了解孩子的兴趣爱好、情感困惑、心理需求等状态,并适时给予帮助指导,与孩子共同探寻解决问题的最佳途径。

2. 亲子沟通可以消除"代沟"

父母与孩子是两代人,生活的时代背景、文化背景、价值取向和生活阅历不同,所以亲子沟通十分必要。例如,当今中职学生对于手机和网络的使用比很多家长都要得心应手,家长向孩子请教最新的手机 App 或是网络软件知识及使用方法,可以借机理解孩子的爱好,看到孩子的长处,向孩子学习。

3. 亲子沟通促进孩子健康发展

积极的亲子互动能够让孩子更有安全感与归属感,情绪更稳定,抗压能力更强。研究表明,良好的亲子沟通与青少年的学业成就、自尊和心理健康呈正相关,而与青少年的孤独、抑郁呈负相关;亲子沟通还有利于孩子学习成绩的提高。研究发现,常与父母交流的孩子,学习成绩一般较好,很少染上坏习惯。所以,适时有效的亲子沟通有助于孩子身心健康的发展。

4. 亲子沟通营造幸福家庭

高质量的亲子沟通不仅让父母了解孩子,给予孩子爱和温暖,反过来,孩子对家长也会提供理解和支持。如一位中职学生在得知妈妈工作中遇到瓶颈,"压力山大"时,与爸爸一起准备了丰盛的晚餐,并让爸爸给妈妈送上鲜花与礼物。这就帮助协调了父母之间的关系,也让整个家庭更加和谐幸福。

(二) 中职学生家庭亲子沟通常见的问题

中职学生正处于青春期。在从事中职教育的过程中,我们发现大多数家长能与青春期的孩子平等对话,顺畅交流。但也有部分家长为了孩子的健康成长,不遗余力,然而却得不到孩子的理解,亲子沟通的效果并不理想。常见的问题包括以下几点:

1. 亲子交流时间不足

有的父母忙于工作,能够用来关心子女的时间很少;有的家长只是在饭桌上或睡觉前,甚至等到孩子出现问题时才回过头来对孩子进行教育;有的中职学生远离家庭住校,有的农村父母纷纷背起行囊加入城市农民工的行列,将孩子留给年迈的老人或亲戚,也会使亲子间的互动频率减少;同时,青春期的孩子有自我中心和心理闭锁的倾向,更乐于向同龄人倾吐心事,也会使亲子交流,尤其是精神层面的沟通减少。

2. 亲子地位不平等

在家庭生活中,父母处于主控、中心的地位,占有生活经验、经济等方面的优势资源,子女则处于被动、边缘的地位,亲子双方形成不平等的两极。有研究发现,在与父亲互动时,中职学生更多的是倾听而不是表达,更多的是接受父亲的指导和经验而不是平等地进行交流。

3. 亲子沟通内容单一

如果沟通的过程中内容单一,家长一味地讲道理,谈论学习和成绩,过多关注孩子不好的行为习惯或与"别人家的孩子"做比较等,不仅伤害亲子关系,而且容易激起孩子叛逆的想法,从而引发亲子矛盾和冲突。

亲子交流时间不足,沟通过程中父母没有平等对待子女,只是讲道理或发泄情绪等问题,会造成沟通是单向、无效甚至有伤害的。

(三)指导中职学生家长学会亲子沟通的有效方法

家长在亲子沟通的过程中不可避免地会遇到各种问题,出现问题并不可怕,关键在于家长如何处理问题,能否把家庭教育当中的挑战转变为孩子与家长共同成长的契机,是否愿意学习教育的艺术,不断提高沟通的层次,使亲子关系达到更高的境界。中职学生家长应该如何进行有效的亲子沟通呢?

有以下方法和步骤可供参考。

1. 亲子沟通四部曲

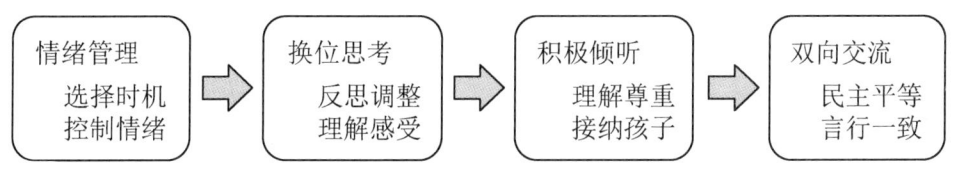

图 2 亲子沟通四部曲

(1) 选择时机,控制情绪,调节好沟通的气氛

青少年因为激素水平、大脑发育等因素,容易产生冲动行为,无法像成年人那样做好情绪管理。如果家长在进行亲子沟通时带着负面情绪,不但难以达到预期效果,甚至会背道而驰,导致亲子关系陷入僵局。所以,如果想要与孩子沟通,第一步需要选择双方情绪平和愉快的时候。如果发生了什么事情,让家长很生气恼火,这时家长不要急着与孩子"理论",反而更需要让自己先冷静下来,才可能有效解决问题,开始一段轻松愉快的亲子互动时光。

(2) 换位思考,反思调整,理解孩子的感受

家长与孩子的生活经历与思考角度不同,必然存在差异。比如,孩子想要买盲盒手办,家长觉得不值得为一个塑料玩偶买单。这时候,家长需要设身处地,将心比心,换位思考,回忆自己青少年时期,是不是也攒钱买过明星的磁带、签名照,也梦寐以求过一套武侠小说?从孩子的角度去思考问题,可以让父母真正理解孩子的需求,看见孩子行为背后的原因,反思自己可以调整改进的地方。

(3) 认真倾听,接纳孩子,用理解尊重的态度对待孩子

乐于倾听,是对孩子最好的爱和尊重。倾听时,不责难,不评价;高度重视、全

身心投入地聆听;保持尊重、兴趣与好奇;不明白的地方适时提问,有效反馈,双方及时澄清;最难也是最重要的一点,听到"弦外之音",比如,孩子放学回到家抱怨道:"我不要写作业!"这时,家长要听到孩子想表达的是什么,也许只是"今天作业好多""我好累,我需要休息!""我想要安慰与拥抱"。走进孩子的内心世界,一定少不了全身心的倾听。当孩子感受到家长的爱,他会觉得温暖安全;当孩子听到家长的好奇,他也会乐意分享和传授。

(4) 双向交流,言行一致,用民主平等的方式解决分歧

亲子沟通,是一个双向互动的过程。尤其是双方有分歧时,家长要表达观点而非情绪,要影响孩子而非控制孩子。例如很多家庭中,常常由于孩子不够理想的期中期末成绩引发"战争",这就需要父母不过分关注分数和名次,帮助孩子共同分析考试的得失,查缺补漏,制定有针对性的学习方案。

沟通后,家长要说到做到,言行一致,因为身教大于言教,家长的榜样作用大于口头教育,如果我们希望孩子热爱学习,那家长就要以身作则,也同样终身学习,营造学习型家庭。

2. 远距离亲子沟通的方法

由于家长出差、孩子住校等客观原因,部分家长与孩子会通过短信、电话、语音和视频聊天等方式进行交流。这样的远距离沟通虽然也有助于维系亲子感情,但与面对面沟通相比具有局限性,不能随时随地进行,也不一定能全面了解孩子的真实情况,给予有效支持。

因此,在远距离沟通时,家长应留心观察孩子的外貌体态和情绪状态,倾听孩子在学习、社交、心理等各方面的信息,用文字或表情包坦诚地表达对孩子的思念和关心,尽量提出建议而非强硬地批评命令。

当孩子遇到问题时,家长可以主动与老师联系,分辨清楚问题是家长的主观感受还是客观事实,再去具体解决。

对这部分学生,教师也要加强关注,及时与家长联系。

【案例分享】

背负父母希望的小马

小马是我班的一名17岁的男生。他来自一个普通工薪家庭,父母都在工厂上班,家中还有一位姐姐,已经参加工作。小马的父母由于自己文化程度不高,工作比较辛苦,所以希望儿子能考上一所不错的大学,将来有更好的生活条件。小马的母亲经常打电话向我和任课老师询问小马在校的学习情况。

小马性格温和，略显内向。由于离家较远，所以上学期间住宿在学校，只有周末才回家。在学校期间，他遵守学校各项制度，勤劳务实，但学业成绩平平，文化基础课薄弱。进入职校以来，在文化基础课上，他表现得有些厌学，有时在课堂上玩手机、睡觉，但在专业实操课上，他动手能力很强，态度认真，表现良好。空闲时间，小马喜欢玩手机游戏、看电子小说等。

一个周末的下午，我意外接到了小马爸爸的电话，一按下接听键，就听到了爸爸的咆哮声："你再玩手机就不要回来了！我没有你这样的儿子！"伴随着爸爸愤怒的骂声，还有小马压抑的哭泣、妈妈的劝说。原来，因为过度玩游戏，小马与父亲发生了严重冲突，他父亲一怒之下摔坏了他的手机，之后小马跑出家门，提前返回了学校宿舍。

小马与父母矛盾的根源是手机吗？带着这个疑问，我找到小马谈心，他说："我的家庭条件一般，我也知道父母工作很辛苦，寒暑假期间我还去兼职赚钱。我爸妈一心想让我考大学，但我觉得以我目前的成绩真的没有希望，又不敢告诉爸妈，怕他们伤心，对我失望。我心中很矛盾，很愧疚。"

我又来到小马家中家访，小马妈妈谈道："我就是吃了读书少的亏，现在只能做体力活。这个社会只有学历高，将来才能找到好工作。所以，我让他一定要考大学，不然没前途。周末我一看到他玩手机就来气！"我分析后发现：小马与父母在学业规划、学历认识上存在差异。父母认为小马学习成绩不好，是因为态度消极不够努力；小马则认为自己的学业落下的实在太多了，考大学实在没有希望，所以小马想把更多的精力放在专业课上，像姐姐一样毕业后直接参加工作。父母认为学历高，将来才能找到好的工作；小马则认为即使没有高学历，通过自己的奋斗，也同样能有不错的发展。

看得出来，小马的家庭缺乏开放沟通的家庭氛围。面对父母的升学期望，小马倍感压力。父母对孩子缺少理解和沟通，只关注儿子学习消极、爱玩手机的表面现象，没有看到小马在学业上面临的实际困难以及心理压力。

随后，我与小马多次深入地交谈，掌握了他在小学和初中的学习经历以及他在学习上遇到的困难，又向目前的任课老师详细了解了小马的学业情况，全面评估了他的学业能力和水平。

在整理和分析了各方面信息的基础上，我将小马本人和他的父母请到了学校，一起商讨小马未来的发展规划。我首先对他们的亲子沟通方面提出一些建议，如在家庭中要营造宽松的家庭氛围，主动与孩子谈心，倾听孩子的真实想法。小马父母表示愿意做出改变；其次，我将获取的小马学习方面的所有信息向家长做了客观详细的汇报。小马经过思考,也向父母说明了自己在学业上面临的困难,坦白了自己的真实想法,也表达了对父母的愧疚和感恩之情。小马的母亲说:"看到孩子都哭了,我们也感到他的压力很大,不想再逼迫孩子了。"

经过亲子沟通和交流,小马父母逐渐理解了儿子的感受,尊重了儿子的选择,不再强迫儿子继续升学,而是一起商量让孩子先就业,工作几年之后再决定是否继续深造或读书。自从小马放下了沉重的思想包袱后,亲子关系得到了明显改善,家庭矛盾也减少了。

【点评】

在这个案例中,亲子沟通初期存在很多问题,父母与小马只有周末见面,导致亲子沟通时间不足;沟通内容局限于学业表现;父母处于主导地位,小马不敢说出自己的真实想法。班主任在进行家庭教育指导时,首先,没有只关注表面现象,被"手机大战"蒙蔽双眼,而是看到了问题背后深层的差异和矛盾;其次,班主任挖掘孩子内心的真实需求,看到了他的优势和长处,对家长也提供了行之有效的家庭教育指导;最后,班主任并没有越俎代庖,而是收集分析信息,创设交流机会,推动孩子与父母之间积极沟通、化解矛盾,让孩子的问题在家庭中得到较好解决。

二、心理疏导

家庭是个人最早接受教育的场所,父母是孩子的第一任老师。家庭对孩子的智力、体力的成长,道德品质的发展,个性特征的形成产生全方位的影响。

(一) 指导中职学生家长学会心理疏导的必要性

1. 中职学生心理问题日趋加剧

处于青春期的中职学生在心理健康方面的问题呈多样化、复杂化,主要包括厌学、情感困惑、消极情绪、人际障碍、社会压力等方面。这些心理困惑与心理问题如果不能得到家长重视,孩子自己又无法应对,可能会发展为严重的心理障碍,进而影响孩子的成长发展和家庭的幸福稳定。

2. 家长是改善中职学生心理状态的最佳助力

有的中职学生家长受到某些社会观念的影响,只关注孩子的学习,却忽视了他们的心理状况,对孩子持否定失望的态度,忽视孩子的可塑性及发展潜力,给孩子的心理健康埋下很大隐患。因此,中职学生家长不仅需要关心孩子的心理发展,还要主动学习心理教育知识,在孩子出现心理困惑时,敏感地识别到孩子的心理变化,与老师积极配合,用恰当有效的方式疏导孩子的心理压力。来自家长的理解和支持,才能让孩子真正摆脱心理困扰,健康成长。

(二)中职学生常见的一些心理困惑与心理问题

中职学生正处于活跃而多彩的青春期,是生理、认知、情感和社会性等心理发展的关键期,面临诸多"成长的烦恼",可能会在学业、情绪、就业和人际关系等方面出现一些心理困惑与问题。

1. 专业学习方面

有的中职学生对学习的认识不足,学习缺乏目标和方向,没有动力和支点;有的进入职校后,对所学专业不认同,没有兴趣;还有的学习没有计划,不会安排学习时间。如果家长对职业学习有偏见,将自己孩子与别人家的孩子做比较,很容易让中职学生看不到自身的优势和潜力,产生抵触、逃避、自卑、自暴自弃等厌学心理。

2. 情绪情感方面

青春期带来的生理和心理的巨大转变,会使得中职学生情绪波动较大,冲动性强;遇到挫折容易消沉、沮丧,由于自身学习成绩不理想,在同龄人中很难找到成就感,很容易加重消极认同,出现抑郁、焦虑等心理,严重的情况下甚至有厌世等极端心理。

3. 人际关系方面

有的中职学生过分以自我为中心;有的学生急于表现自己,急于想赢得别人的认可和尊重,所以面对负面评价的时候,不能很好地调整心态,造成人际关系的紧张;还有的学生不善于与人交往,人际关系僵化,出现自我封闭、偏执等心理问题。

4. 择业就业方面

部分中职学生对自己的事业方向不清楚,不知道在校期间自己该做什么,将来能做什么,对自己的未来和前途担忧迷茫,甚至陷入混乱和盲目跟风的状态;还有部分学生想从事体面轻松、收入较高的工作,在择业时,好高骛远,给自己设定很多限制,面对与大学生竞争的就业环境时,产生较大的心理压力,无法达到便全盘否定自我,一蹶不振。

5. 性心理方面

处于青春期的中职学生,男女生的性别角色意识进一步加强,有接近异性的好奇与冲动,渴望与异性朋友交往。但由于他们生理成长与心理发展不同步,再加上网络媒体中不良信息的催化作用,使得一些中职学生过度地关注"性"。而对孩子的"性"需求,有的家长采取忽视、回避的态度,有的家长只会批评、指责,这些都可能让孩子不能正确面对性取向、性偏差、性侵害等问题,不知道如何守住底线,保护自己。

(三) 教师指导家长疏导孩子心理困惑与心理问题的方法

作为教师,指导家长疏导孩子的心理困惑与心理问题可以从以下两方面着手:

1. 搭建家校平台,加强家校合作

教师可以通过增加家校沟通,引导家长做好心理疏导工作。比如通过家访沟通,了解和掌握学生和家长的家庭环境,针对每个学生的情况,对症下药;也要完善学生心理档案的建设,把学生表现出的行为变化、心理动态及时与家长反馈沟通,共同合作对学生进行引导。

2. 普及心理知识,更新家教观念

教师可以通过心理讲座、家长论坛、家长学校或家校沟通平台,普及心理知识,让家长掌握青春期孩子心理发展的规律,学习一定的疏导技巧和方法;对于学生出现的新情况、新问题,家长需要掌握最新的家庭教育理念,比如关于网络交友,家长要给予孩子正确及时的引导,让孩子学会保护隐私,把握交往尺度。

3. 必要时寻求专业援助,心理教师个案指导

教师应指导家长关注孩子的情绪心理状态,让孩子明白,感到压力过大,出现心理困惑或心理问题时,主动求助,为自己的情绪和压力找到出口。必要时可以联系学校心理教师,预约个人心理咨询,拨打区级或市级心理热线。家长应让孩子明白,积极求助永远是智慧的选择、强者的行为!

【案例分享】

染红发的女孩

在我和班级同学的印象中,小静是一个乖巧文静、沉默孤僻的女孩。所以,当有一天早上,她顶着一头酒红色的烫发走进教室时,所有人惊讶不解的目光都追随着她,直到她落座。有同学在窃窃私语:"她怎么回事?明目张胆地违反校纪校规。""平时看不出,胆子也太大了吧。"

我站在讲台上,心里很生气,但又想给她一个机会,就在班会课上强调了仪容仪表问题,希望给小静一个台阶。没想到,第二天,她仍旧我行我素地顶着红发出现。我想要主动出击了,课后把她叫到了办公室,小静双手交叉在胸前,并不与我

的眼神对视,对我的询问也只是点头摇头,不愿意多说一个字。

发生了什么事,让她有如此大的改变?我拨通了小静妈妈的电话。

原来,小静的父母在她很小的时候就离异了,她一直跟随妈妈、外公、外婆生活。家长抱着愧疚弥补的心态,对她比较宠溺放纵,同时也寄予厚望,这样也让小静形成了以自我为中心的性格。

小静从小学习成绩突出,充满优越感。但中考时,她发挥失常,进入职校学习,自己深受打击,家人常常表达出失望无奈之意。在学校,小静失去了学习动力,成绩一般,总觉得低人一等,不敢与人交往;在家里也很少和家人交流,总是一个人待在自己的房间里,只有吃饭的时候才出来。小静母女间的关系也非常紧张,彼此间能真正谈心说话的机会很少。每当小静犯错误的时候,母亲都会采取批评训斥的方式教育女儿。

在班级中,我没有再刻意强调染发的事情,而是让她担任起了信息员。让她每天把学校新闻、通知张贴在信息栏中,这不需要与同学有太多交流,而她每天坚持,也逐渐胜任了这项工作,并受到同学们的欢迎,成绩也有所提高。

时机成熟后,我又找小静谈心,得知她染发的原因是妈妈随口说了一句,染头发的小青年肯定不是好人,她与妈妈争辩起来,染了红发故意气妈妈。我听完后对她说了几句话:"小静你现在是班干部,工作非常出色,大家也都向你看齐,同学们都很喜欢你,想跟你交朋友,你可以多帮助那些有困难的同学吗?你自己也会变得很快乐的。老师相信你日后一定会做得比现在更好!"

同时,我与小静妈妈多次沟通,让她意识到母女之间的沟通中,有很多不当之处,比如不恰当的沟通时机,没能很好地控制情绪,没有认真倾听小静的想法,更没有很好地理解和协商。母亲认识到了亲子沟通的重要性,自己在沟通中存在的问题,改变了自己错误的沟通习惯。另外,妈妈也意识到了自己对中职教育的偏见,让女儿产生了严重的自卑情绪。她需要转变思想,让女儿明白:只要努力,中职学生也同样拥有远大光明的未来,比同龄人表现更优秀、出色。

没过几天,小静的头发染回了黑色。慢慢地,她越来越开朗活泼,成绩也越来越好。

【点评】

当孩子出现一些心理问题时,教师要帮助家长加强关注,予以重视。案例中,教师与家长积极沟通,让家长认识到孩子存在自卑心理及其背后的原因,并让家长反思自身教养方式和家庭互动模式上的问题。当孩子进入青春期后,家长要根据孩子的成长而改变，采用适合孩子发展阶段和性格特点的教育方式，如案例中的女孩敏感又固执，妈妈就要用温柔缓和的沟通方式，潜移默化地滋润和影响孩子的心灵。

（四）发现学生有严重的心理障碍要求助专业教师或专门机构

有的家长发现孩子心理异常，但担心孩子被"特殊对待"，选择隐瞒病史或不承认孩子需要就医，这时，教师需要让家长意识到这样做将不利于孩子的恢复，甚至危害孩子的健康安全；有的家长会觉得孩子出现心理问题是矫情，是想借此获得关注，或以此希望家长放松管束，所以，家长会置之不理或者搪塞过去；还有些时候，教师告诉家长孩子出现严重心理问题，建议就医时，家长担心孩子会被贴上不正常的标签，不愿意求助专业机构，导致延误了治疗的最佳时间，使问题变得更加严重。

因此，当教师发现学生心理和精神状态异常时，应先联系学校心理教师，并上报学校相关部门备案。同时，协助学校做通家长思想工作，让家长及时带孩子去专门的医院或精神卫生中心，进行咨询、诊断或治疗。

【案例分享】

我很累，但是停不下来

小希在英语课上，忽然情绪崩溃，大哭起来，任课老师急忙把她送到了心理咨询室。

"看起来你心情很糟糕，哭一会也许会让你感觉好一些。"在心理老师的安抚和交流后，小希慢慢停止了哭泣，但看起来还是心事重重，闷闷不乐的样子。

从小小希就是班级里的学霸。即使进入职高，她也一直都是班级里的前三名，但是随着年级的升高，她发觉学习越来越吃力，想每次考试都保持前几名越来越难。为此，她每天都给自己制订了详细的学习计划，并要求自己必须完成。课间都在刷题做作业，晚上常常学习到深夜，在书桌旁累到睡着，但是如果没有完成计划，她绝不上床睡觉。即使上床，她也辗转反侧，难以入眠，睡着后很容易醒来或是做着各种各样的梦。第二天早上醒来，依旧感觉疲惫无力，上课的时候打不起精神，注意力无法集中，记忆力也有所下降；吃饭的时候，没有食欲，只是因为需要吃饭，勉强吃上几口，却味同嚼蜡，食之无味。陷入这种恶性循环后，她的学习成绩不断下滑……

小希哭着说："刚才的英语课上，我越是强迫自己认真听讲，越是听不懂老师在讲什么。"她指着自己的黑眼圈接着说："我已经好久没有安心睡过一个好觉了。我好累啊！我好像背着千斤重担在赶路，一直走，一直走，不敢停下来休息。"

我决定联系小希的家长，看看她在家里的情况。没想到电话接起，竟然是一个苍老的声音，接电话的不是她的爸爸妈妈，而是她的爷爷。原来，小希从小住在爷爷奶奶家，长大后也没有回到自己家，父母只是每周来吃一次饭，饭桌上谈论的也都是她的学习；父母喜欢在亲朋好友面前炫耀自己的"学霸"女儿，从小都不用管，成绩总是名列前茅。当她渴望和父母多待一会，聊聊天，出去玩时，父母却总以工作忙为理由拒绝，几次之后，她便心灰意冷，不再提起。

通过之后的几次心理咨询，心理老师向我反馈：小希自己都没有意识到，她希望用优秀的成绩获得父母的认可和关注。认为只有自己足够优秀，父母才会"看到"她，更爱她。

我随后与她父母取得联系，鉴于目前她的情绪状态、行为表现，建议送孩子去精神卫生中心就医。随后，她的父母告诉我，医生诊断孩子为中度抑郁症和焦虑症。

小希的父母充满愧疚与自责，长期以来，他们只看到孩子学习成绩优秀的表面现象，对她的内心世界却一无所知。他们为孩子办理了休学，并接回家中疗养。没想到，小希的心理状况却并未好转，只是每天坐着发呆，默默流泪，晚上仍然失眠。

小希的父母求助于心理老师，老师认为小希表面看起来是因为学业压力而出现抑郁与焦虑的症状，但根本原因是父母的缺位，造成孩子把父母的爱与学业表现建立联结，无形中给自己套上了沉重的枷锁。所以，建议父母首先要重建与孩子的亲子关系。

几天后，就是小希的18岁生日。与小希商量后，父母与她在家里举办了一场小型的生日聚会。爸爸妈妈精心制作了孩子从出生到18岁的照片视频，并且手写了一封信送给小希。在信中，父母表达了对孩子深深的爱意，并为之前的缺位与忽视郑重道歉，"不管你的成绩如何，不管你是否优秀，爸爸妈妈永远爱你！我们的爱不会因为任何原因改变或消失。"爸爸妈妈与小希哭着抱在了一起……

亲子关系有所改善后，父母陪伴小希定期就医，积极治疗。一家三口接受家庭咨询，并逐渐找到了家庭中各自的位置。通过运动、旅行等活动，父母与孩子的共同话题越来越多，关系也越来越融洽。

半年后，小希虽然没有完全康复，但明显好转，心理医生认为可以在保持治疗的同时继续学业。她又走进心爱的校园，不过，她的学习目标和价值，不再是为了让父母满意，也不再是考到多少分，考到第几名。摘下"学霸"光环，她感到从未有过的轻松……

【点评】

  家庭是孩子心理障碍疗愈最强有力的支持环境,良好的家庭关系,恰当的家人关注,和谐的家庭氛围,都能给予孩子对抗心理障碍的力量,逐渐恢复心理健康状态。

  案例中的父母从失职缺位到逐渐重建亲子关系,经历了漫长的过程。班主任和心理教师的帮助,让家长意识到,孩子严重的心理障碍,其根源也许并不仅仅只在孩子身上,而是家庭互动和家庭关系出现了问题。这时,家长需要听从心理专家和教师的建议,及时主动调整和改变教育方式,陪伴孩子走过人生低谷,迎接光明与美好的未来!

三、正确使用电子产品

  在互联网高速发展的信息化时代,电子产品日新月异地更迭,它们一方面为中职学生提供了良好的网络学习环境,能够帮助他们快捷高效地获取最新最丰富的知识信息,另一方面中职学生也可能会因此沉溺于网络虚拟世界,脱离现实,更有甚者荒废学业。2021年教育部办公厅印发了《关于加强中小学生手机管理工作的通知》,通知明确要求中小学生原则上不得将个人手机带入校园,确有需求的,须经家长同意、书面提出申请,进校后应将手机由学校统一保管,禁止带入课堂。通知也指出各校要做好家校沟通,家长应切实履行教育职责,形成家校协同育人合力。因此,教师如何指导家长引导中职学生正确使用电子产品是家庭教育指导中的重点课题之一。

(一) 电子产品——学生成长的双刃剑

  互联网时代让我们的生活发生了翻天覆地的变化,电子产品作为互联网时代的产物,就像一把双刃剑,影响着中职学生的成长。

  电子产品具备教育性和娱乐性。它提供了丰富的知识资源库,扩大了中职学生的知识视野,为他们提供丰富多样的学习途径。国际知名学府的在线公开课、知识媒体库等渠道无一例外为学生们打开了新世界的大门,提供了更多的学习机会。电子产品的娱乐性让中职学生在繁忙的学习生活之余获得快乐的体验,得到适当的放松和休息。

  由于电子产品使用不当,会引发中职学生的近视、听力受损等问题,长时间使用电子产品会减少中职学生户外运动和锻炼的时间,进一步影响其身心健康。青春期的中职学生的自制力仍不够强,某些学生可能会过度沉迷电子产品,浪费时间,耽误学习,甚至可能会进一步成为家庭的矛盾之源。此外,网络上的信息良莠不齐,有非法的淫秽视频、敌对势力传播意识形态的音视频等,这些有毒有害的信息内容会影响孩子的身心健康,下载和转发这类信息甚至会触犯法律。

(二) 科学引导,合理使用电子产品

作为教师,该如何指导家长引导孩子合理使用电子产品呢?教师可以从以下两个角度给予建议:

1. 共同协商,建立契约

提到手机、平板等电子产品的使用,很多家长"咬牙切齿"于孩子对电子产品的过度依赖。家长可能会"一刀切"禁止孩子使用电子产品,也可能会把孩子成绩下滑、学校表现不佳归因于孩子对电子产品的使用。青春期的孩子情绪丰富,自我意识高度发展,他们渴望家长能够平等对待他们,渴望从家长那里获得尊重,这样强制禁止电子产品的使用,或者把孩子不良表现归因于电子产品的使用,往往会适得其反,进一步引发孩子的叛逆心理。

家长要观察孩子使用电子产品的时间、频率,当发现孩子存在过度或者滥用电子产品时,就观察到的行为本身和孩子进行谈话,不要因为这个行为而全盘否定孩子。切忌采用命令式的口吻要求孩子停止电子产品的使用,双方可以就电子产品的使用时间和方式进行沟通协商,将沟通结果形成书面文字,共同签字,相互监督、执行。

2. 有效陪伴,丰富生活

电子产品的娱乐性可以让孩子获得愉悦的精神刺激,孩子在视频中满足了娱乐需求,在游戏中获得了成就感等。但是电子产品中信息繁杂,在日常陪伴中家长应加强对孩子信息分辨的教育,学会辨别和判断不良信息,免受不良信息的侵蚀。正确合理使用电子产品时,一定要加强孩子对电子产品中不良内容的分辨。因此,如果想减少孩子对电子产品的使用,可以采取一些替代的办法满足孩子的潜在需求。比如营造轻松友爱的家庭氛围,及时发现孩子的情绪变化及内心感受,适时沟通、交流,帮助孩子用恰当的方法应对自己的情绪;增加看电影、短途旅行等亲子活动,让孩子在亲子互动中获得快乐和新鲜感等。

(三) 遵纪守法,树立网络安全意识

中职学生除了要巧用电子产品,善用网络资源之外,还要学会辨别信息,自我保护,知法守法。教师可以从以下两个方面进行家庭教育指导,为学生构筑网络安全屏障:

1. 学法懂法，安全上网

互联网信息资源丰富，但是有些垃圾、色情信息也荼毒着中职学生的心灵。网络不是法外之地，学生应当了解网络法律法规知识，规范上网言行，不做"键盘侠"。因为网络的匿名性，中职学生可能会在网络上发布一些过激甚至不当的言论。此时教师和家长应当为学生普及网络道德相关的规章制度，展示网络不当言行的相关案例，以儆效尤。法治和道德双管齐下，引导中职学生文明上网，道德自律。

2. 自我保护，防范欺诈

网络的高速发展，也让中职学生在电子产品的使用中不可避免地面临安全问题。由于中职学生社会阅历浅，往往会被花样百出的诈骗手段蒙蔽双眼，成为网络诈骗的受害群体。提醒学生使用网络中注意自我保护，不轻信未知来电的未知信息，有问题及时和家长联系，不要轻易泄露个人信息，不因为贪心被"糖衣炮弹"迷惑而转账、汇款，学会自我保护，防范欺诈。

（四）当孩子有了"网瘾"怎么办？

"唉，老师，我们家孩子是不是有'网瘾'，一打起游戏就什么都不管了，您有什么好办法吗？"很多教师会接到家长类似的求助，面对这些求助，我们可以从以下四个角度给予家长建议：

1. 实事求是，控制情绪

对待沉迷电子产品和网络的孩子，许多家长又气又急，愤怒于自己孩子的不求上进、沉迷网络而荒废学业。许多家长会因此"病急乱投医"，一味责怪、打骂自己的孩子，"一刀切"地没收电子产品和切断网络，甚至送孩子去网瘾学校戒断……这么做往往会产生更大的家庭矛盾，对孩子造成更大的心理伤害。在发现孩子沉迷电子产品时，家长首先应控制自己的情绪，实事求是地观察孩子电子产品的使用情况和对其生活的影响，尽量保持客观、理性的态度，为接下去的解决问题寻找客观依据，而不是带着情绪去处理孩子沉迷电子产品的问题。

2. 用心理解，寻找原因

很多孩子使用电子产品都有自己个性化的原因，而沉迷其中也往往是源于对现实的不满。有的孩子是因为日常父母陪伴时间不足，而选择在虚拟世界中获得关注；有的孩子是因为在现实中人际关系中受到挫折而转移到网络世界；有的孩子是因为生活无聊没有目标感而选择在网络游戏中打发时间……家长应当观察孩子的日常表现，理解孩子沉迷电子产品背后的需求，有必要时向班主任或学校心理老师求助，走进孩子的内心世界。

3. 转换兴趣，培养意志

很多家长会苦恼，苦口婆心地劝孩子不要沉迷电子产品，但却收效甚微。其实，孩子沉迷电子产品，是因为缺乏健康的兴趣爱好和找不到合理的娱乐方式。所以，与其口头引导，不如发展和培养孩子的兴趣。例如，鼓励孩子多参加体育活动，增加户外运动时间，得到身体的锻炼和心灵的抚慰；发展绘画或者戏剧等爱好，受到艺术的熏陶，增加对美的感受；定期旅游，探索大自然，扩大视野，拓展知识面等，让孩子将精力和时间投入自己喜欢的兴趣活动，培养意志，那对电子产品的依赖也会自然而然地减少。

4. 呵护陪伴，共同成长

沉迷电子产品不是一天形成的，因此家长对待这个问题也不能急于解决。家长应当保持耐心，和孩子共同成长。尽可能多抽时间陪伴孩子，创造亲子共处的时间，转移其注意力，关注孩子的内在需求。青春期的中职学生可能会存在身心上的困惑，他们敏感而脆弱，家长的呵护和陪伴能够让他们更加坚强和有底气，这样他们就不会选择在网络世界中满足需求、逃避现实。

【案例分享】

个性男孩的"断网"之路

我又一次无奈地打通了小亮妈妈的电话。两周不到的时间，小亮已经被记录迟到5次。小亮妈妈连连道歉。她提到，此时自己在外地出差，回到家一定好好教育自己的孩子。她抱怨小亮沉迷网络游戏，把孩子迟到的问题也归因于熬夜打游戏早上起不来。我叹了口气，玩游戏娱乐休闲本身没有问题，但是影响到正常的学习生活，就是一个大麻烦了。

"这次回上海，我一定把网线剪断！让他没办法上网。"小亮妈妈认真地说。

"这样切断了，万一他和你闹脾气怎么办？"我反问。

"总比沉迷游戏早上起不来强。"小亮妈妈振振有词地说。

听了家长的话，我也知道这是她"走投无路"的办法。可这样"一刀切"剪断网线，家庭大战可能一触即发。忠告而善道之，小亮妈妈已经做好决定，我一味地劝阻也起不到任何作用，只好默默挂了电话。

某天上午，小亮妈妈突然联系我，说要给小亮请假。原来前一夜里小亮妈妈偷偷切断网线，小亮的游戏被中止，就在家里大发雷霆，和妈妈大吵了一架。早上房门紧闭，执意不肯出门上学。

"我和他说是被老鼠咬的，他不信啊。"小亮妈妈念叨着。

家长和孩子在电子产品使用的问题上斗智斗勇,可谓方法百出。我准予请假,给了小亮妈妈和小亮一点缓冲的时间,但是也提示小亮妈妈这样没有理由的不来学校是按照旷课处理的。

　　第二天,小亮来学校了。没迟到,就像什么也没发生一样。小亮妈妈主动打电话给我,说自己还是把网线装回去了,今天早上儿子没迟到也是因为自己定时定点把他从床上拖起来。看来,小亮的迟到问题不仅仅是因为游戏。

　　我理解小亮妈妈想让儿子少打游戏、少用电脑的急迫心情,她希望儿子能够多出去走走,少做宅男。我在微信上给小亮妈妈发了几幅小亮的原画作品,是几个游戏人物的手绘形象设计。

　　"画得不错。"小亮妈妈回复。

　　"是小亮用电脑画的。"在我告知小亮妈妈真相以后,她大吃一惊,没想到埋头游戏的儿子竟然也能用电脑"干正事"。

　　我问小亮妈妈有没有观察过小亮玩游戏的时间和频率,有没有了解过孩子在玩什么游戏。小亮妈妈支支吾吾说不上来。她想当然地认为每次小亮一窝在房间就是打游戏。我建议小亮妈妈观察一下小亮日常在家电脑使用的基本情况,再进一步看看怎么引导孩子合理使用电脑。

　　小亮妈妈在我的建议下开始观察。奇怪的事情发生了——观察的这一周,小亮没有迟到。小亮妈妈告诉我,这一周都是她自己叫儿子起床,而且她发现小亮其实玩游戏的时间也没她想的那么多,做完作业会玩到11点30分左右,每天都差不多。我进一步引导小亮妈妈思考,小亮每天回到家玩游戏的原因是什么。小亮妈妈不假思索地回答,游戏好玩。我好奇地问她,孩子只是因为游戏好玩的话,是不是有什么替代活动?过度地使用电子产品,会让孩子缺乏锻炼和引起近视,因此对小亮来说,缩减游戏时间的确很重要。我引导小亮妈妈去思考这个问题。他妈妈突然叫道,前段时间他想去健身,当时还以为他是三分钟热度,所以根本没搭理他!小亮妈妈开始意识到自己对孩子需求的忽视。

　　我肯定了小亮妈妈的办法,同时也对小亮近期不迟到的表现给予肯定。"小亮的迟到,似乎是一种信号?"我试图让家长意识到小亮的迟到,其实也是希望得到妈妈的关注。

　　"是啊,烦死了,我叫他,他就起得来,我不叫,他就怎么也起不来。"小亮妈妈抱怨道。

　　小亮来自单亲家庭,从小由妈妈抚养长大,妈妈平时工作比较忙,很多时候都是小亮自己照顾自己。小亮在妈妈的提醒下能够按时起床,就是一种希望得到妈妈关注的信号。小亮渴望得到妈妈的关爱,但是又不愿意直接和妈妈表达,所以才有了"迟到"这个行为。我向小亮妈妈表扬了小亮的自理能力,小亮妈妈也为自己孩子的独立自主而欣慰,但是也很困惑儿子为什么在出勤这样的小问题上犯糊涂。

"或许小亮想被忙碌的妈妈关注。也想让妈妈管一管自己。"小亮妈妈听到我的说法后先是很吃惊,过了一会点点头。她意识到自己因为繁忙的工作疏忽了对儿子的教育,也很久没有和儿子坐下来好好吃一顿饭了。

孩子过度使用电子产品,沉迷网络游戏,有时候不仅是因为喜欢、好玩,有时候仅仅是想打发无聊的时间,在虚拟世界中寻找满足和安慰。小亮就是通过游戏去弥补缺少的来自父母的关心。如果他的妈妈能够意识到,并有所行动,那么他的情况一定会有所好转。

两周后,我在朋友圈看到了小亮和妈妈一起在健身房健身的合照。这段时间,小亮妈妈抱怨自己儿子沉迷游戏的次数少了,朋友圈也更多是和儿子日常生活的合照。而小亮,也很少迟到了。

【点评】

"孩子成绩下降了,一定是手机玩太多了""早上迟到,一定是手机玩太多了""孩子闷声不响就只知道玩手机"……在孩子发生问题时,很多家长会把原因归咎于电子产品的过度使用。我们可以听到很多家长的相关抱怨,但是殊不知,过度使用电子产品往往只是一个表象,表象背后是孩子的某些需求未得到满足而选择使用电子产品作为代偿。

事件中的班主任看问题很透彻。小亮同学的迟到问题可能是因为希望得到单亲妈妈的关注,晚上玩游戏也只是因为无聊而打发时间,并不是妈妈所说的沉迷游戏。面对小亮妈妈的"控诉",班主任积极向家长反馈小亮的日常表现,以启发家长思考学生沉迷电子产品背后的真实需求。小亮妈妈是个乐于沟通、善于思考的人,在和班主任一来一去的沟通中,她也发现了自己亲子关系中的问题所在。小亮的班主任是个善于发现问题、善于启发家长的人,通过小亮在校表现循循善诱,启发小亮妈妈。小亮不再迟到、走出过度使用电子产品的困境是两人相互配合的结果。

四、职业生涯规划指导

著名作家柳青曾经说过这样的话:"人生的道路虽然漫长,但紧要处常常只有几步,特别是当人年轻的时候。"中职阶段恰逢这样的紧要之处,是孩子进行自我认知与探索的主要时期,是个人生涯发展的重要阶段。

(一)职业生涯规划指导的重要性和紧迫性

1. 职业生涯规划指导是学生家长最大的需求

父母都期望孩子拥有顺畅的人生,但光有期望是不够的。父母应帮助孩子学会规划和经营自己的职业生涯,培养孩子初步的职业生涯意识和职业生涯规划能力,为未来人生做好准备。一个人的职业生涯规划,好比一座建筑的蓝图,只有构思好蓝图,才能有条不紊地走好人生的每一步。但是家长们从来没有学习过职业生涯规划课程,不知怎样指导孩子,这时就需要教师进行专业的指导和帮助。

2. 职业生涯规划指导是学校教育教学的重要环节

职业生涯规划指导是中等职业学校德育的重要组成部分,需要学校各个部门的共同参与,在开展职业生涯规划系列活动时也需要不同部门之间相互配合与合作。比如专业部负责专业介绍、行业分析等;学生处负责职业生涯规划大赛、家长课堂、职业观念引领等;思政教研室负责职业生涯规划课程教学、一对一职业生涯规划指导等;招生就业办负责求职要点、面试技巧、实习实训等;班主任负责职业生涯规划主题班会课、学生日常交流、学生职业生涯规划档案管理更新等。而教师首先要知道职业生涯规划指导的作用,即引导中职学生树立正确的职业观念和职业理想,学会根据自身特点和社会需求设定职业目标,并以此规范和调整自己的行为,为顺利就业、创业创造条件,使中职学生在社会发展的过程中发挥积极的作用。当教师自己深入了解之后,才可以将职业生涯规划理论融入相应学科,也可以指导家长对中职学生进行职业生涯规划。家长怎样帮助中职学生做好职业生涯规划呢?

(1)家长先要学习,明确职业生涯规划的内容

什么是职业生涯规划?它指个人在对自身主客观条件进行测定分析的基础上,综合兴趣、爱好、能力、性格、价值观、社会需求等因素,确定最佳的职业奋斗目标,并为实现这一目标付诸行动。职业生涯规划教育是理想、目标教育,也是责任感、人格和心理品质的教育。在这个过程中,父母首先要树立正确的就业观,了解社会的需求,接着帮助孩子全方位了解自己,开发潜能,也可以帮助孩子建立自信,做好初步的职业准备。

(2)多与孩子交流和沟通,引导孩子正确地树立人生目标

职业的选择是父母和孩子都会着重考虑的问题,但父母和孩子在选择职业和专业时可能会出现分歧。家长认为自己的阅历丰富,有生活实践经验,普遍从现实出发,如工作是否好找,就业前景如何,收入高低等;而孩子则更多地考虑是否符合自己的兴趣,能否发挥出自己的特长和优势。因此家长和孩子应该经常坦诚交流与沟通,综合考虑,既能尊重孩子的意见,也能给到孩子切合实际的建议。

3. 职业生涯规划是学生成长的指路明灯

中职学生正处于自我意识分化的特殊时期,有很多矛盾和需求,他们对未来有憧憬但也有迷茫,他们渴望独当一面但也需要成人的理解与支持。相对于普通高中生来说,中职学生已经从职业幻想阶段进入职业起步阶段,在职业生涯探索阶段中,最初的专业选择和最初的职业选择非常关键,也是个体职业心理发展的重要时期。虽然选择了专业,但未来的道路有千万条,如何在目前所学的专业道路上走得更宽、更远,这是年轻的中职学生还无法考量周全的地方,需要家长及时引导。当然也有部分中职学生不喜欢目前的专业,那么如何让他们既顺应现实,又发挥特长,引导他们制定契合实际的职业生涯规划显得尤为重要。

【案例分享】

一个外语学生的中华传统文化梦

小婷的爸爸是一个业余木雕爱好者,耳濡目染下她对中华传统文化有了一份很深的情怀。四年级开始,她喜欢上了中国舞,在年龄不占优势的情况下,凭着一腔热爱、凭着一份执着,不到 4 年就考到了中国舞 10 级。在学习中国舞的 7 年里,她越来越喜欢中华传统文化,而且她的初中正好是龙文化传播教育基地,她还有幸被学校选中加入了武术队,练习武术 4 年。在学校、家庭、老师和特长等几方面因素的影响下,她对中华传统文化的热爱已经深入骨髓。但是中考时父母对成绩不错的她寄予厚望,给她报考了录取分数线颇高的语言类中专,学习英、德双语专业。尽管她知道家人都是为她好,但是拿到录取通知书的那一刻依然难掩失落,她感觉原本的理想雏形被打破了,英德双语专业与她传统文化的梦想完全不一致,她感到特别迷茫。

中职一年级第一学期就有《职业生涯规划课程》,而且她所在的学校也特别重视学生们的职业生涯规划,希望大家不仅是学习一门课程,更能学以致用,因此每年都组织职业生涯规划大赛,要求每个学生设计自己的职业生涯规划书,并选取部分优秀同学参加职业生涯规划演讲比赛。文笔不错的小婷对写作挺有自信,尤其是写前面自我分析部分的内容,但是当分析到目前所学专业,结合自身特点、职业理想、专业能力和社会需求确定职业目标时,她却没有了方向。她目前的很多喜好都是和传统文化相关的,她的职业理想是弘扬传统文化,但现在学的却是外语,她觉得现实与理想之间有很大的冲突,更加迷茫,甚至有些不知所措。这时她想起我在课堂中说过的话,进行职业生涯规划设计的目的是帮助大家更好成长、学会规划人生,有疑惑或困难可以随时求助。于是她跟我预约了职业生涯规划一对一指导。

我看了小婷的自我分析内容后,对她表示了极大的欣赏,夸她听课认真,把课堂上进行的测试、分析等都进行了梳理,自我认识很透彻,性格、能力、兴趣、价值观等都非常清晰。小婷很开心,但是她还是提出了自己的困惑:职业理想与目前专业无法匹配。我没有马上给答案,而是翻出了学校接待外国师生团的一篇新闻稿,让小婷仔细阅读。小婷很疑惑,但还是认真阅读起来,新闻稿中提到:学校今年专门设立了国际部,招收国际留学生学习中文和中华传统文化,倡导多元文化交流。看着看着,小婷紧锁的眉头松了,她迫不及待地和我分享她的新思路。以前她想到更多的是学习中华传统文化,但没有仔细思考过学习之后可以干什么,现在看到学校作为外语学校却能推广中华传统文化,她觉得自己原来的梦想完全可以和实际专业结合了。我一边肯定她,一边帮她继续理清思路。小婷感觉自己未来的规划越来越清晰,她将自己长远的职业目标定为"创办一家传播中华传统文化的工作室",通过网络平台让更多的中国人和外国人了解喜欢我们的传统文化。确定目标后,小婷决定现在先好好学习德语和英语,也要将自己从小学习的传统文化项目继续学习下去,同时努力加入学校国际交流部,争取接待外国同学,传播中华传统文化。

小婷认真设计的规划书得到了学校评委们的一致认可,获得全校第一名的好成绩,最终还代表学校获得了市文明风采活动的优秀作品奖。小婷爸爸妈妈听到她的职业生涯规划演讲后非常感动,也被她的学习热情所感染,她爸爸决定开始传授她木雕技艺,全力支持孩子追求职业梦想。与此同时,小婷如规划书设计的那样,认真学习德语和英语,如愿加入了学校国际交流部,开始接待外国同学,并不时展示中国舞、武术等技艺,还顺利加入了学校的汉服社、古礼社等。她正坚定地向自己的职业梦想前进。

【点评】

小婷这样的困惑在中职学生中是比较普遍的,有的孩子选择了自己喜欢的专业,有的孩子迫于现状选择的专业未必喜欢。有些家长可能觉得孩子懂什么,兴趣又不能当饭吃,直接忽略了孩子的自身特点,这样完全不顾虑孩子感受的做法,肯定没办法让孩子心服口服,更不可能让孩子认真学习。进入中职学校后,教师们一方面会引导孩子们喜欢上自己的专业,另一方面也肯定不会忽略孩子们自己的兴趣和能力等,知己知彼,入职匹配才算双赢。案例中教师没有否定孩子的兴趣、能力,也没有否定父母帮孩子做的选择,面对孩子提出的爱好与实际之间有偏差的困惑,尝试在两者间找联结点,激发孩子的前进动力,这是一种比较可取的做法。随着时代的进步,职业类型更新换代,职业选择越来越丰富,多花点时间和精力去探寻,找到平衡的职业选择是完全有可能的。

（二）职业生涯规划指导的几个重点问题

1. *引导家长正确认识升学和就业的关系*

中职学生毕业后是升学好还是就业好呢？父母和孩子可能想法不一。有些父母认为升学更好,理由是：趁现在还年轻,一定要先提升学历,有知识、有学历,才能接触到更高层次的交际圈,视野会不一样,人生也会不一样；有些孩子希望先就业,因为家里经济困难,父母太辛苦,为了更早给家里减轻负担,选择毕业就参加工作；也有些孩子觉得自己不是读书的料,再读下去实在没意思,还不如马上就业更舒服。

教师一定要引导家长,让他们明白,其实不管是升学还是就业,最关键的是要结合孩子的实际能力和内心需求,多听听孩子的真实想法,而不是一味地采取强势做派。

教师要保持和家长信息畅通,经常将孩子文化课、技能课的学习状况如实反馈,让家长了解孩子的实际状况。同时,教师要让家长和孩子了解社会发展现状、本专业发展趋势、用人单位对人才选择的标准等。当然,教师还要全面掌握学生家庭情况,当父母与孩子期待不一致时适当调和,但不盲目给建议。让学生尽早做好职业生涯规划非常有必要,而且根据自身实际、社会现实制定长远规划和近期目标,能让家长明白孩子不是在胡乱做选择,进而更愿意支持孩子,对孩子产生更多正向的期待。

2. *帮助家长引导孩子学会选择*

许多家长为了让孩子少走弯路,不自觉地走入家庭教育的一大误区,那就是：家长按照自己的想法,依照自己多年的经验阅历为孩子铺设人生大道,却忽略孩子自己的选择。家长这样的做法往往得不到孩子的认可,有时还会引起孩子极大的反感,最后造成家长心酸、孩子不解的无奈局面。

教师要尽早提醒家长,不能越俎代庖,必须尊重孩子。提醒家长在孩子需要做出人生重要选择的关键时刻,做好引导者、支持者、鼓励者,而非领导者、包办者、批评者。教师指导家长可以从以下几方面着手：

(1) 让孩子拥有选择权

选择能使孩子主动了解社会,学会多方位思考,进行深度的考察,同时在对环境的了解中认识自己,完善自己。现实生活中,不少父母习惯帮孩子做主,导致有的孩子依赖父母,有的孩子想做主但不被允许等。剥夺孩子的选择权意味着让孩子丧失了一个重要的成长机会。因此家长应该把选择权还给孩子,让孩子做自己人生的主人,才有可能获得孩子想要的生活。

(2) 紧跟时代,更新价值观

时代在改变,过去的经历给家长积累的经验不计其数,但社会不是停滞不前的,哪些经验仍然适用于当下社会可以保留,哪些经验已经过时需要摒弃?家长应该对此有一个明确的认知,充分利用身边的资源——报纸、电视、互联网等媒体资源,多听听年轻朋友的想法,看看他们对这个社会有怎样的认识,他们所追求的是什么。而且通过这些交流,家长会更容易理解孩子的想法,对孩子的兴趣爱好有更多客观理智的认识,有利于后期的职业生涯规划指导。

(3) 适时分享社会经验

家长拥有比孩子丰富得多的经验和阅历,无论是成功的还是失败的都是一笔宝贵的财富。家长可以在平和的交流氛围中,讲述自己成长的经历、回忆第一天上班时的情景、人际相处过程中碰到的问题等,逐渐地将经验分享给孩子。但家长切忌用强势态度和强硬语气教育孩子,诸如"我走过的桥比你走过的路还多得多"这类言语可能会引起孩子极大反感。分享经验应该建立在平等、尊重的原则上,参考而非灌输。

(4) 不要给孩子施加压力

子女升学、就业,家长应该鼓励支持,不要再给孩子施加压力,更不要讲"别人家的孩子怎么好"这样的话。父母的目光、家庭的投入、社会的舆论,对于孩子而言都是巨大的压力,很多孩子已经有很大学习压力,这个时候,如果家长再自觉或不自觉地给孩子施加压力,孩子很容易在情绪上崩溃。家长应该做的是,鼓励孩子坚持下去,给予孩子支持和动力。

(5) 选择之后的担当和坚持更重要

不管哪种选择,都会有利和弊,都需要在不同阶段付出不同的努力,而且选择之后的担当和坚持更考验孩子,也更能让孩子领悟人生,从而真正对自己的人生负责。

3. 向家长提供切合实际的生涯规划的设计和方法

职业生涯规划课程会逐渐引导孩子做好生涯规划的设计,家长也有必要了解设计的方法和思路,这样才能更好地帮助孩子。因此,教师要帮助家长了解职业生涯规划的关键步骤,即全面认识自我和探索职业世界。

(1) 全面认识自我

认识自我包括探索职业兴趣、职业性格、职业能力、职业价值观等,让家长了解目前学校会通过各种专业的测试工具,让学生更全面地了解自我。如通过霍兰德职业倾向测试了解职业兴趣,通过 MBTI 职业性格测评问卷分析性格类型,通过职业能力倾向测试梳理职业能力等。也可以让家长在实际生活中,通过观察发现孩子更多的特点,完善孩子对自己的认识。当然也一定要让家长明白,他们的职业价值观一直在影响着孩子的职业价值观。

这里简单介绍霍兰德类型论,供教师对家长进行指导。

霍兰德(John L. Holland)在 1973 年提出六角形的理论(Hexagonal model),即现代霍兰德类型论的原型,根据兴趣的不同,可分为研究型(I)、艺术型(A)、社会型(S)、企业型(E)、传统型(C)、现实型(R)六个维度。

研究型(Investigative):喜欢抽象、数理的问题,对观察、学习、分析和处理问题等方面兴趣浓厚,喜欢从事研究员、数学家、程序员等职业。

艺术型(Artistic):崇尚自由,对美有独特的理解,不追求逻辑的合理性,喜欢用不同形式表达自己,喜欢从事画家、音乐家、小说家等职业。

社会型(Social):喜欢与人接触的活动,乐于助人而非竞争,关注情感联接,喜欢从事教师、社工、护士等职业。

企业型(Enterprising):热爱冒险、享受竞争,非常愿意追求影响力,喜欢从事律师、政治家、公关等职业。

传统型(Conventional):个性谨慎、注重细节,处理事务性工作得心应手,喜欢从事行政、会计、银行职员等职业。

现实型(Realistic):对机械、工具等具有强烈兴趣,喜欢动手操作,喜欢从事机械师、技工等职业。

(2) 探索职业世界

探索职业世界是家长可以提供更多支持的方向,家长可以将自己掌握的社会职业告诉孩子,可以和孩子一起查阅全球职业种类,也可以找资源丰富的家人朋友提供相关信息,更可以给孩子创造社会实践的场所。总之,鼓励支持孩子了解职业世界,才能多渠道获取职业信息,进而通过对职业信息的归纳分析,让孩子逐渐完善与自己匹配的职业库。

教师也可以将职业咨询机构和心理学专家进行职业咨询和职业规划时经常采

用的 5 个 "W" 的思考模式分享给家长。

Who are you? 你是谁? 对自己进行深刻的反思,充分了解自己的优点和缺点,并一一列出,对自己有一个比较客观、清醒的认识。

What do you want? 你想干什么? 对自己职业发展做一个心理趋向的检查,即我想要什么样的职业和什么样的生活。每个人在不同阶段的兴趣和目标并不完全一致,有时甚至是完全对立的,随着年龄和经历的增长逐渐确立终身理想。

What can you do? 你能干什么? 对自己能力与潜力的全面总结。能力决定一个人职业的定位,而潜力决定职业发展空间。可以从对事的兴趣、做事的韧性、临事的判断力以及知识结构等来挖掘潜力。

What can support you? 环境支持或允许你干什么? 主要指周围环境资源的支持,客观方面包括经济发展、人事政策、企业制度、职业空间等;主观方面包括父母、亲朋好友支持等,这些支持将有助于自我发展。

What you can be in the end? 最终的职业目标是什么? 明晰了前面四个问题,就会从各个问题中找到对实现有关职业目标有利和不利的条件,列出不利条件最少的、自己想做而且又能够做的职业目标,那么"自己最终的职业目标是什么"自然就能有一个清晰明了的框架。

【案例分享】

升学,还是就业?

二年级第二学期,学校征询学生升学、就业意见时,成绩优异的小施选择了就业,这让我很惊讶,因为根据小施语数英三科的成绩和比较广博的知识面,不管是选择 3 月自主招生考试还是选择 5 月高考,都是比较有把握的,努力一把,考上本科都是有希望的,而且我记得小施之前定的目标是升学。我感觉到了孩子选择的不寻常,试图与孩子沟通,了解孩子的真实想法,但是平时和老师们关系不错的小施,这次选择了沉默和坚持。本来我决定尊重孩子的选择,但总觉得孩子有隐情,于是在暑假一开始就进行了家访。

这次家访让我知道了小施选择就业的理由。原来小施的父母在一年前离异了,目前和妈妈一起生活,因为没有住所,租住在厂房宿舍,妈妈已经退休,退休工资比较微薄,为了供小施读书,妈妈在物业公司找到了一份临时工作,母子俩相依为命。懂事的小施实在不忍心年迈的妈妈继续辛苦工作,他认为如果自己早点出来工作,妈妈就可以享清福了。尽管他知道妈妈非常希望他升学,但还是决定悄悄地瞒着妈妈出去工作,连暑假打工的地方都已经落实好。

我的到访，让母子俩非常意外。妈妈得知小施不打算升学，哭得伤心欲绝，不停地责怪自己没用。小施没想到妈妈反应这么剧烈，当场表示一定会好好读书，一定考上理想的大学，希望妈妈不要自责。我一边安抚激动的妈妈，一边肯定小施的孝顺，等大家情绪冷静之后，帮他们分析未来大学助学金、奖学金、业余打工等解决经济问题的方案。听到我客观冷静的分析，小施渐渐抬起了头，眼睛里充满了期待的光。

新学期开学后，小施如愿进入了高复班，而且学习非常努力，看到他依然自律上进，我非常欣慰。但是随着自主招生考试成绩的揭晓和录取结果的公示，小施的状态又产生了波动。很多同学都被录取了，甚至考分比较低的同学也被录取了，小施内心非常不平衡。我安慰他："3月份没录取没关系，还有5月份的本科院校呢！按照你语数英的成绩，老师相信你一定能考上理想的学校的。"小施无奈地点头。

小施的学习状态没有恢复，课堂上依然提不起精神。为了全面了解孩子的情况，我拨通了小施妈妈的电话。原来小施没有被录取与报考志愿有很大关系。上次老师家访之后，妈妈非常关心小施，包括孩子填报志愿。小施想报考机电设备维修，但妈妈觉得这个专业太辛苦，孩子成绩又不错，考酒店管理更好。小施不想让妈妈失望，就按照妈妈的心意填报了志愿，否则他的成绩完全可以被机电设备维修录取，而且他还以2分之差与酒店管理专业失之交臂。他很难过，回家后也不和妈妈说话。妈妈知道孩子有怨气，又找不到合适的开解方法。

我肯定了小施妈妈对孩子的关心，但也指出她帮孩子做决定的方法不妥当。我告诉小施的妈妈："孩子已经18岁了，渴望自己抉择人生。虽然可能会有岔路，但那是他自己的选择，他就会承担起相应的责任。如果你帮他做了决定，未来如果不如意，他会埋怨的。上次他的选择有失偏颇，但为了尊重他，我也没有当场反驳，后面也是慢慢引导。现在选择专业，孩子是经过深思熟虑的，他一直很喜欢动手操作，对未来很有设想，不如你听听他自己的想法，再适当给点建议？"妈妈意识到自己因为上次孩子拒绝升学后，自己有点草木皆兵了，她接受了我的建议。为了让母子沟通更顺畅，我特地和小施深聊了一次，聊他的规划，聊他的志向，聊他的近期目标。我一直肯定他的想法，对他表示理解，这让孩子很开心，但也脱口而出："可惜妈妈不支持我。"我反问他："那你让妈妈了解过你的规划吗？"小施虽然感恩妈妈，但一直觉得妈妈文化层次不高，不能理解自己，所以基本很少和妈妈聊人生。在我的指引下，母子俩心平气和地进行了一次人生目标畅谈，妈妈知道孩子有清晰的规划和坚定的升学目标很欣慰，当场表示会一如既往地支持儿子。

得到妈妈全心支持后的小施，主动要求调到第一排，全身心地冲刺5月高考，最后以比月考成绩高出40多分的成绩,如愿被某大学本科机电一体化专业录取。

【点评】

案例中教师对学生非常尊重,工作细致耐心,了解家庭真实状况后再对学生进行辅导非常有必要。教师对母子沟通的引导很及时,对母亲在孩子人生抉择上的指导也很清晰。确实我们既要给孩子自由选择的机会,也需要提供合理建议,做好客观分析,还要让孩子承担起选择后的责任。当然,第一次家访时教师只给出了经济方面的建议有些可惜,可以在那次就三方聊目标,让孩子的职业生涯规划更清晰,也让妈妈可以提供更具体的支持。

(三) 职业生涯规划指导的几种途径

1. 学科教师和专业教师对职业生涯规划的指导

职业生涯规划指导需要一支稳定的专业队伍,包括学科教师、专业教师、管理人员、班主任和外聘专家等。其中学科教师完成课程设置、教学设计和讲授等教学任务;专业课教师可以在日常的教学过程中将相关行业最新发展成果等渗透到课堂教学中,让学生了解该行业的发展动态;管理人员和班主任进行活动安排和落实,如社会实践活动、实习实训、思想观念引领等。职业生涯规划指导兼具理论性、实践性、综合性等特点,参与人员都应具备良好的综合素质,深入了解该学科,理解职业生涯规划指导的内涵,才能对学生和家长进行专业的指导。

【案例分享】

中职生涯也精彩

小星是西餐班一年级的新生,但是在新生报到当天他没有来。班主任第一时间电话沟通,发现他在家里和父母闹别扭。小星父母是外地人,户籍所限孩子没办法在上海读普通高中,当时填报志愿的时候,小星父母让他选择:回老家读高中或者在上海读中职学校。当时小星选择在上海,但是现在他突然反悔了,不甘心来中职学校就读,不过他也不想离开父母回到几百公里外的老家读高中。他一边埋怨父母没能力让自己上高中,一边拒绝去中职学校报到。

班主任把情况汇报给了学校,学校招生办、西餐专业部主任和学生处主任商议后,决定由招生办先电访,邀请学生和家长到学校进行沟通,是否家访则视情况而定。经过多次电访后,小星觉得学校老师很关心他,虽未同意就学,但答应先到学校和老师们当面沟通。小星在父母的陪同下来到学校,招生办主任、西餐专业部主任、学生处主任和班主任一起接待了他们。

经过交流大家了解了更多信息：第一，小星选择西餐专业是因为父母从事餐饮业，耳濡目染，他也比较喜欢烹饪，在家也会偶尔掌勺，还会到父母店里帮忙；第二，学校招生宣传会时，小星曾经入校参观过，内心挺喜欢这所学校；第三，小星初中时成绩优异，能力也不错，一直是班干部，不甘心读中职学校；第四，小星担心将来学历不够，无法在社会上立足。

老师们一致认可了小星，觉得他有上进心，学习能力强，孝顺懂事，对未来有展望，是个可塑的好苗子。知道他不甘心读中职学校且担心未来学历，招生办主任告诉他，自己碰到过很多因为户籍原因选择进入中职学校的学生，他们进入中职学校后非常努力，一边认真学习文化课，一边刻苦锻炼技能，三年级时选"三校生"高考，如愿考取高校提升学历，而且因为提前学习技能，比一般的大学生就业更有优势。听着听着，小星沮丧的脸上多了一些期待。这时，西餐专业部主任也适时介入，他告诉小星，职校学生也可以有自己的精彩出路，并一一向他介绍会议室墙上贴着的学校优秀毕业生的事迹，重点介绍了西餐专业优秀学长学姐们的获奖记录。西餐专业部主任如数家珍的介绍，让小星父母连连点头。小星父母表示：以前只知道读高中考大学有出路，也从小这么教育孩子，孩子也很争气，他们其实和孩子一样心有不甘，没想到中职学校也可以这么精彩，觉得以前的想法有点局限了。

老师们纷纷表示，这样的想法可以理解，不过中职学校的出路确实很多。而且小星如果保持优异的文化课成绩，将来不管升学还是就业都很有优势。另外，小星对烹饪专业有兴趣、有天赋，等于比普通高中生早接触技能，如果自己再努力一些，将来一定能创造更大的价值。

老师们推心置腹，父母亲满怀期待，小星决定到中职学校试一试，明天就来上学。班主任适时告知，为了让同学们对三年的中职学习有规划，每个人都要列出目标和计划，尤其对于本学期的目标和计划进行了细化，她让小星回家好好思考，明天到校时交给她。

第二天小星如约到校，也带来了自己的规划书，班主任惊喜地看到小星不仅列出了具体的学习目标，还列出了技能目标，显然他已经把昨天带回去的书本预习过了。班主任马上肯定了小星，并鼓励他继续努力，同时也将小星对烹饪的兴趣和天赋告诉了专业课老师。在班主任的细心指导下，小星很快适应了中职学校的生活。专业课老师在授课中也发现小星理论学习能力很强，动手操作能力也有一定基础，大家都很喜欢这个认真有天赋的学生，经常肯定鼓励他，让他在班级做示范。小星感受到老师们的认可，学习劲头更足了，他积极考取证书，跟着学长一起实训，专业能力不断提升。后来经过多重考核,小星加入了星光计划备赛团队,并在星光计划赛场上取得了不错的成绩,他的中职生涯越来越精彩。

【点评】

小星不愿上学的背后有委屈、不甘心,也有对于中职学校的误解,还有对于未来规划的不确定,同时也告诉我们当现实与目标不符时,评估与调整也是很重要的。很多父母在遇到这种情况时都是无能为力的,因为他们自己也不知道职业生涯规划,这时学校、教师适时的指导显得非常必要。案例中学校专业部、招生办、学生处和班主任一起对学生进行职业生涯规划指导的方法非常值得学习,职业生涯规划指导是一门非常专业的学科,需要学校各部门通力合作才能取得更理想的教育效果。现在很多学校将专业部、招生办、学生处、心理咨询室和思政教研室的资源整合起来,分工合作对学生和家长进行职业生涯规划指导,有团体辅导,也有个体辅导,还有很多比赛、活动,形式非常多样,对学生发展帮助很大。

2. 社会第三方专业机构对职业生涯规划的指导

家庭、学校、社会三位一体的教育理念已经成为教育界的共识,同样职业生涯规划也是一个受多种因素影响的系统工程,需要建立相关的机制,更需要整合各方力量,其中社会第三方专业机构是不可忽略的力量。

目前有不少中职学校已经与专业测评机构合作,购买专业的测评软件,配备专业的职业测评人员,对中职学生相关测评结果进行分析、综合、判断,帮助他们了解自身的个性特征、职业倾向、职业能力等情况,提供及时的咨询和技术指导。班主任和课程教师可以第一时间了解学生相关信息,因材施教。

有的中职学校暂时不具备这些条件,教师也无需烦恼,我国在劳动人事制度实施重大改革之后,劳动人事部门广泛吸取国内外职业发展理论和已经出现的职业测评方案,另外政府在各个市、区设立了很多就业指导中心,配备专业指导人员,对有需要的人员进行帮助;同时社会上还有不少收费的职业指导机构和心理辅导机构,可以建议有需要的家长和学生到相关机构进行辅导和帮助。

【案例分享】

引进外援,指导就业

"求职简历怎么写?如何让 HR 在成百上千份简历中发现你的简历?如何在简历中体现你的优势?……"即将进入实习阶段的中职三年级同学们正在认真聆

听就业指导课程,这次给他们上课的不是本校教师,而是区里就业促进中心的职业指导教师张老师。张老师通过就业促进中心丰富的案例让大家意识到求职简历就是个人的一张名片,关乎自己能否敲开企业的大门。

这是某中等职业学校与区就业促进中心合作开展就业指导课程的第三年,除了简历制作课程,还有职业定位、面试技巧、合同维权、职场适应等系列课程。区就业促进中心和学校就业办的指导老师们不仅传授技巧,还让同学们进行实战演练。他们帮助学生整理求职优势、合理定位职业,提供权威求职网站,传授大家搜索合适岗位的技巧,对同学们真实的求职简历一一点评,提醒大家面试服装、礼仪等注意事项,设计场景模拟让同学们熟悉各类面试情境,提供各式合同模板指出可能的陷阱,还对有需要的同学进行一对一指导。

丰富详实的指导让三年级的中职学生们不再迷茫,具体可操作的步骤让他们明确接下来需要做什么。老师们不讲理论,只讲实战,如面试指导一课还邀请了企业HR,模拟面试整个流程。中职学生们受益匪浅,也知道了毕业之后还可以到各区就业促进中心寻求专业帮助,内心感到很踏实。

【点评】

案例中校方与区就业促进中心合作的方式非常值得借鉴,这样多方借势、资源整合对中职学生职业生涯规划有很多实际意义。教师可以多与学校职业生涯规划指导相关部门沟通,了解各种职业生涯规划指导的社会第三方机构,将信息及时传递给家长,让学生在校时能得到相关指导,毕业后也知道可以去哪里求助。职业生涯规划的终身性特点告诉我们,职业生涯规划不是一蹴而就的,是需要根据实际情况不断进行评估和调整的。因此家长和学生非常有必要掌握除了学校以外的各种资源,在专业人士的指导下与时俱进。

3. 校企合作方的企业专家对职业生涯规划的指导

中职学校作为培养高素质劳动者和技术技能人才的基地,一直都非常重视校企合作,推进产教结合,学校培养的人才要贴近企业用人的素质标准,才可能缩短学生走上工作岗位的适应期。通过多年实践研究,发现校企合作能充分利用学校和企业资源,整合学生职业生涯发展需求和企业发展人才需求,激发学生对职业生涯发展的兴趣,挖掘学生的职业发展潜能,学生能够更快地适应新的职业环境。企业专家的指导能更好地促进学生的职业意识,帮助学生树立职业发展信心,让学生设计更合理的职业发展道路。

【案例分享】

校企合作，提前适应

2020年暑假的一天，某校企合作工作室的同学们在老师们的带领下来到合作公司进行学习与体验，同时聆听企业指导专家刘老师主讲的讲座：了解当代设计行业的发展趋势与情况。刘老师建议在个人发展中，把握机会，拓宽自己的视野。"你现在有什么，只能决定你的起点；你想要什么，才能决定你的终点。"并从目标管理、时间管理、内容管理、人脉管理等四方面进行建议分析。

在分享环节中，公司指导老师和工作室的带队老师们与同学们交流想法。一位学习平面设计的同学想要成为造型设计师，老师们非常支持，认为：设计是相通的，如果自身有更多能力上的分支，跨界发展的"一岗多能"是非常大的优势。对于同学们不同的职业理想，老师们都给出了合理的建议，还向他们分享了自己以前的经历，郑重地告诉大家：要考虑自己真正想要的是什么，也要踏实走好每一步。

企业指导老师在活动最后环节总结道：现在正是最好的时间，要少点抱怨，多些对未来的热情与冲劲，选择哪个行业没有标准答案，要看清自己，尊重每一个行业。这次实践培训活动让每位同学都开阔了眼界，了解了设计行业的发展形势与必备素养与能力，更升华了对未来的规划。

上海市某职校与上海某设计有限公司携手成立了包装工作室，加入工作室后，学生们不仅可以拥有丰富的社会实践机会、更多的项目课程，还能得到专业包装设计公司的领导亲自授课指导的机会。在校企合作的过程中，学生们提升了设计理念，拓宽了视野，锻炼了自我表达能力，工作能力也得到了很大提高。

【点评】

案例中中职学校和公司联合成立工作室的校企合作模式得到很多学校和企业的认可。中职学校进行知识传授和专业能力的培养，而学生的社会实践则需要企业和用人单位的参与。中职学校应主动对接相关企业，寻找更多的社会资源，为学生的职业探索和职场体验提供更多机会和更广平台。除了合作成立工作室，有的中职学校和企业联合培养办学，建立实习实践和就业基地，有的中职学校邀请企业专业技术人员、人力资源专家等担任职业生涯规划课程兼职教师，建立学校与企业的常态合作机制。职业生涯规划不能脱离社会和市场的需求，利用校企合作平台，增强学生的职业认知和职场适应能力，获取更多的社会信息，接触更多的社会人，在此过程中，学生可以主动检验自己职业生涯规划设计的可操作性，不断扩宽职业视野，不断提高职业决策能力，不断提高就业创业等技能。

4. 有能力的家长和优秀毕业生对职业生涯规划的指导

家长是学校宝贵的校外教育资源,优秀家长走进课堂对中职学生进行职业生涯规划指导具有很多优势。来自不同行业,在自己的专业领域有一定建树的家长们走进课堂,介绍行业发展的现状及前景,分享自己的职业体验、成长经历、奋斗历程,传授自己的人生心得,能够激发学生学习的内驱力,也能让学生在与家长们的深刻思想交流中规划自己的人生。家长们可以来自不同领域,这样也能让中职学生开拓视野,关注科技前沿,了解整个社会的发展趋势。

【案例分享】

家长分享,开阔视野

正值初冬时分,天气渐寒,可容纳500人的大礼堂却是暖意盎然,不时传来阵阵鼓掌声,原来4位拥有不同职业生涯轨迹的家长正受邀为一年级的中职学生们讲述不同职业领域的经验与心得。

张爸爸当年就是本校汽修专业毕业的优秀毕业生,他一毕业就成功进入了国企,凭借对汽修专业的热爱、过硬的技术能力,他很快成为了公司的技术骨干,年轻的他不满足于现状,25岁不到就创立了自己的汽车维修店,并发挥自己敢闯敢拼的精神,不断引进新技术、扩宽新业务,目前已经拥有3家分店。今年看到儿子也进入了自己的母校非常激动,尤其看到现在母校的教学设施和实训机会更加振奋,他鼓励在座的中职学生们一定要珍惜在校时间,踏踏实实学好专业,过硬的本领是未来职业的基础,不论转型与否,都是不可或缺的重要因素。

林妈妈以前是家庭主妇,女儿小学毕业后才开始工作,一开始因为专业技能早已被淘汰,又没有工作经验,她在职场上举步维艰。她一度觉得自己已经被社会淘汰,无法融入职场了。后来她尝试从事保险销售,从考取保险从业资格证书开始,到熟悉保险各项业务,从吃闭门羹开始,到成为金牌销售,她经历了很多误解和辛酸。短短4年她觉得自己成长了很多,不仅表达能力提高了,自信心也增强了,觉得40多岁的她比年轻时更有活力了。她真诚地告诉中职学生们,一定要相信自己,无论做什么都要尽自己最大的努力去完成,更要不断突破自己,这样才能提高自己的能力,看到更靓丽的风景。

徐爸爸是一名社区民警,工作非常繁忙,加班加点是常态,逢年过节基本无法与家人团聚。他对于自己无法陪伴孩子成长有很多愧疚,但是他说从他穿上这身警服开始就做好了准备,民众的安全、社会的安定是他一辈子的责任。徐爸爸的分享让大家看到人民警察是一份光荣的职业,需要高度的社会责任感与牺牲精神,也渐渐明白现在的安定不是理所当然的,是因为有无数人在负重前行。

陈妈妈是一名人事主管,在她眼中人力资源是一份需要同理心的职业,也需要持续学习,不断适应社会变化。她不仅有人力资源管理师、培训师的资格证书,还取得了国家职业心理咨询师的资格证书。她通过自身职业经历告诉大家:每一个职业都在不断发展与演变,我们需要保持探索精神,更要在实践中不断发挥自己的长处,为了更好地适应新的挑战和社会新的需求,终身学习势在必行。

台上家长代表们精心准备、真诚分享,台下中职学生们悉心听讲、认真思考,他们的职业梦想正在生根发芽。

【点评】

家长职业宣讲向学生呈现了多姿多彩的工作领域,通过家长精彩生动的讲解,学生能了解更丰富的行业知识。而且不同工作领域的家长,从职业生涯规划的不同层面进行分享,也能激发学生探索人生的兴趣,提升职业规划的意识和能力。当然这样的活动一定要经过周密的准备,前期需要对家长进行专业培训和指导,对宣讲内容也要严格把关,立意、选材、编辑等方面都要重视。宣讲活动不仅可以在大集体开展,还可以在每个班级开展;不仅能增进亲子关系,让孩子加深对父母工作的理解,还能促使他们思考自己的人生,开始合理规划。

优秀毕业生是学校的宝贵财富,他们不仅是学校孕育的结晶,也是打造学校优良品牌的基石。他们毕业后在各行各业中发挥着重要作用,拥有一定的影响力。学校应当充分挖掘优秀毕业生资源,用他们的个人事迹、成长历程激励学生。已经就业的优秀毕业生了解行业发展趋势,了解企业用人需求,明确岗位的技能标准和要求等,而且他们的亲身经历能给在校生更有针对性的职业指导,使在校生能更加合理科学地规划自己的职业生涯。已经升学的优秀毕业生了解高校人才培养模式,他们不一样的选择能让在校生有新的思考,刻苦学习的精神能激励漫无目标的学生,从而调整他们的近期目标和行动计划。

【案例分享】

校友分享,见贤思齐

"故事开始于5年前,因为政策限制,我以比较高的分数来到了职业学校,有人说我的人生因此走了一条弯路,但我更倾向于这样一句话:我选择了一条崎岖但美丽的路……"气派的大礼堂,小张在讲台上深情分享,对于这个学校他充满了感恩。

这是学校延续了多年的优秀毕业生回校分享会,让优秀毕业生将自己在中职学校的过往与刚入校的学弟学妹分享,以期对他们的职业生涯规划有所指导和帮助,使他们以更明确的目标度过中职生涯。

这天与大家分享的小张,当年中考分数线超过市重点高中,但是随迁子女的身份让他无法进入心仪的高中,只能进入中等职业学校学习。"随迁子女"的标签让他一度感到沮丧,老师的一句"既来之则安之"让他决心一试,学校的职业生涯规划大赛让他的目标更加清晰。他适时调整了自己的目标,努力在中专寻找自己的舞台,他认真学习英语,努力锻炼口语,自学西班牙语,积极参加比赛、活动,去芬兰参加世界比赛、去新加坡参加国际贸易挑战赛,拿到了"挑战杯"的大奖和多项英语比赛的奖项,担任过学生会主席、团委委员。大专期间考出了英语中级口译证书,到进口博览会做英语和西班牙语翻译志愿者,获得中国技能大赛和各种英语竞赛的金银牌,参加各类国际访学和联合国公益项目,获评上海市职业院校年度新闻人物提名奖。现在,他又通过自己的拼搏,顺利通过了华东政法大学全日制专升本考试,成为华东政法大学法律专业学生,而这只是他职业生涯规划设计中的一个目标。

台上小张的分享还在继续,台下学弟学妹们有崇拜、有深思、有向往……有一个女孩在默默啜泣,职业规划指导老师递上纸巾亲切询问,女孩说:"我也是随迁子女,正常考试应该能进重点高中,现在来到中职学校,本来好迷茫,现在感觉找到了前进方向,张学长就是我的榜样。老师,我知道我应该做什么了。"女孩眼中依然含着泪光,但是却露出明朗的笑容,那笑容如此坚定。后来她把这段感悟写进了自己的职业生涯规划设计,也精心规划了自己的未来,获得了学校职业生涯规划大赛的一等奖,属于她的精彩正在拉开帷幕。

【点评】

优秀毕业生的话语很能引起在校生的心灵共鸣,尤其刚毕业的优秀毕业生,因为年龄差距不大,更容易让在校生接受他们的思想和情感。小张作为非常优秀的毕业生,本来在学校时就很有声望,现在取得更多成就后的他,更能对在校生起到榜样作用。优秀毕业生的先进事迹,克服困难的精神面貌,能对在校生起到精神引领的作用,也可使校园内正能量广泛传递。优秀毕业生怎么进行职业生涯规划、怎么选择就业和创业,都能激发在校生的学习积极性和学习兴趣,进而树立正确的人生观和价值观。另外,已经毕业的优秀毕业生能使在校生了解企业的发展变化,学习前沿的最新技术,知道在社会上与人交往沟通的本领等。通过优秀毕业生,可以为在校生打开一扇了解社会的窗口,建立与企业联系的纽带。

5. 班主任根据不同学生和家庭的需求提供个性化职业生涯规划指导

科技水平日新月异,社会分工越来越细致,社会对于人才能力、素质的要求越来越多样化;同时随着经济、文化、生活水平的不断提高,学生个性化特点也越来越突出和丰富。多元的社会提供了更广泛的择业范围,也符合学生多样化个性成长的需要,因此个性化的职业生涯规划指导是非常有意义和受欢迎的。

教师应该把以人为本的思想和以动态发展的眼光来理解职业生涯规划的观念传递给家长,让他们不仅考虑到家庭的需求,更尊重孩子的特点和意愿,为孩子的个性化职业生涯规划提供支持。

比如对于中考失利的学生家庭,教师首先要让家长自己接纳认可职业教育,然后学会理解接纳孩子的现状,帮助孩子处理中考失利后的失落、委屈、愤怒等负面情绪,再慢慢将恰当的观念传递给孩子;引导家长多肯定鼓励孩子,而不是一直盯着孩子不好的状态,随时发现孩子进步的地方,慢慢积累;也可以适当运用名人轶事或榜样力量,让孩子明白人生受挫是常态。当然,最重要的是要让孩子理解职业生涯规划的意义,一起探索新的发展目标。

但是对于期望过高的家长,教师引导的重点则应放在恰当的教育目标和正确的教育方式上,帮助亲子之间创造合适的沟通环境,让亲子之间有相互表达正向需求的机会。引导家长降低对孩子的期待,根据孩子的实际情况,重新设定合适的学习目标,再进行全面的职业生涯规划指导。

总之,家长需要了解孩子内心所需,重视他们的兴趣、能力等具体情况,不一味追求热门专业或就业前景乐观的专业,更不要将自己未完成的人生目标强加在孩子身上。只有尊重现实,才能让孩子在理想的海洋中自由前行。

【案例分享】
我的人生我做主

小燕从小就很喜欢西点烹饪专业,渴望将来成为一名优秀的西点师,可是她的父母坚决不允许,他们认为西点师就是点心师,上不了台面。在中考填志愿时,他们逼着小燕选择了他们认为更体面的会计专业。进入中职学校后,尽管不喜欢,听话的小燕还是选择认真学习。但是会计专业对于不擅长数学的小燕来说,有点难度,她觉得自己没法达到父母的期待。渐渐地她越来越不喜欢进入学校,甚至踏入学校后一度觉得很恐慌。我发现这个乖巧懂事的女孩一天天消沉,慢慢失去活力,在和她进行深入交谈后,才了解到之前中考选择专业的问题。

了解了小燕的苦衷后,我对她进行了一番理解和共情,随后让小燕进行了专业的霍兰德职业倾向测试,发现小燕是艺术型和现实型的复合类型,与她喜欢的西点师比较吻合,但她的传统型得分不算很低,也就是说她不应该特别抵触会计这一类工作。

我把这一发现向小燕反馈,并慢慢地帮小燕梳理她的心路历程。小燕从小比较乖巧,以至于父母帮她做了中考填报志愿的决定,她虽然内心抵触,但也无能为力,心里一直有个声音在说"凭什么,我的人生由你们决定!"带着这样的负面情绪,本来不擅长的数学越来越差,后来其他科目也都跟不上了,而她又觉得这一切都是父母的错。于是恶性循环,导致自己越来越消沉和恐慌。

我一边对小燕表示理解,一边用五个"W"的思考模式来启发她。当小燕说希望自己能先成为一名西点师,积累一定资金后创业开一家甜品店时,我尝试提问:"创业开甜品店对于财务管理能力是有一定要求的,你觉得你不喜欢的会计专业对你能有帮助吗?"小燕表示从没这么思考过,但老师的提问让她有了新的启发。于是我和她一起探讨,为了达到职业目标,她现在需要提升哪些能力,通过怎样的路径才能达到她的职业目标。小燕发现不仅要提升厨艺,还要提升财务管理能力,更要加强事务管理能力和人际交往能力。他们列出可行的发展路径,小燕可以参加学校假期组织的业余西点师培训班,平时继续学习会计专业经济和理财等内容,并积极竞选班委工作提升综合素养,为创业做准备。为了让小燕参加西点师培训班,我把她父母邀请到学校,科学理性地帮他们分析孩子的兴趣,并让父母看孩子书写的职业生涯规划书。看到孩子有这么清晰的规划,父母很吃惊,但还是希望孩子能先把现在的专业学好,如果这学期能顺利通过所有课程,他们决定让孩子假期试一试西点师培训班。

得到父母支持后的小燕一改以往的消沉,她认真听讲,不懂就问,而且因为没有了抵触情绪,她发现原来觉得很难的科目好像都变得简单了。她的成绩稳步提升,最后顺利通过了所有课程,她的父母也很开心,遵守承诺让孩子参加了西点师培训班。小燕总算学到了自己最喜欢的专业,她的热爱和努力得到了培训老师的肯定,也感动了父母,他们决定全力支持。后来小燕当选了班级生活委员,管理能力和人际交往能力也得到锻炼。她正全力向自己的职业目标前进。

【点评】

小燕的父母无视孩子内心的需求,强逼孩子进入不喜欢、不擅长的专业,孩子连连受挫。但是专业已经无法更改,小燕只能先接受事实。班主任不仅理解孩子,更让小燕跳出自己局限的思维,找到目前专业与小燕梦想之间的联系,帮小燕打开了新的视野。后面他们又从能力和发展路径着手,并鼓励小燕付诸行动,让小燕的梦想变为可以实现的目标。

我国著名心理学家、清华大学博士生导师樊富珉教授指出,充分了解孩子是家长帮助孩子规划职业生涯的第一步,也是最关键的一步,而且家长必须尊重孩子的兴趣、能力、气质和性格等特点。案例中父母虽然一开始不够尊重孩子,但在班主任启发下,意识到孩子是和他们不一样的个体,有自己的需求。当然他们的转变也不是一蹴而就的,他们也有现实的顾虑。班主任科学冷静的分析让他们的态度松动,孩子对于自己热爱事业的执着追求才让他们选择了无条件支持。这对于教师指导家长具有现实意义,那就是怎样在尊重孩子和满足家庭需求间找到平衡点,教师要学会创造双赢的局面。

五、突发事件的处理

学校教师不仅需要承担学校各类日常教育教学任务,还需要参与处理各类紧急突发事件。对突发事件的妥善处理能够保障学生的基本安全、维护和稳定日常教学秩序。

(一) 校园突发事件的类型和应对方法

1. 中职学校的校园突发事件

校园突发事件是指因自然或者人为因素引起的,对学校师生、家长及社会造成或者可能造成严重危害(包括人员伤亡、财产损失等)的危及学校公共安全的事件。

中职学校的校园突发事件一般包括以下几类:

(1) 自然灾害类,例如突发的地震、台风、洪水等。

(2) 公共卫生类,例如食物中毒、传染性疾病、群体性不明原因的疾病。

(3) 校园管理类,例如因校园管理引发的罢课、抗议事件等。

(4) 违法犯罪类,例如抢劫、偷窃、打架斗殴、敲诈勒索、校园欺凌等。

(5) 意外事故类,例如交通事故、校园内高空意外坠落、集体活动拥挤踩踏事故等。

(6) 心理疾病类,例如自伤自残、出走或者自杀等。

2. 应对校园突发事件的基本流程

对于教师而言,校园突发事件具有偶然性、随机性和不确定性,它的发生往往始料未及,令人防不胜防。下面提供一个处理中职学校校园突发事件的基本流程,以便一线教师在面对突发事件时,做出快速反应(见图3)。

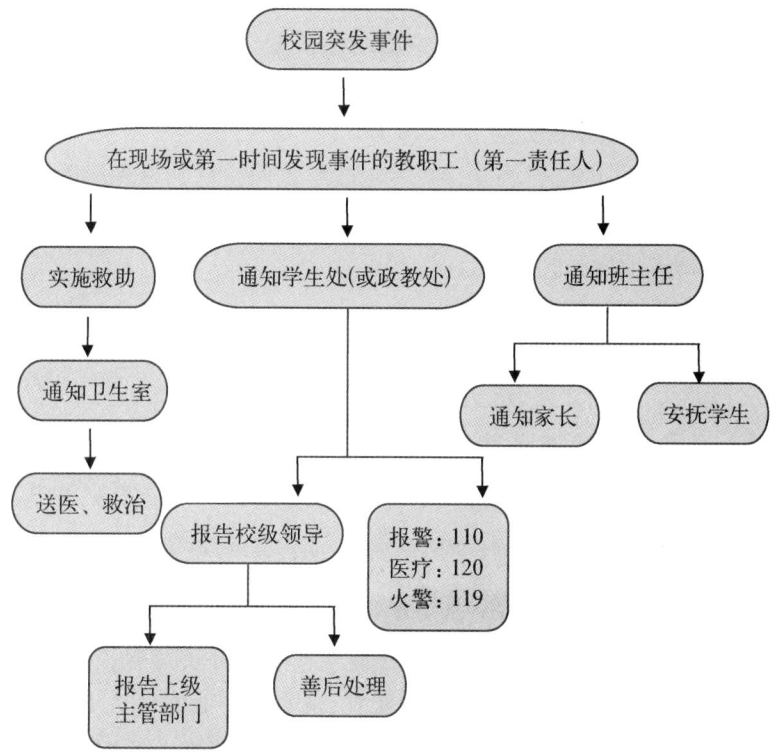

图3　校园突发事件处理的基本流程

3. 处理校园突发事件的一般方法

(1) 预防为先,及时控制

对于突发事件,中职学校教师应注重事前监管,充分把握学生动向,注意日常安全教育引导,熟悉学校防范机制及应急预警机制,一旦发现危险的苗头应当立即上报,防微杜渐。针对已经发生的突发事件,在现场或第一时间发现事件的教职工应及时报告学生处(或政教处)、通知涉事学生班主任及卫生室,由班主任第一时间通知家长,防止事态消极蔓延,对学生及学校造成不利影响。

(2) 临危不乱,留存证据

若发生突发事件,除了第一时间关注事件中师生的人身安全、及时送医疗机构处置外,还需要保护好现场,截留涉事相关的人员、车辆等,力求保证事后处理的公平公正。

(3) 通情达理,安抚人心

学校领导小组建立校园应急处置支持系统,减缓突发事件可能会给涉事师生带来身心的创伤。相关教职工应以"事中安抚,事后关怀"为原则。在现场共情受影响的师生,安抚其情绪,避免事件产生情绪性扩散。事后,学校应邀请心理教师或者心理专家对受到创伤的师生进行针对性谈话,减少他们的精神压力。

(4) 理性判断,依规依法处置

科学了解国家相关的法律法规,熟悉《未成年人保护法》,从保障全校师生生命安全和财产安全的角度,理性判断突发事件的性质,引导师生合理表达诉求,有法可依,理性理智地捍卫自己的权益。

【案例分享】

沉默女孩的无声求助

开学近一个月,职一新生陆陆续续都已经适应了新生活。某天下午我在楼道偶遇心理老师,她和我提到班级的小宁没有交心理作业。心理老师说有可能是因为小宁学习习惯不好,也有可能是有什么特别的原因她想被关注。因此她特地提醒我在日常学习中关注一下小宁的行为表现。

平日里,小宁是个内向的孩子,在班级里不怎么说话。平时,她要么埋头趴在桌子上,要么静静地坐在位子上看着老师,似乎也没有什么异样。据我所知,心理课生动有趣,心理老师布置的作业也很有意思,很多孩子都会提前完成并迫不及待获得心理老师的点评。所以,小宁不交作业这个行为的确有点奇怪。

带着心理老师的提醒,我开始留意小宁在校的日常表现。除了任课老师觉得她不爱讲话之外,她日常表现都十分恰当得体。直到有一天,在我的素描课上,我发现了一丝异样。我隐约看到小宁手背上有一些划痕,手背似乎是被美工刀划过。我心中一惊,这是孩子自己的行为还是受到了什么伤害呢?我趁孩子低头认真画素描的时候,走到孩子附近仔细观察她的手。我发现她的手臂上也有一些划痕。我惊呆了,沉默的女孩究竟经历了什么?

由于新冠肺炎疫情的影响,这一届新生的家访全部改成了电话访问。而因为不熟悉,在电话访问中在家长那里所获得的学生信息也是寥寥无几。因此,我又给小宁父母打了一个电话,想具体了解小宁的情况。是小宁父亲接的电话,电话里他很坦诚地告诉我,这是小宁在初中时留下的自伤伤痕。初中时她被医院诊断为中度抑郁、重度焦虑,一旦情绪失控,就会自伤,也曾经服用过一段时间的药物。果然,心理老师的提醒不无道理。我接着询问小宁过往的经历,以及近期就医的情况。小宁父亲坦言小宁是因为学业压力大而产生的情绪问题。原来,过去一年,小宁家里几乎不管她的学习成绩,尽量不给她学业上的压力,坚持带着小宁服药治疗,病情才一步一步地稳定下来。因为感觉进入职校以后,学习压力不是很大,小宁状态也有所好转,便开始停药。他们相信小宁已经好转,不再需要药物了。我对小宁父亲表达了充分理解,从班主任的角度表达了对小宁的关心。家长得到我的鼓励备受鼓舞。

我在工作手册里记录下了这次谈话,但还是有点不放心,所以第二天我又找到了学校心理老师,告诉她这件事。心理老师肯定了我和家长之间建立的信任关系,但是也提醒我接受心理治疗的学生是否停药必须在心理医生的指导下进行。很多家长会觉得孩子好了可以自己克服情绪问题而擅自给孩子停药,但最终很可能导致孩子病情的反复。心理老师建议我联系家长,让家长带着孩子去医院复诊,在医生的指导下服药或停药。这样做更有利于孩子的康复。

没想到,我刚从心理室回来,班长就火急火燎地找到我。她告诉我小宁在教室里用美工刀划自己的手,桌上流了很多血。我赶到教室,发现小宁低着头坐在自己的位置上。我问小宁刚才是不是拿刀划自己了,疼不疼。但是她对我的问题毫无反应。我决定先带她去卫生室,由卫生室老师帮助她处理伤口。

在卫生室,卫生老师仔细检查她的手臂和手背,所幸伤口不深。消毒过程中,我问她遇到了什么不开心的事情,她一律不回答。她就一个人安安静静地坐着。卫生老师消毒完以后,我带她回办公室坐了一会。但是她一言不发,也不愿和我多说。于是我给他爸爸打了一个电话,和他爸爸客观描述了学校里发生的事情。鉴于孩子情绪不稳定,我建议她爸爸来学校接孩子回家。

小宁的爸爸很诧异,孩子竟然又开始自我伤害,为了照顾孩子的情绪,很快就来学校接走了小宁。小宁走后,我又紧急联系了心理老师,将情况如实告知。心理老师给了我以下几个建议:(1)病情反复,及早复查防患未然;(2)做好同学的疏导工作,防止同学之间相互模仿自伤的行为;(3)及时做好记录,报告政教处,做好应急备案;(4)在小宁自己愿意的情况下可以到学校心理室坐坐。

根据心理老师的建议,我又和小宁爸爸取得联系。小宁爸爸表示近几个月孩子都没出现自伤行为,所以对这次行为很意外。趁此机会,我也就小宁病情反复的问题建议家长带她去复查,防微杜渐。由于对心理问题有过一定的了解,小宁爸爸欣然接受。同时,我也将小宁目前的资料汇总、整合,上报政教处,进行应急备案。

小宁爸爸次日就带小宁去复查了,医生依旧诊断为中度抑郁、重度焦虑,遵医嘱服药。小宁爸爸对自己擅自停药的行为很懊悔。我安抚了他爸爸，也邀请她爸爸、政教主任、心理老师对小宁在校安全问题进行了面谈。作为班主任，我表达了对小宁的担心，小宁爸爸也敞开心扉，把小宁过去的抑郁史一一道来。沉默的小宁因为内向不敢说话，但是回到家会和爸爸敞开心扉。这次自伤的主要原因是快月考了，觉得自己什么都不会，压力很大，于是就拿起美工刀划自己。沉默的小宁或许不愿意和学校老师去讲述自己的压力，但愿意和亲近的家人表达。我和小宁爸爸约定，家校应当充分沟通，若小宁再出现类似情况应及时和我联系，同时家长也应当及时做好疏导，在考前对小宁进行情绪安抚，此外小宁还需要遵医嘱服药，学校也会转介心理健康中心的优质资源，在小宁愿意的情况下可以由家长陪同接受心理咨询。政教主任也就小宁的情况向家长做了一个简单汇报，希望小宁能够在保证身心健康的情况下平安度过学校三年。

心理老师也对班级同学开展了团体辅导活动，避免小宁自伤这件事影响到班级其他同学。班级恢复了平静，每次考试之前我总会和小宁的爸爸联系，知晓小宁的情绪状况，我也叮嘱任课老师在小宁能力范围内布置作业，并及时鼓励，一点一点帮助她。时至期末，小宁手臂上的划痕慢慢结痂，她也看起来逐步在好转。心理问题是需要耐心和时间修复的。在心理老师、政教主任、班主任、全班同学和小宁爸爸共同的帮助下，这孩子也会慢慢走出心理困境。

【点评】

中职学校里，有部分学生是因为长期的学习压力或者家庭问题导致他们在校闷闷不乐，对待困难退缩自卑，甚至自残自伤。案例中的小宁就是这样一名学生，班主任发现其自伤后第一时间和卫生室、心理老师以及家长联系，安抚学生情绪，防止事态进一步蔓延，最终将危机平稳度过。

这个案例中班主任的行为值得借鉴。当发现班级心理问题学生时，班主任积极和心理老师联系，获得对该学生的应急预案，做好充分的准备；在整个过程中，积极和家长沟通，维护良好的家校关系，适时提出建议，让家长转变自己的错误观念（如擅自停药）；危机发生时，不仅关爱危机学生，也考虑到了周围同学的感受，减少突发事件对其他同学的影响。可以说，整个事件中，班主任借心理老师的专业技术，融自身班主任的沟通经验，家校配合，化解危机。

（二）发生校园突发事件后家庭教育指导的注意事项

校园突发事件的发生不仅考验着教师随机应变的能力，而且也考验着教师家庭教育指导的能力。有效的家庭教育指导能够帮助家长理性应对孩子的突发事件,转危为机。

1. 客观描述,安抚情绪

当突发事件发生时,学校会第一时间联系家长。面对学生的问题,往往家长会陷入对孩子的担心,产生焦虑不安的情绪,更有甚者可能会因为情绪失控而产生一些非理智的不恰当行为。此时,教师作为家校沟通的桥梁显得尤为重要。教师应在了解事情来龙去脉的基础上,客观调查,及时告知家长事件的起因经过和结果,不偏不倚地讲述事实,安抚家长的情绪,使其能够在情绪稳定的基础上和学校一起进行突发事件的善后处理。

2. 换位思考,相互理解

换位思考,是获得家校对突发事件相互理解的第一步。教师在就突发事件进行家校沟通时,能够设身处地为学生着想,会让家长觉得自己被理解,自己的孩子被教师所关心关爱,进而面对沟通会显得更理性平和。教师和家长在冲突事件中绝不是对立面,而是相互支持的伙伴,坦然真诚的沟通会有效促进突发事件的良性解决。

3. 不卑不亢,合理提议

中职学生之间常因为一方有意或无意的不当行为导致另一方受到伤害。家长往往因为护犊心切,可能会提出一些非理性诉求,呈现出一些过激的行为,甚至将矛头指向学校。教师应当不卑不亢,在厘清客观事实的基础上,晓之以理,动之以情,秉着公平公正的态度,表达自己的感受和建议。同时,教师也应当将沟通进展做好记录,及时向学校领导汇报。

【案例分享】

小擦伤后的闹剧

周末,我突然接到小李妈妈的电话。小李妈妈说小李周五在和同学打篮球的时候,同学不小心把小李的眼睛擦伤了,眼角膜受伤了,需要做进一步的检查。小李妈妈在电话里很生气,表示一定要对方同学家长的电话,要打电话好好和对方家长理论一下。听到电话里她妈妈愤怒的语气,我感觉这样的沟通未必能够让双方家长心平气和地协商。因此,我首先安抚了她妈妈的情绪,表达了对小李的关心,并告知家长可以先对小李眼伤问题进行处理,等医院这边基本确定结果后,把相关材料准备好,再联系对方同学家长,寻求解决方案。

挂断电话的我,第一时间联系了学校卫生老师,卫生老师表示周五并没有在卫生室处理过眼伤的同学，同时通过我转告小李妈妈需要保留的票据材料，以便进一步报销需要。我继续联系把小李眼睛弄伤的小张。小张说确有其事，两个人在打篮球的时候，因为动作比较大，小张的手指一不小心碰到了小李的眼睛。小张想带小李去卫生室看看，但是小李自己说不要紧，就没有放在心上。

基本了解情况后，我静静地等待小李的检查结果。我给小李妈妈发微信，告知其等到医生的结果一定要通知我，我把对方家长联系方式给她。可是到了晚上，小李妈妈都没有联系我。第二天，小李正常来上学。我把小李叫到办公室询问具体情况。小李和我说，只是角膜轻微擦伤，擦点眼药水就没事了。听到小李说的话，我也放心了。这只是孩子运动过程的小问题，家长也可能已经气消了，不作纠结。

我以为事情可能就此结束，没想到周三，我突然收到小李妈妈的短消息，她说要找伤害小李眼睛的学生讨说法。小李妈妈告诉我，要找小张和他的家长讨论自己孩子角膜受伤的事情。我很震惊，小李自己都说没有事，为什么要来讨说法？但是伤害事件客观存在，且家长需要一个解决问题的平台。所以，挂断电话的我给小张妈妈打了一个电话，告知其小张和小李打篮球时的意外。小张妈妈对小李的受伤表示很抱歉，同时也愿意承担医药费。家长的通情达理让我觉得事情应该会顺利解决，所以我把小张家长的联系方式给了小李家长。

时间一点点地推移，小李和小张依旧快乐地在操场打篮球，我也对小李和小张进行了安全教育，在运动过程中应该注意自我保护和伤害问题。我以为篮球场的伤害事件已经结束。但是被小张妈妈和小李妈妈给我的微信打断。她们表示希望来学校在老师的见证下协商伤害事故的处理。事情都过去这么久了，为什么还没有解决呢？我觉得很奇怪，就给小张妈妈打了一个电话。小张妈妈十分生气地控诉小李妈妈的言行。小张妈妈指出，自己愿意承担医药费是因为孩子之间打篮球没轻没重，所以自己愿意承担这小擦伤的医药费，但是没必要承担一些多余的费用。据小张妈妈讲述，小李妈妈要求小张家赔偿5 000元，但是询问5 000元具体的发票和用途时却支支吾吾。小张妈妈觉得这是在"敲竹杠"。

"再这样，我们一分钱医药费也不给！我的孩子怎么会有这样的朋友？"小张妈妈气呼呼地对我说。简单安抚小张妈妈的情绪以后，我和小张妈妈约好了来校的时间，届时学校会给他们一个空间专门处理这个问题。

我又把电话打到小李妈妈那里，小李妈妈表示小张家一点也不配合医药费的赔偿，觉得自己孩子在这次伤害事故中受到了很大的精神影响，赔偿5 000元都还算少的了。默默听完小李妈妈的陈述，我心底里也有了答案。因为我想再做做小李家的思想工作，所以我特地让小李妈妈早一点来学校。同时，我也叮嘱她带好医药发票和病历本。

我把这件事上报了政教处分管领导德育主任。在我和德育主任的讨论中,我们一致认为是小李家想借机"敲"一笔,但是家长忽视了同学情谊以及孩子自己在学校的感受。那一天,是小李家先来到学校,小李妈妈和爸爸气势汹汹地一起来了。我邀请他们先去德育主任办公室静坐等待。他们义愤填膺地陈述这起伤害事件,希望博得德育主任的同情和支持。作为班主任的我表达了对小李受伤的惋惜,也借机提出想看看病历本。小李妈妈却突然说出来太匆忙,忘记带了。我内心已经有判断,这位家长可能就是想来闹事。

这时,德育主任站了起来,缓缓拉开窗帘。家长们被德育主任吸引,朝他那边望去。操场上正好是小李和小张在打篮球。

"他们俩关系挺好的嘛。经常看到一起打篮球。"德育主任缓缓开口。

小李妈妈这时候表情有些转变,似乎变得有些不好意思。

"孩子之间打打闹闹,不小心也是常有的。我女儿在幼儿园,和小朋友闹也经常摔呢,我也很闹心。"德育主任接着说。

"是啊,是啊,孩子不让人省心。"小李爸爸点点头。

"但是孩子之间没轻没重,也不是故意的。而且平时关系还那么好,如果他们知道自己的爸爸妈妈和好朋友的爸爸妈妈在背后不开心,可能会很难过吧?"德育主任看着小李妈妈,问道。

我继续补充说:"是啊,你看,这会他们还在高兴地打篮球呢。而且这才高二,还有一年半的同学时光呢。这抬头不见低头见的……"

"老师,我们只是想讨个说法。可她妈妈这态度也太差了。况且我们也只是商量啊!"小李妈妈急着说。

话说到这里,我们看事件有转圜的余地,便继续给小李妈妈台阶下。我表示可以由我班主任出头建一个群,小李妈妈可以把医药费的发票照片发到群里,小张妈妈接受后直接转发发票金额。小李父母不好意思地点点头,表示愿意接受。

很快,门卫来电话说小张妈妈也来了。我下去接她的时候,也顺便把刚才谈话的内容和小张妈妈重复了一次。小张妈妈也是学校老师,表示了对我工作的理解,也愿意积极处理这件事。

在会议室,小李父母和小张妈妈见面了。没有了想象中的剑拔弩张,小张妈妈主动表达了歉意和提出解决方案,小李父母欣然接受。当晚的微信群,我看到了小李的医药发票和小张妈妈的转账。

这个小闹剧终于落下帷幕,小李和小张的友谊依旧,没有受到影响。

【点评】

  同学之间,常因为一方有意或无意的不当行为导致另一方受到伤害的事情时有发生。一般来说,这样的事件在家长提出诉求以后,班主任为双方家长搭建沟通的平台即可合理解决。但是这个事件中,小李父母动了小心思,想在这件事上额外获益。一般来说,班主任在遇到这样的事情时,总是又气又急,会对家长失望,产生一些情绪化的行为,影响事件的处理。因此,事件中的班主任和德育主任的做法值得我们学习。

  首先,班主任通过同学双方,了解事情的客观情况,为日后与家长沟通打好基础;其次,班主任公平公正地去看待整个事情,在处理问题时实事求是,而不是去"捣糨糊",将事情推给家长,或者任由其发展;再者,为了两位同学的情谊,班主任和德育主任对小李父母晓之以理、动之以情,让一时贪念的小李父母为自己的儿子考虑,不至于造成更大的同学矛盾、家庭冲突。家校沟通需要技术,引导家长之间学会良性沟通,也是每一位老师的必修课。这个案例的班主任就不卑不亢,站在学生的角度,将家长之间的冲突最小化。

  4. 用心支持,积极关怀

  在学生的突发事件中,除了对事件的应急处理,还需要妥善开展突发事件的事后处理。家长是孩子的第一位老师,也是孩子的第一责任人,家长在突发事件中抚慰孩子的心灵创伤的作用不言而喻。教师可以为家长提供家长学校、中职学生心理健康知识等科学的家庭教育指导资源,和家长保持沟通,掌握学生在家的动态,及时报告学生在校表现,成为家长坚实的支持壁垒。

  5. 适时引导,转危为机

  突发事件看似是一个危机,但是其实也是一个开展学生教育的良好契机。学生在问题中的反思和成长离不开教师和家长的科学引导。教师在处理突发事件中,也要抓住教育机会,启发学生在事件中反思自己的行为,引导其去承担责任,启发家长了解自己孩子的优势和劣势,根据中职学生青春期情绪和思维特点,选择恰当的方式进行个性化教育。

【案例分享】

"不安全"的斑马线

  "老师,不好啦,出事啦!"16:05分,放学时间,小蓉突然冲进了我的办公室。

  "怎么了?"我望着喘气的小蓉一脸疑惑。

小蓉拽着我往外走："老师，小米出车祸了！你赶紧来！"

一听到"车祸"，我心里一咯噔，赶紧奔到校门口。

校门口一片狼藉，原来是小米推自行车过马路的时候被飞驰而来的电瓶车撞倒了。只见校门口的门卫在联系卫生老师，小米痛苦地抱着脚坐在校门口的斑马线上。小米的自行车倒在不远处。我赶紧让周围的同学注意自己的安全，然后再为小米形成保护圈，以防过路路人和自行车伤到小米，造成二次伤害，然后再拿手机对现场情况进行拍照。同时我也叫另一位门卫看好撞伤小米的电瓶车肇事车主，防止他肇事逃逸。

卫生老师飞奔而来，在她初步检查小米的基本状况后，固定小米受伤的脚，和同学一起把小米抬到学校里安全的位置，并拨打120，护送小米到就近医院。

在卫生老师照看小米的时候，我也把事件汇报给了学生科，学生科立即报警，由警察出面协同办理这件事。紧接着，我立即给学生家长打了电话，客观告知事实，通知其尽快赶来。小米痛苦地坐在地上，周围同学都很关切地安慰她。我也在旁安抚她的情绪，转移她腿疼的注意力。

很快，救护车来了，小米被送到了就近的医院。家长随后赶到，坚强的女孩在妈妈怀里突然大哭。就近医院急诊确定是胫骨骨折，需要马上绑石膏。石膏间里时不时传来小米的尖叫。没想到一个平静的放学日，却横生波折。在我和小米妈妈的交接中，我把学校门卫控制了电瓶车肇事车主和已经报警的事情也告知家长。学校第一时间的迅速反应，也为事后小米妈妈处理这起交通事件帮忙不少。

小米请了两个月的病假。好在这件事没给小米留下心理阴影。但是回观问题的发生，我发现校门口的人行道是存在安全隐患的。校门口车水马龙，电瓶车车流量极大，不少电瓶车车主在靠近斑马线时并不会减速，因而一不小心就容易撞到过马路的学生。小米也正是因为电瓶车车主的疏忽，被飞驰而过的电瓶车撞伤。小米的交通事故也引起了校方的关注。为此学校加强了对门卫的培训，要求门卫在学生过斑马线时提醒学生左右看，也制作了警示海报贴在门口。

借小米出现交通事故的话题，我也开了一节主题班会——"上下学路上，我所忽视的交通安全"。我请学生们画了从学校到自己家的简易地图，在班会课上相互交流，并且指出哪里可能会存在交通安全问题，并让同学之间相互提醒。此外，我也和小米妈妈商量，请小米为大家录制一段视频，讲述自己当时的经历，以及之后的反思感受。小米在视频里表达了自己对同学的感谢以及对学校的想念，也后悔自己在过马路时掉以轻心，她用自己的亲身经历和大家诉说注意交通安全的重要性。就这样，学生畅所欲言，在交流中提升了自己的安全意识。这样的安全教育，比任何时候都来的有效和实际。

　　小米病假的两个月，班级同学轮流去她家为她补课、送作业，我也隔三差五地在电话里和小米妈妈联系，将学校的消息及时告知小米。两个月的病假很快过去，在医生的允许下小米拄着拐杖来学校了。小米又融入了快乐的校园生活，这一次，她比任何学生都知道注意交通安全的重要性……

【点评】

　　这是一起典型的学生交通意外事故，由于校门口斑马线没有红绿灯，学生过马路疏忽大意被飞驰而过的电瓶车撞伤。班主任在事件发生后的系列做法值得我们借鉴。在事件发生后，班主任第一时间赶到现场，考虑学生可能存在骨折，并没有随意移动受伤学生，而是在卫生老师的专业指导下，开展救助工作。同时保护车祸现场，联动门卫控制住肇事司机，为日后警察处理交通事故提供保障。整个事件处理十分沉着冷静。

　　案例中的班主任和学校高度重视，在事件发生后，马上采取安全教育，排除门口川流不息的非机动车所带来的隐患，并能够就事件本身进行衍生，发挥学生自主学习的力量，召开班会课，由学生开展对交通安全的自我教育，真正意义上完成了一次"转危为机"。

后 记

2019年9月,在上海市教育系统关心下一代工作委员会中职分会的全体委员会上,上海市教委德育处领导江伟鸣同志提出希望关工委中职分会负责编写一本中职教师家庭教育指导实务手册,与高中、初中、小学、学前教育教师家庭教育指导实务手册配套,形成新时代家庭教育指导系列丛书。

关工委中职分会迅即将此任务列入工作计划,组成了以陈步君、王向群、闻人勇建、郁琴芳、胡兰、张福顺、林贵森、郭世民、杨士明、张平等同志参加的编委会。编委会认真学习了习近平总书记关于家庭教育的一系列重要指示精神和中央有关部委关于家庭教育的文件,并在上海中职学校开展了广泛的调查研究,部分编委作为专家还参加了上海市中职学校家庭教育示范校的评估工作。在掌握大量中职学校家庭教育现状、需求以及先进经验和成功做法的基础上,编委会经过认真的讨论研究,由陈步君、张平分别起草了该书编写的目录提纲。编委会召开了多次座谈会,听取了部分家庭教育指导先进学校分管领导、有关专家、学生工作部门的负责人以及教师、班主任等的意见和建议,几易其稿,最后形成了《教师家庭教育指导实务(中职版)编写提纲》(第五稿)。

2020年下半年,编委会组成编写小组,分头负责起草书稿,他们是:第一章,第一、二节郁琴芳,第三节胡兰;第二章,第一、二节陈步君,第三节林贵森;第三章,第一、二节吕智敏、陈晓莹,第三、四、五节顾华青、陶志超;第四章,第一、二节张赟,第三、四节顾华青,第五、六节杨春平;第五章,第一、二节颜苏勤、韩琼,第三、五节颜苏勤、钱海燕,第四节颜苏勤、朱哲璞。

期间,陈步君和闻人勇建对初稿进行了两次审阅并指导了修改。全书由顾华青同志完成统稿。最后,由郁琴芳和陈步君审定。作者们在半年多的时间内,既要完成本职工作,又不辞辛劳勇担撰写任务,把鲜明的观点、详实的案例奉献给读者。在此,致以诚挚的敬意!

本书的读者对象主要是广大中等职业学校教师、班主任。关于学校如何领导家庭教育指导工作,没有涉及,敬请谅解。

感谢上海市教育系统关工委的指导!感谢市教委德育处、职教处的关心支持!

编委会

2021 年 7 月

图书在版编目(CIP)数据

教师家庭教育指导实务：中职版 / 陈步君主编．—上海：上海社会科学院出版社，2021
 ISBN 978-7-5520-3728-9

Ⅰ.①教… Ⅱ.①陈… Ⅲ.①中等专业学校—学校教育—合作—家庭教育 Ⅳ.①G718.3

中国版本图书馆 CIP 数据核字(2021)第 225390 号

教师家庭教育指导实务：中职版

主　　编	陈步君
责任编辑	杜颖颖
封面设计	黄婧昉
出版发行	上海社会科学院出版社
	上海顺昌路 622 号　邮编 200025
	电话总机 021-63315947　销售热线 021-53063735
	http://www.sassp.cn　E-mail:sassp@sassp.cn
排　　版	南京展望文化发展有限公司
印　　刷	上海信老印刷厂
开　　本	710 毫米×1010 毫米　1/16
印　　张	13
字　　数	198 千
版　　次	2021 年 12 月第 1 版　2021 年 12 月第 1 次印刷

ISBN 978-7-5520-3728-9/G·1134　　　　定价：48.00 元

版权所有　翻印必究